W0395398

Birgitt Heigl

# Der Schauspieler
## in Seinem Dienst

Band I

Birgitt Heigl

# Der Schauspieler in Seinem Dienst

Band I

Horst Edition
Verlag Horst Heigl

In diesem Werk dürfen, auch in der Zukunft, weder Kürzungen, Weglassungen, Überarbeitungen noch sogenannte „Verbesserungen" vorgenommen werden! Für Verfilmungen oder Veröffentlichungen durch andere Medien gilt das Gleiche.

Band I

Satz und Gesamtgestaltung: Horst und Birgitt Heigl

ISBN 978-3-89316-022-8
Alle Rechte vorbehalten
© 2015 by Verlag Horst Heigl (Horst Edition)
Oberhaslach 6, 88633 Heiligenberg
www.heigl-verlag.de
Gedruckt bei Gulde-Druck GmbH, 72072 Tübingen
1. Auflage

Nachdruck, auch auszugsweise, die fotomechanische und elektronische Wiedergabe sowie die Bearbeitung als Hörspiel, die Übertragung durch Rundfunk oder Fernsehen, Verfilmung und Übersetzung in andere Sprachen bedürfen der ausdrücklichen Genehmigung des Verlages Horst Heigl.

*Inhaltsverzeichnis*

## *Es war einmal*

„Es wäre schön, wenn du auch an andere deine Erfahrungen weitergeben würdest",

entgegnete Horst mir, als ich ihm eines Morgens freudestrahlend berichtete, dass ich nun die Art und den Sinn seiner geistigen Schulung verstehen würde. Viele Jahre hatte er mich und einige andere einen Weg geführt, von dem wir nur das Ziel erahnen konnten. Seine Methoden, uns zu leiten, waren oft sehr merkwürdig und meist nicht zu durchschauen. Dabei führte Horst uns bis zu unserer absoluten Grenze, denn nur so konnte er uns einen großen Schritt weiterbringen. Es erforderte immer wieder unser gesamtes Vertrauen, um beständig voranzuschreiten.

An diesem Morgen saß ich neben ihm, mit leuchtenden Augen und bis ins Innerste von einem tiefen Frieden erfüllt. Ich kam mir vor wie eine Blinde, der nach vielen Jahren Dunkelheit plötzlich das Augenlicht geschenkt wird. Mein Herz wollte überschäumen vor Dankbarkeit, erkennend, was Horst an mir vollbracht hatte. Größte Freude, beständiges Glücklichsein und allumfassende Liebe waren meine häufigsten Begleiter geworden. Kein äußerer Anlass war dazu nötig, es reichte eine kurze Besinnung auf das innere Selbst. Der Kampf zwischen Licht und Dunkel war ausgestanden, der Schatten hatte seine Macht verloren. All dies vor Augen wusste ich, dass es nur möglich wurde durch die stete Hilfe von Horst. Es war eine harte Schulung, die einige nicht durchgehalten haben.

Nur wenige Menschen erhalten das Geschenk einer solchen direkten Führung. Mir wurde bewusst, wie wertvoll es für andere sein würde, all das Wissen, die vielen Erkenntnisse, aber auch die Gefahren, welche gemeistert werden mussten, schriftlich festzuhalten. Anhand meines Lebens und meiner Beobachtungen an anderen Personen um Horst möchte ich mit diesem Buch vor allem seine Rolle als Wegweiser und Hindernis-Beseitiger beschreiben. Die Begegnung mit ihm war für viele ein Scheidepunkt zwischen Licht und Dunkel.

Vor allem bei uns im Westen herrscht häufig große Unkenntnis darüber, was unter einem spirituellen Lehrer zu verstehen ist und was er im Schüler bewirkt. Die Schulung, die mir zuteilwurde, und die Wandlungen, die sich dabei in meinem Inneren vollzogen, werden in diesem Buch im Detail beschrieben und sollen im Leser ein neues Verständnis für den spirituellen Pfad wecken. Ab einem bestimmten Zeitpunkt der Entwicklung ist ein Lehrer unbedingt notwendig. Wenn es so weit ist, wird einem der Weg dorthin gezeigt. Das Voranschreiten unter seiner Führung gleicht allerdings keinem Sonntagsspaziergang. Nur wer von einer unauslöschlichen Gottessehnsucht erfüllt war und sich durch nichts aufhalten ließ, wurde von Horst angenommen. Die Prüfungen bei ihm verlangten einen hundertprozentigen Einsatz.

Es war nicht möglich, irgendeine Behauptung über Horst aufzustellen, die er nicht möglicherweise im nächsten Moment ins Gegenteil gekehrt hätte. Wenn er sich heute so verhielt, bedeutete dies keineswegs, dass er nach einem Jahr noch die gleichen Eigenschaften aufwies. Er war wie ein göttlicher Schauspieler, der in jedwede Rolle schlüpfte und sich ganz dem anpasste, was für seine Umgebung gerade am hilfreichsten war. Um Horst zu beschreiben, wählte ich deshalb die Vergangenheitsform, vielleicht ist er ja morgen schon wieder völlig anders.

In all den Jahren kam ich immer wieder in Situationen, in denen Dinge zu tun waren, von denen ich eigentlich keine Ahnung hatte. So verhielt es sich auch mit dem Schreiben dieses Buches. Mit Vertrauen auf Gott und im Bewusstsein, dass er der Urheber allen Tuns ist und ich nur für die Ausführung zu sorgen habe, war bisher jedoch auch das scheinbar Unmögliche zu meistern gewesen.

„Halte stets dein Bewusstsein in Gott",

war eine der häufigsten Aussagen von Horst und zugleich bildete es das Ziel, das es von uns zu erreichen galt. Mit diesem Bewusstsein, so wusste ich, würde auch ein Buch entstehen können. Und so begann ich mit dem Schreiben.

Nachdem ich die ersten Kapitel bereits fertiggestellt hatte, fehlte mir immer noch ein passender Anfang. Ich stellte mir etwas Erhebendes, Positives vor, vielleicht ein großartiges spirituelles Erlebnis, das den Leser gleich zu Beginn von der unvorstellbar schönen Seite des geistigen Weges überzeugen würde. Mit einer entsprechenden Bitte wandte ich mich nach oben - an Gott.

Es dauerte nur wenige Tage, bis morgens nach dem Aufwachen eine komplette Geschichte mein Bewusstsein erfüllte. Obwohl ich eigentlich mit etwas ganz anderem gerechnet hatte, wusste ich sofort, dass dies der gewünschte Anfang war.

Mit dieser Geschichte, die in Märchenform einiges erklärt, was später im Buch zu lesen sein wird, möchte ich hiermit beginnen:

Es war einmal ein unvorstellbar reicher König, der die Herrschaft über eine ganze Welt besaß. Sein Palast war so groß, dass er ein kleines Reich für sich bildete. Hier lebten die Menschen in Wohlstand, sie kannten keine Krankheiten und viele Dinge waren ihnen möglich, wovon andere nur träumen konnten. Man brauchte zum Beispiel nur intensiv daran zu denken, wo man gerne sein wollte, und schon befand man sich dort. Wenn man Hunger hatte, stellte man sich das gewünschte Essen vor, welches sich daraufhin augenblicklich materialisierte.

Der König hätte glücklich und zufrieden sein können, aber das Reich außerhalb des Palastes bereitete ihm Sorgen. Schon seit Langem hatte niemand mehr den Weg zum Palast gefunden und daher war er nach und nach in Vergessenheit geraten. Einige Fürsten, denen die Verwaltung der Welt oblag, nutzten dies aus und bauten breite Wege zu ihren Schlössern. Sie wollten nun diejenigen sein, zu denen die Menschen aufsahen. So ging es eine ganze Weile, jedoch vermochten die Fürsten den Menschen nicht den nötigen Halt zu geben und deshalb kamen sie immer mehr vom rechten Weg ab. Schließlich sank die Moral und es gab Armut, Krankheit und Not. Mit der Zeit erkannten die Menschen, dass eine Veränderung dringend notwendig war. Einige erinnerten sich noch an die Erzählungen über den König und sein Reich und riefen nun unablässig um Hilfe.

Dem König entging das alles nicht, aber er hatte den Menschen für alle Zeiten ihren freien Willen zugesagt, in den er nicht eingreifen wollte. Da nun aber die Hilferufe immer häufiger wurden, war er bereit zu handeln. Er ließ seinen Sohn Siegfried zu sich kommen und gab ihm folgenden Auftrag:

„Mein Sohn, gehe in die Welt und lebe unter den Menschen wie ihresgleichen. Erzähle ihnen von deinem Zuhause und wecke in ihnen die Sehnsucht danach. Aber du darfst dich ihnen nicht zu erkennen geben, denn in keiner Weise darf in ihren freien Willen eingegriffen werden. Einen Teil deiner Kräfte und Fähigkeiten werde ich dir nehmen, weil sie dich verraten würden. Somit wirst du dich in der kommenden Zeit unter anderem nicht mehr beliebig groß und klein oder schwer und leicht machen können. Auch die Kräfte der Unbesiegbarkeit und der absoluten Überlegenheit werden dir nur noch im Notfall zur Verfügung stehen. Kehre auf dem vergessenen Fußweg zurück zum Palast, damit auch die Menschen wieder die Möglichkeit haben, ihn zu finden - und komme möglichst nicht allein. Ich werde immer bei dir sein."

Der König gab seinem Sohn einen Beutel mit kleinen goldenen Sternen, die er an den richtigen Orten verteilen sollte. So würden die Menschen die Möglichkeit haben, seinen Weg zu verfolgen. Bevor er ging, wurde ihm ein Teil seiner großen Fähigkeiten genommen. Was Siegfried blieb, war die Erinnerung an seinen Vater und die Möglichkeit, mit ihm stets Verbindung aufnehmen zu können.

Siegfried begab sich sogleich auf den Weg. Mittels eines Gedankensprunges kam er an einen einsamen Ort, an dem ein schneller Wagen für ihn bereitstand. Damit fuhr er in die nächste Stadt, von wo aus seine Aufgabe beginnen sollte. Siegfried wurde dort freudig aufgenommen, denn die Bewohner hatten seinen schnellen Wagen gesehen und nahmen an, dass er aus einer wohlhabenden Gegend kommen müsse. Er lebte unter ihnen bald wie sie und war überall ein gern gesehener Gast. Mit leuchtenden Augen erzählte er vom vergessenen Palast und die Menschen hörten ihm begeistert zu.

Die Stadt befand sich auf einer Anhöhe, dahinter ging es steil bergab in eine verrufene Gegend, mitten in den Sümpfen. Hier lebten ebenfalls Menschen, wenngleich in Armut und ohne sich an die Gesetze zu halten. Die Bewohner der Stadt hatten große Brücken gebaut, welche das gesamte Tal überspannten. So brauchte keiner diese finstere Gegend betreten, wenn er in andere Teile der Welt verreisen wollte.

Der Königssohn wusste, dass er nicht lange in der Stadt bleiben würde. Er erzählte den Bewohnern, dass er sich bald auf die Wanderschaft begeben würde, um den Palast zu erreichen. Einige wollten ihn gerne begleiten. Siegfried überlegte, ob er die Stadt über eine der Brücken verlassen oder durch das Tal wandern sollte. Wenn er die Brücke wählte, würden die Menschen im Tal nie den Weg nach oben finden. Aber der Weg nach unten war gefährlich. Schließlich sagte sich Siegfried, dass seine Aufgabe unvollständig ausgeführt wäre, wenn er das Tal auslassen würde, und so wählte er den Weg durch den Sumpf.

Als Siegfried diesen Entschluss seinen Freunden mitteilte, wollte ihn fast keiner mehr begleiten. Nur ganz wenige hatten den Mut dazu. Einige wollten am Ende der Brücke auf ihn warten, bis er die Sümpfe hinter sich gelassen hatte. Bevor er aufbrach, nahm Siegfried Verbindung mit seinem Vater auf, um ganz sicherzugehen, ob der gewählte Weg der richtige sei. Er erhielt seinen Segen.

Der Pfad nach unten war schlammig und es bestand stets Gefahr auszurutschen. Aber er kam sicher unten an. Siegfried fand schnell ein Dorf und lebte dort unter den Bewohnern bald wie ihresgleichen. Fast alle seine Begleiter verließen ihn nach und nach, weil sie sein Verhalten nicht verstehen konnten. Dagegen nahmen ihn die Sumpfbewohner nach einer Weile ganz und gar an, und so konnte Siegfried ihnen von seiner Heimat erzählen. Sie verstanden nicht viel davon, aber sie hörten ihm gerne zu. Er sprach die lichte Seite in ihnen an und sie bemerkten, dass sie sich in seiner Gegenwart wohlfühlten. Dann kam der Tag, an dem Siegfried weiterzog, dem Palast entgegen. Zuvor legte er jedoch einen kleinen goldenen Stern mitten in den Ort.

Der Weg aus dem Tal war kaum zu finden. Schmale Pfade führten durch Schlamm und Sumpf, und Siegfried, geschwächt von seinem Aufenthalt hier, rutschte häufig aus. Als er endlich auf der anderen Seite des Tales die Anhöhe erreichte, war er über und über voll Schlamm, welcher bald eine dicke Kruste auf seinem Körper bildete. Die Gegend war dürr und öde, sodass es kein Wasser gab, um sich zu reinigen. Tatsächlich warteten dort einige Menschen aus der Stadt auf ihn, um mit ihm die Reise anzutreten. Als sie ihn jedoch so schmutzig sahen, erkannten ihn viele nicht mehr. Andere sahen wohl, wer er war, aber sie zweifelten daran, ob ein Mensch, dessen Blick getrübt vom Schlamm schien, ihnen den richtigen Weg weisen könnte. Aber es gab auch einige, die sich von seinem Äußeren nicht täuschen ließen. Sie schlossen sich ihm an und wollten ihn auf seiner Wanderschaft begleiten.

Es war eine interessante Gruppe von Leuten, die sich auf den Weg begab. Da gab es manche, die hatten so viel Energie, dass sie oft hin und her liefen, andere kamen dagegen kaum nach. Es gab welche, die waren schwach auf den Beinen, und es geschah häufig, dass sie stolperten. Manche vertrugen die Sonne schlecht und sorgten sich stets um genügend Schatten. Andere wiederum studierten nebenbei die Pflanzen- oder Tierwelt. Keiner war wie der andere und manchmal bildete die Gruppe ein wirres Durcheinander - jeder auf sich konzentriert, um gut voranzukommen. Gemeinsam waren ihnen nur das Ziel und das Vertrauen in Siegfried, der sie führte. Unbeirrt schritt er gleichmäßig voran und ließ sich, nun er auf Wanderschaft war, durch nichts mehr aufhalten.

Der Weg war lang und beschwerlich. Die Begleiter hatten bald wunde Füße und verbrannte Gesichter, aber sie gingen tapfer weiter. Siegfried half ihnen, wo er konnte. Er zeigte ihnen, wie man sich besser vor der sengenden Sonne schützt, lehrte sie ihre Schritte so einzuteilen, dass man stundenlang gehen konnte, ohne zu ermüden. Er erklärte ihnen die richtige Atmung und vieles mehr.

Nach und nach erhöhte Siegfried die Geschwindigkeit, mit der sie voranschritten. Es geschah so behutsam, dass es seine Begleiter kaum bemerkten. Wenn sie zwischendurch eine Stadt erreichten, konnten sie rasten, während Siegfried den Bewohnern vom Palast erzählte. Manchmal schlossen sich einige davon der Gruppe an, aber wenn nichts Außergewöhnliches geschah, gingen die meisten bald wieder. Siegfried war nach wie vor seine Herkunft nicht anzusehen. Obwohl er seinen Körper bei nächster Möglichkeit gründlich gereinigt hatte, blieb doch ein matter Schimmer auf seiner Haut.

Mit der Zeit kamen sie in eine fruchtbare Gegend. Sie kreuzten eine breite Straße, die zum Schloss eines Fürsten führte. Auf dem Kreuzungspunkt war ein Wachtposten stationiert. Es ging das Gerücht, dass der

Königssohn auf dieser Welt weile, und der Fürst wusste, dass er von ihm durchschaut werden würde. Daher ließ er alle kontrollieren, die in sein Gebiet kamen, um nötigenfalls geeignete Maßnahmen ergreifen zu können. Siegfried und seine Gruppe wurden wie alle anderen überprüft. Sie konnten jedoch ohne Probleme passieren, denn so wie ihn und seine Leute stellte man sich keineswegs einen Königssohn mit Gefolge vor.

Nach etlichen Wochen Fußmarsch erreichten sie eine weite Hochebene. Die Menschen, die hier wohnten, besaßen schnelle Wagen, mit denen sie bequem und weit verreisen konnten. Siegfrieds Begleiter zeigten sich begeistert und freuten sich darauf, den weiteren Weg nun ebenfalls in einem Wagen zurücklegen zu können. Sie waren des Laufens müde und nach wie vor brannte die Sonne erbarmungslos auf sie nieder. Der Königssohn beharrte aber darauf, zu Fuß weiterzugehen. Manche aus der Gruppe konnten das nicht verstehen, was nutzte es ihnen schon, immer nur zu lernen, wie man sicherer geht und die Sonne besser erträgt, wenn es Wagen mit Sonnenschutz gab, die sie hundertmal schneller und bequemer ans Ziel bringen würden.

So wurde die Gruppe etwas kleiner. Schon bald gab es jedoch neue Interessierte, die gerne mitwandern wollten. Gemeinsam verbrachten sie nun Woche um Woche, in denen sie nur von morgens bis spätabends gingen. Sie passierten weitere breite Straßen, die zu Fürstenschlössern führten. Hier wurden sie ebenso kontrolliert, aber niemand erkannte sie. Im Gegenteil! Viele lachten sie aus, denn es schien unsinnig, derart weite Strecken zu Fuß zurückzulegen, wo es doch schnelle Wagen gab. Die Gruppe ließ sich nicht beirren und wanderte weiter. Mit der Zeit wurde der Pfad schmaler und man konnte sehen, dass es nun bald steil bergauf gehen würde, um die darüberliegende Hochebene zu erreichen. Nun wurde Siegfrieds Begleitern klar, warum sie keinen Wagen nehmen konnten. Niemals hätten sie damit das Hochplateau erreicht.

Als sie oben ankamen und einige Tage weiterwanderten, gab es eine Überraschung. Die Menschen, die hier lebten, hatten von ihrem Fürsten gelernt, wie man kleine Fluggeräte baut. Damit ließen sich selbst Anhöhen spielend überfliegen. Die Gruppe lobte Siegfrieds Weisheit, sie hierher zu führen, denn mit diesen Fluggeräten würde der Rest der Strecke kein Problem mehr sein.

Der Königssohn war jedoch anderer Ansicht. Obwohl er wusste, dass noch ein weiter Weg vor ihnen lag, wählte er den Fußmarsch ohne jedes Hilfsmittel. Wieder stieß er damit auf Unverständnis und es gab aus seiner Gruppe einige, die nicht auf ihn hören wollten. Sie legten sich ein kleines Fluggerät zu, welches unbegrenzte Freiheit versprach. Während die anderen weitergingen, flogen sie zwischendurch immer wieder zur Gruppe, um nachzusehen, wohin der Weg führte. Nach wie vor wollten auch einige von ihnen zum Palast, nur eben etwas bequemer.

Der Rest der Gruppe marschierte nun Woche um Woche. Sie beugten ihre Köpfe, wenn sie an die Flieger dachten, aber sie folgten dem Königssohn so, wie er es für richtig hielt. Obwohl alle grenzenlos müde waren, gönnte er sich und den anderen nur kurze Pausen. Längst war den Wanderern die Umgebung gleichgültig geworden und selbst an das Ziel dachten sie nur noch selten. Dazu waren sie viel zu erschöpft. Ihre ganze Konzentration galt nur noch dem nächsten Schritt. Solange Siegfried voranging, war für sie alles in Ordnung. Jeder hatte größtes Vertrauen in ihn, nicht zuletzt weil sie sich inzwischen sicher waren, dass er der Königssohn sei. Einige hatten beobachten können, wie er kleine goldene Sterne auf ihrem Weg zurückließ, andere wussten zu berichten, dass er immer wieder Kontakt zu seinem Vater aufnahm.

Während der vergangenen Wochen hatten die Begleiter von Siegfried gelernt als Gruppe zusammenzuhalten. Sie waren sich nun einig, dass sie niemals aufgeben würden. Kein noch so verlockendes Transportmittel konnte sie reizen - sie würden dadurch nur von Siegfried getrennt werden. Sie versuchten nun sich gegenseitig zu unterstützen. Diejenigen, die immer voller Energie waren, halfen denen, die Probleme hatten nachzukommen. Die Kräftigen gingen neben denen, die oft gestolpert waren, die Gutgelaunten suchten Kontakt zu jenen, die gerade Auftrieb brauchten. Einige fanden heraus, dass es sich wesentlich leichter gehen ließ, wenn man sich in Siegfrieds Nähe aufhielt.

Als sich auf dem weiteren Weg einige Hindernisse vor ihnen auftaten, hatten sie keinerlei Sorge mehr, auch diese sicher meistern zu können. Siegfried eröffnete ihnen jedoch, dass sie nun ein Stück allein gehen müssten, er würde etwas später nachkommen. Seine Begleiter waren bestürzt, aber sie hatten keine Wahl.

Zum ersten Mal hatten sie nun keine direkte Führung mehr und mussten selbst entscheiden, ob der eingeschlagene Weg der richtige sei. Schon wurde der Pfad sehr schmal und schlecht zu erkennen. Es gab einige Unruhe in der Gruppe, denn nicht alle waren gleicher Meinung, wohin es weitergehen sollte. Glücklicherweise kam Siegfried rechtzeitig zurück und führte sie weiter.

Es dauerte jedoch nicht lange, da ließ er sie erneut allein zurück und dies geschah nun immer häufiger. Zunächst sorgte jede Weggabelung, jedes Hindernis für Diskussionen. Mehr und mehr mussten sie lernen zusammenzuhalten, sich ihrer Stärken bewusst zu werden und auf ihre innere Führung zu vertrauen.

So kam es, dass Siegfried immer seltener einzugreifen brauchte, zusehends sicherer gingen die Wanderer ihren Weg. Auch äußere Einflüsse brachten sie nicht mehr aus dem Gleichgewicht. Erst als sie einen hohen Berg erreichten, rätselten sie, wie es nun weitergehen sollte. Siegfried erklärte ihnen, dass sie den Berg allein zu besteigen hätten. Da halfen und unterstützten sich alle aus der Gruppe gegenseitig, und ehe sie sichs versahen, kamen sie auch schon oben an.

Eine kleine Ebene bildete den Gipfelbereich. Dahinter fiel der Berg nach allen Seiten steil ab. Wohin sollte es nun weitergehen? Vom Palast war weit und breit nichts zu sehen. Siegfried, der die Gruppe während des Aufstieges beobachtet hatte, kam jetzt wieder zu ihnen. Auch einige Flieger hatten es tatsächlich geschafft, mit ihren Fluggeräten bis nach hier oben zu gelangen. Zunächst legte Siegfried eine lange Rast ein und sprach zu seinen Begleitern:

„Wir sind an das Ende unserer Wanderung gekommen. Ihr habt großes Vertrauen in mich bewiesen, ohne völlig sicher zu sein, ob ich tatsächlich der Königssohn bin. Ich habe euch Dinge gelehrt, die euch vielleicht unwichtig erschienen. Durch das immerwährende Gehen habt ihr gelernt, euren Körper zu überwinden und eure ganze Konzentration auf den nächsten Schritt zu lenken. Euch ist es möglich geworden, selbst die stärksten Sonnenstrahlen auszuhalten, ohne darunter leiden zu müssen. Euer Denken ist nicht mehr auf euch selbst gerichtet, sondern ihr seid in Liebe für den Nächsten da.

Im Palast meines Vaters scheint die Sonne um ein Vielfaches stärker als hier - aber für euch ist das kein Problem mehr. Wir werden dorthin mittels eines Gedankensprunges reisen. Lasst uns nun unsere Gedanken auf eine einzige Sache konzentrieren, so wie ihr es beim Gehen gelernt habt, dann können wir gemeinsam reisen."

Sie nahmen sich bei der Hand, konzentrierten sich auf den Palast und im nächsten Moment waren sie schon dort. Nur die Flieger blieben zurück. Obwohl sie den Gipfel erreicht hatten, fehlte ihnen die Grundlage, um an das endgültige Ziel zu gelangen; denn das, worauf es wirklich ankam, hatten sie nicht gelernt. Sie würden den Weg noch einmal beschreiten müssen - diesmal um eine Erfahrung reicher, jedoch ohne die direkte Hilfe von Siegfried.

Die anderen erreichten überglücklich den Palast. Die Herrlichkeit hier übertraf all ihre Erwartungen. Jeder fühlte sich sogleich zu Hause. Da sie aber so viel Liebe für andere entwickelt hatten und sich nach wie vor noch mit ihrer Welt verbunden fühlten, kehrten einige von ihnen zurück, um anderen auf dem Weg zu helfen. Die kleinen goldenen Sterne, die Siegfried verteilt hatte, würden sie sicher führen.

## *Die große Bitte*

„Und alles, was ihr bittet im Gebet, so ihr glaubet, werdet ihr's empfangen." Matthäus 21.22

Es war mein 16. Geburtstag. Ich hatte bei einer Schulfreundin übernachtet und ihre Mutter wollte mir gerne eine Freude bereiten. Da sie nicht wusste, was mir gefallen könnte, kam sie auf die Idee, während ihrer täglichen Meditationsübung nach einem passenden Geschenk zu fragen. Als die Antwort kam, war sie sehr überrascht, denn es handelte sich um keinen materiellen Gegenstand, sondern um ein Bibelzitat. Die Antwort lautete: „Matthäus 21.22".

Als sie mir dieses Bibelzitat mitteilte, füllten sich meine Augen unweigerlich mit Tränen. Sie entsprangen tiefer Ergriffenheit, aber auch dem Gefühl inniger Dankbarkeit. Zugleich erfüllte mich große Freude, denn ich wusste nun, dass mein größter Wunsch, den ich in mein tägliches Gebet miteinbeschloss, in Erfüllung gehen würde.

Damit der Leser die Tiefe dieses Wunsches verstehen kann, möchte ich etwas weiter ausholen und ihn mit meiner Person vertraut machen.

Als drittes von fünf Kindern wurde ich am 17.2.1965 in Mühldorf am Inn in Oberbayern um 13.02 Uhr geboren. Unsere Wohnung grenzte direkt an die katholische Pfarrkirche St. Peter und Paul an, in der mein Vater als Mesner arbeitete. Weil ihn diese Arbeit zeitlich nicht ausfüllte, suchte er bald nach einer anderen Stelle. Das hatte mehrere Umzüge zur Folge. Insgesamt dreimal wechselten wir unseren Wohnort, bis wir schließlich in Kempten im Allgäu eine Wohnung für mehrere Jahre erhielten. Hier war eine neue Kirche gebaut worden, in der mein Vater nun wieder als Mesner und Hausmeister arbeitete. An die sehr moderne Kirche schlossen sich ein Kindergarten und eine Bücherei an. Ihre Innenausstattung wirkte schlicht und nüchtern, jedoch hielt ich mich dort gerne auf. Wenn gerade keine Messe abgehalten wurde, konnte ich ganz allein auf einem der vielen Stühle sitzen und Gott alles erzählen, was mich bewegte.

Inzwischen war ich sechs Jahre alt. Wie sich denken lässt, wurde bei uns viel über den christlichen Glauben, über die Glaubensgrundsätze und alles, was mit der Kirche zusammenhängt, diskutiert. Ich war stets sehr interessiert und ein Erlebnis festigte meinen Glauben zutiefst:

Obwohl mein älterer Bruder mir bereits mehrere Male die Funktion unseres Blitzableiters erklärt hatte, blieb meine große Angst vor Gewittern erhalten. Eines Tages herrschte ein besonders starkes Gewitter, das nicht aufhören wollte, und ich flüchtete in den Keller unseres Hauses. Meine Großtante, die gerade zu Besuch war, entdeckte mich dort. Zögernd gestand ich ihr meine Angst. Sie war eine sehr religiöse Frau und gab mir daher den Rat:

„Bete doch zum lieben Gott, dass das Gewitter aufhören soll."

Sofort tat ich dies und tatsächlich hörte das Gewitter augenblicklich auf. Von da an war ich mir sicher, dass es Gott wirklich gibt und man sich mit allem an ihn wenden kann. Viele Jahre später erfuhr ich, warum meine Großtante den Keller aufgesucht hatte: Ihre Angst vor Gewittern war ebenso groß gewesen wie damals meine.

Obwohl ich noch sehr jung war, kannte ich bereits viele Erzählungen über das Leben von Jesus Christus und machte mir reichlich Gedanken darüber. Ganz besonders beneidete ich die Jünger, die stets Jesus an ihrer Seite wussten. Sie konnten ihn alles fragen und sicher sein, dass die Antworten und Ratschläge, die sie erhielten, absolut richtig waren. Inzwischen hatte ich herausgefunden, dass es sich bei den Geistlichen oft anders verhielt. Sie diskutierten manchmal lange und waren dann doch nicht unbedingt einer Meinung.

Mir war vieles unklar. Warum waren manche Menschen reich und andere arm, manche gesund und andere krank? Mir wurde gesagt, dass Gott die Armen, Kranken und Schwachen besonders liebe. Bei uns waren aber alle gesund und wir lebten auch nicht in Armut. Liebte Gott uns deshalb weniger?

In meiner kindlichen Vorstellung wünschte ich mir nun wenigstens ein körperliches Leiden, damit Gott auch mich lieben könnte. Glücklicherweise wurde mir dieser Wunsch nicht erfüllt.

Eine Frage trieb mich fast zur Verzweiflung. Es ging um die Taufe. So,wie ich es verstanden hatte, konnte nur der in den Himmel kommen, der katholisch getauft war. Mich ergriff Panik und ich beschloss augenblicklich, später Missionarin zu werden. Im Geiste sah ich mich in die Ferne gehen, um viele arme Menschen zu bekehren. In meiner Vorstellung tat ich das ein ganzes Leben lang und hätte doch nur einem winzigen Teil der Menschheit zum wahren Glauben verhelfen können. Was aber war mit dem Rest? Gott konnte doch nicht so ungerecht sein und jemandem den Zutritt zum Himmelreich verwehren, nur weil er keine Möglichkeit hatte, vom Christentum zu erfahren! Außerdem gab es laut christlicher Lehre nur dieses eine Leben. Nein, das konnte einfach nicht stimmen.

Ich fragte meine Eltern, den Kaplan, unseren Priester. Sicherlich brachte ich damit manchen in Verlegenheit. Eine befriedigende Antwort erhielt ich jedoch nicht. Sehnlichst wünschte ich mir nun jemanden, der mir die Wahrheit sagen könnte, jemand, der wusste, wie sich das alles wirklich verhielt - jemanden wie Jesus Christus!

Doch solch ein Wissender war nicht in Aussicht und ich musste nach einer anderen Möglichkeit suchen, mich Gott zu nähern. Eine Gelegenheit bildete die heilige Eucharistie, welche jeden Sonntag in der katholischen Kirche vollzogen wird. Mir wurde erklärt, dass die Hostie vom Priester derart gesegnet wird, dass es so ist, als wohne Jesus Christus in feinstofflicher Form darin. Wenn man die kleine Oblate zu sich nehme, werde der eigene Körper ebenfalls angehoben. So sehr mich diese Tatsache begeisterte, so gab es doch ein Problem. Ein Kind darf die Hostie erst empfangen, wenn es das Fest der Kommunion bereits hinter sich hat. Dies war für mich erst in einem Jahr der Fall und so lange konnte ich unmöglich warten. Heimlich schummelte ich mich deswegen während der Messe zwischen die Erwachsenen, um ebenfalls die Hostie empfangen zu können. Der Priester gab sie mir auch, denn während des Gottesdienstes konnte er mich schlecht daran hindern. Sofort danach sprach er jedoch meine Eltern an und meinte, dass man das Prinzip der Eucharistie erst nach dem Fest der Kommunion verstehen könne und erst dann so weit sei, die Hostie empfangen zu dürfen. Daraufhin ließ ich mir den Vorgang der Umwandlung so, wie er in der Kirche gelehrt wird, noch einmal ganz genau erklären. Danach war ich absolut überzeugt, es verstanden zu haben.

Niemand konnte mich mehr daran hindern, weiterhin die Hostie zu empfangen, selbst der Priester gab seine Bemühungen auf. Ich fühlte mich anschließend jedes Mal in einer gehobenen Verfassung. Die Vorstellung, etwas durch Christus Geweihtes zu mir nehmen zu dürfen, erfüllte mich mit großer Andacht und Freude.

Später erfuhr ich, dass mein Empfinden von damals durchaus richtig war. Durch Gebet oder entsprechende Vorstellung ist es möglich, Nahrung in ihrer Eigenschwingung anzuheben. Allerdings ist dies nur bis zu dem Grad möglich, wie der Priester oder derjenige, der die Hostie empfängt, selbst Gottverbundenheit erreicht hat, wobei der Höhere stets überwiegt.

*

Als ich acht Jahre alt war, zogen wir nochmals um. Mein Vater kehrte zu seinem ursprünglichen Beruf als Schreinermeister zurück und wir konnten nicht in der für den Mesner reservierten Wohnung bleiben. Mit fünf Kindern eine neue Wohnung zu finden erwies sich als äußerst schwierig und deshalb kauften meine Eltern schließlich ein sehr altes, großes Haus in Ittelsburg, einem kleinen Dorf etwa 20 km nördlich von Kempten.

Nun hatten wir zum ersten Mal keine Kirche mehr in der Nähe. Unser Haus war umgeben von einer Wiese mit Hühnern und einer Kuhweide. Dahinter erstreckte sich ein großes Waldgebiet.

Nach kurzer Eingewöhnungszeit fühlten wir uns hier sehr wohl. Bald stellte ich fest, dass man nicht unbedingt eine Kirche braucht, um dem Göttlichen nahe zu sein. Es war auch in der Natur möglich. Zusammen mit meiner um ein Jahr jüngeren Schwester durchstreifte ich die Wälder, entdeckte Wasserquellen, beobachtete Tiere oder wir setzten uns still an irgendein schönes Fleckchen, das außer uns sicherlich keiner kannte.

Meine Liebe zur Natur wuchs zusehends. Dafür sorgten auch häufige nächtliche Erlebnisse, die sich nun einstellten. Nach dem Einschlafen befand ich mich plötzlich außerhalb des Körpers und sah diesen wie den eines anderen im Bett liegen. Mein feinstoffliches „Ich" schwebte aus dem Fenster auf eine nahe Baumgruppe zu, in der sich viele weibliche, schöne und fröhliche Wesen aufhielten. Sie waren stets sehr vergnügt und schienen sich über meine Besuche zu freuen.

Schon von klein auf sah ich häufig dort, wo wir wohnten, Wesen, die eigentlich unsichtbar waren. Bei den meisten von ihnen hätte man allerdings auf ihren Anblick verzichtet. Auch dieses Haus war von ihnen bewohnt. Weil sie nur im Dunkeln wahrzunehmen und sehr lichtscheu waren, ließen wir nachts ein kleines Lämpchen brennen. Mein älterer Bruder sah sie einmal ebenfalls und daher wussten meine Eltern, dass es kein Hirngespinst von mir war. Meine Mutter war in dieser Richtung ohnehin sensitiv, sie spürte viel, auch wenn sie es nicht unbedingt sah.

Unser Haus war wirklich sehr alt. Es war so baufällig, dass das morsche Holz der Fensterstöcke bei Berührung zerfiel, das Dach ließ an einigen Stellen den Regen durch und manche Zimmer durften wir nicht betreten, weil Gefahr bestand durchzubrechen.

Eines Tages erneuerte mein Vater die Bodenbretter des Dachbodens, als meine Großtante ihm etwas bringen wollte. Er rief ihr zu, sie solle bleiben, wo sie sei, und keinen Schritt weitergehen. Sie verstand ihn jedoch nicht und ging weiter. Da brach der Boden unter ihr zusammen. Einen Stock tiefer befand sich das Zimmer, in dem sie während ihres Besuches übernachtete. Es war wie ein Wunder. Sie fiel genau in ihr Bett, das sie ganz weich auffing. Dadurch trug sie nicht den geringsten Schaden davon.

Auch der Schornsteinfeger machte Bekanntschaft mit der Baufälligkeit des Hauses, als sich auf dem Weg zum oberen Stockwerk plötzlich keine Treppe mehr unter ihm befand. Mit einem lauten Knall ging die alte Holztreppe, die wie eine stabile Leiter gebaut war, zu Boden.

Der Schornsteinfeger konnte sich gerade noch in der Öffnung zum oberen Stockwerk festhalten. Mithilfe einer Leiter konnte er gerettet werden. Auch ihm war außer einer leichten Prellung nichts passiert.

Selbstverständlich gingen meine Eltern mit Eifer daran, das Haus so bald wie möglich so weit instand zu setzen, dass keine Gefahr mehr bestand. Hilfe erhielten sie durch Verwandte und Bekannte, die uns immer wieder besuchten. Bald konnte auch an Verschönerungsarbeiten und die Gestaltung des großen Gartens gedacht werden. Wir Kinder halfen mit, soweit es uns möglich war. Ansonsten war das Haus mit der interessanten Schreinerwerkstatt, kleinen Scheune und den alten Dachböden vor allem ein wundervoller Abenteuerspielplatz.

Nicht so allerdings für meine Mutter. Sie arbeitete vom frühen Morgen bis zum späten Abend im Haus und Garten – so habe ich sie meistens gesehen. Sie beklagte sich nie, auch nicht, als unsere Urgroßmutter pflegebedürftig wurde und bei uns eine Bleibe erhielt. Bald kam auch noch ein großer Hund dazu, dessen Pflege ebenfalls meiner Mutter oblag.

Was von uns Kindern keiner bemerkte, war, dass sie seit Jahren unter schwersten Depressionen litt. Sicher lag es auch an der vielen Arbeit, dass sie mit ihren Nerven völlig am Ende war. Sie suchte Hilfe in der Kirche, aber dort geschah etwas, womit sie wirklich nicht gerechnet hatte: Sie bekam entweder Atemnot, Panik oder Herzrasen, sodass sie die Kirche schnellstens verlassen musste.

Als sich diese Zustände ständig wiederholten, verzichtete meine Mutter auf den Besuch der Kirche. Das war sehr hart für sie, denn sie fühlte sich völlig entwurzelt. Woher sollte nun Hilfe kommen? In ihrer Verzweiflung vertraute sie sich einer Bekannten an, die ihr ein Buch über Hatha-Yoga empfahl. Erika, so der Name meiner Mutter, hatte bereits einige Jahre zuvor von der Köchin unseres Priesters davon gehört. Jetzt kaufte sie sich das Buch. Erika begann sogleich mit den Übungen, es wollte sich aber keine Besserung einstellen. Bald darauf besuchten uns Verwandte aus Radolfzell am Bodensee. Als sie von Erikas Yoga-Übungen erfuhren, gaben sie ihr den Rat, sie solle doch besser einen Kurs besuchen. Sie hatten erfahren, dass es bei ihnen am Bodensee einen sehr guten Yoga-Lehrer gab. Damit konnte Erika jedoch nichts anfangen. Bis nach Radolfzell fuhr man mit dem Auto hin und zurück etwa fünf Stunden, der Kurs hätte zehn Wochen jeweils eine Stunde in der Woche gedauert. Abgesehen davon besaß sie keinen Führerschein.

Ein paar Tage später las sie in einer Zeitung, dass in Memmingen, der Stadt, die unserem Dorf am nächsten lag, ein Hatha-Yoga-Kurs stattfinden würde. Offensichtlich hatte er schon begonnen, aber Erika fühlte, dass sie unbedingt dorthin müsse. Etwa drei Kilometer waren es mit dem Fahrrad zum Bahnhof, danach ging es mit dem Zug nach Memmingen, von wo aus es einen strammen Fußmarsch zurückzulegen galt, um zum Kursgebäude zu gelangen.

Es war bereits die dritte Kursstunde, aber auf Erikas flehenden Blick meinte der Yoga-Lehrer, sie könne noch teilnehmen. Sie staunte sehr, als sich herausstellte, dass der Kursleiter jener sehr gute Yoga-Lehrer vom Bodensee war. Er hieß Horst Lozynski und der Kurs war für Erika eine einzige Offenbarung. Es gab Übungen, welche die Nerven beruhigten, und Entspannungstechniken, die besonders wohltuend wirkten. Die langsam und sehr konzentriert ausgeführten Körperübungen machten einem nicht nur den Körper, sondern auch die Gefühlswelt bewusst. Das ganz Besondere aber waren die geistigen Hintergründe, welche der Lehrer jede Stunde erzählte. Er schien einen tiefen Glauben und großes Wissen um die Geheimnisse des Lebens in sich zu tragen. Erika erkannte, dass sie das Glück hatte, hier einem Menschen gegenüberzustehen, der nicht Studiertes, sondern tatsächlich Erlebtes weitergab. Dabei strahlte er große Bescheidenheit aus und wollte schlicht und einfach nur Horst genannt werden.

Einmal kam meine Mutter etwas früher zum Kurs und nutzte die Gelegenheit, Horst mit ihren vielen Fragen zu überhäufen. Horst zeigte ein seltsames Lächeln, als er dazu meinte:

„Fragen Sie ruhig."

Das war alles, mehr sagte er nicht. Als dann aber der Kurs begann, erklärte er, wie man mit Fragen und Anliegen umgeht:

„Gott ist nicht etwas weit Entferntes, ein Teil von ihm wohnt in jedem Menschen. Wir können uns mit all unseren Anliegen an ihn wenden, indem wir uns in die Stille begeben und ihn ansprechen. Anschließend sollten wir ganz loslassen, es dürfen keinerlei Erwartungen zurückbleiben. Normalerweise erhält man dann innerhalb kürzester Zeit eine Antwort. Denn so wurde es uns in der Bibel zugesichert:

‚... Denn euer Vater weiß, was ihr benötigt, ehe ihr ihn bittet.'"

Matthäus 6.8

Erika probierte es aus. Es funktionierte! Je unerwarteter eine Antwort ausfiel, desto sicherer konnte sie sein, dass sie nicht ihrer Wunschvorstellung entsprang, sondern tatsächlich stimmte. Dabei überraschte es sie oft, woher die Antworten kamen. Einmal schlug sie ein Buch auf, in dem genau das Thema, das sie beschäftigte, behandelt wurde. Ein andermal erzählte jemand etwas Passendes oder die Antwort kam über einen Traum. Es gab so viele Möglichkeiten, man musste nur Augen und Ohren offen halten.

Schon nach einigen Wochen konnte meine Mutter die starken Nerventabletten absetzen, ohne die sie schon lange nicht mehr ausgekommen war. Nach jeder Kursstunde berichtete sie uns zu Hause begeistert, welche neuen geistigen Gesetzmäßigkeiten sie erfahren hatte. Sie war wie ein trockener Schwamm, der das neue Wissen wie Wasser in sich aufsog. Aber sie gab es auch großzügig weiter. Jedes Mal, wenn sie erzählte, hing ich an ihren Lippen, um ja kein Wort zu verpassen.

Hier kamen die vielen Antworten, auf die ich so lange gewartet hatte.

In einigen Religionen ist das Wissen um die Wiedergeburt Selbstverständlichkeit. Ich hörte nun zum ersten Mal davon und damit wurden viele meiner Fragen beantwortet. Jeder Mensch entwickelt sich ständig weiter, von Leben zu Leben, bis er sein Ziel erreicht - Gott! Deshalb waren die Menschen so verschieden, weil jeder sich von Stufe zu Stufe, jeder nach seiner Art und seinem Willen, weiterentwickelt. Damit gab es ihn doch - einen gerechten Gott!

Auf Horsts Empfehlung brachte Erika interessante Bücher mit. „Autobiographie eines Yogi"[17] war das erste. Sie verstand damals nur wenig davon und erzählte das auch Horst. Er empfahl ihr daraufhin ein weiteres Buch, das – wie sich herausstellte - noch wesentlich schwerer zu verstehen war. Das schien absurd. Indem sie jedoch dieses zweite Buch las, konnte sie plötzlich das erste verstehen.

Wenn Horst in den Kursen sprach, goss er Wissen gleich Licht über die Teilnehmer. Bei einer solchen Gelegenheit hörte Erika in sich plötzlich etwas sagen:

„Er spricht wie ER!"

Dabei wusste sie, dass mit „ER" Jesus gemeint war. Ihre erste Reaktion war: „Jetzt bin ich total übergeschnappt." Woher sollte sie wissen, wie Jesus gesprochen hatte? Wie kam sie überhaupt darauf? Vielleicht lag es daran, dass Horst bei seinen Antworten oft Vergleiche aus dem täglichen Leben heranzog, in Gleichnissen sprach, sodass man es auch verstehen konnte. Selbst wenn er hohe geistige Themen erläuterte, war dabei stets eine Bodenständigkeit vorhanden. Was am meisten beeindruckte, war aber seine übergroße Gottesliebe ohne jede Frömmelei, wie Erika es noch nie bei jemand erlebt hatte.

[17] Die hochgestellten Ziffern beziehen sich auf die im Literaturverzeichnis genannten Buchtitel.

Im Lauf der folgenden Jahre wurden meine Mutter und über sie auch ich mit immer mehr geistigem Wissen vertraut. Mein Vater und meine Geschwister hatten keinen Bezug dazu. 1976 wechselten wir noch einmal unseren Wohnort. Wir zogen nach Sulzberg, das etwa 8 km südlich von Kempten liegt. Dort besuchte Erika eine Fahrschule, um selbst Auto fahren und damit den Kontakt mit Horst aufrechterhalten zu können. Das wurde immer schwieriger, nicht nur wegen der Entfernung, sondern wegen des Widerstandes meines Vaters. Damals herrschte in kirchlichen Kreisen eine gewisse Furcht vor spirituellen Richtungen gleich welcher Art und man vermutete sehr schnell ein Sektentum. Selbst Hatha-Yoga war fremdartig und damit fragwürdig. Es wunderte daher kaum, dass mein Vater besorgt war, meine Mutter und ich könnten in irgendetwas Ungutes hineingeraten.

Meine Mutter hatte Horst inzwischen mehrmals in seiner Wohnung in Uhldingen am Bodensee besucht. Dort trafen sich an den Wochenenden regelmäßig viele Interessierte und er gab aus seinem reichen Wissensschatz großzügig weiter.

Sein ganzes Leben hatte Horst unermüdlich nach Gott gesucht und dabei auch Indien bereist. Dort wurde er von einem Meister in Meditationstechniken eingeweiht. Nach vielen Jahren und großen Erlebnissen hatte er von ihm den Auftrag erhalten, diese Techniken weiterzugeben. So kam es, dass nun auch Erika davon erfuhr.

Obwohl ich meine Mutter jedes Mal bekniete mich zu Horst mitzunehmen, wagte sie es nicht, dies gegen den Willen meines Vaters zu tun. Sie bekam schon genug Probleme, auch wenn sie ohne mich fuhr. Inzwischen war ich 14 Jahre alt und wünschte mir nichts sehnlicher, als Horst kennenzulernen. Doch das schien im Moment aussichtslos, was mich manches Mal regelrecht verzweifeln ließ. Gelegentlich fuhr Erika nach Memmingen, wo sich einige Bekannte, die mit ihr die Yoga-Kurse besucht hatten, einmal in der Woche trafen. Sie sangen zusammen Mantras und meditierten anschließend etwa eine halbe Stunde. Hier durfte ich manchmal dabei sein und ich lernte die Mantras schnell und mit Begeisterung. Zeitweise hatte ich das Gefühl, dass es weniger ein Lernen als vielmehr ein Erinnern war. Mantras sind heilige Gesänge in Sanskrit*, die das Bewusstsein anheben.

* Siehe Erklärungen der indischen Begriffe im Anhang.

Schon häufig hatte ich versucht zu meditieren, aber ich hatte keine Anleitung. Erika erhielt von Horst die Erlaubnis, mir eine einfache, aber zugleich wirkungsvolle Technik weiterzugeben. Von da an meditierte ich täglich und machte bald einige schöne Erfahrungen. Eine davon möchte ich beschreiben, weil das darin Erlebte einen großen und später wichtigen Schlüssel für mich bildete.

Während ich bequem am Boden saß, versuchte ich meine Gedanken zur Ruhe zu bringen. Dabei stellte ich mir vor, nur der Beobachter der Gedanken zu sein. Was ich dabei wahrnahm, war äußerst interessant: Rechts und links vor mir gewahrte ich zwei Gedanken-Redner, die ich wie zwei Handpuppen aus dem Kasperle-Theater empfand. Sie diskutierten über ein Thema, der eine pro, der andere kontra. Ich erkannte, dass es sich um die beiden Kräfte im Menschen handelte, die sich ständig miteinander messen. Es waren aber nicht Gut und Böse im eigentlichen Sinne, sondern nur zwei verschiedene Sichtweisen, Aktiv und Passiv - Intellekt und Gefühl. Nun konzentrierte ich mich darauf, wer von den beiden derjenige sei, den ich als „Ich" bezeichnen würde. Die Antwort überraschte mich sehr, denn ich empfand mich als keiner von beiden! Da war noch etwas Drittes wahrzunehmen. Es war nicht wie die beiden Handpuppen vor mir, sondern mittig in mir zu spüren. Es lächelte gütig und schien darauf zu warten, dass die beiden anderen endlich still seien.

Die regelmäßigen Meditationsübungen bildeten für mich schon bald das schönste Ereignis am Tag. Bereits morgens in der Schule freute ich mich auf den Moment, wo ich endlich nach Hause kam und allein sein konnte. Für die Hausaufgaben und das Lernen wandte ich nicht mehr Zeit auf als unbedingt notwendig.

Meine Schulausbildung erfolgte ab der siebten Klasse in einer christlichen, klösterlichen Mädchenrealschule. Meine Eltern meinten, dass das Niveau dieser Schule deutlich höher sei als das einer staatlichen Schule. Wir wurden sowohl von weltlichen Lehrern als auch von Nonnen unterrichtet. Sicherlich wäre ich eine gute Schülerin gewesen, hätte mir nur jemand erklären können, warum ich so viele nach meinem Dafürhalten unnötige Dinge lernen sollte. Immerzu quälte mich eine Frage:

„Warum ...?"

War ich von der Notwendigkeit eines Lehrstoffes überzeugt, so musste ich ihn nur selten lernen, denn ich konnte ihn mir meist sofort merken, wenn der Lehrer davon erzählte. Fand ich etwas überflüssig, wie zum Beispiel geschichtliche Daten, so weigerte ich mich ab einem bestimmten Alter das Gehirn damit zu belasten. Um trotzdem einigermaßen gute Noten zu erzielen, verwendete ich mein Kurzzeitgedächtnis und entwickelte eine gewisse Perfektion im Schreiben von Spickzetteln.

Bei einigen Klosterschwestern fand ich bald heraus, dass sie Mädchen sichtlich bevorzugten, die sie als „gut" einstuften. Das war für mich Anlass genug, nicht zu den „Guten" gehören zu wollen, obwohl mir dies aufgrund dessen, dass mein Vater längere Zeit als Mesner gearbeitet hatte, leicht möglich gewesen wäre. Ich wollte, dass man mich wegen meiner inneren Qualitäten mochte und nicht wegen meines Vaters oder weil ich mich bei den Nonnen einschmeicheln konnte. Schon von klein auf verfügte ich über einen ausgeprägten Gerechtigkeitssinn. Manche Menschen haben das gläubige Bestreben, sich zu den wenigen Auserwählten zählen zu dürfen, die das Himmelreich verdienen. Wenngleich auch ich mir sehnlichst wünschte Gott näherzukommen, verhielt es sich bei mir anders. Der Gott, den ich verehren wollte, sollte für jeden Menschen erreichbar sein. Wenn nicht jeder die Möglichkeit hatte, sich Gott zu nähern, gleich welchen Glaubens, Kulturkreises oder welcher Erziehung, so wollte ich dies auch nicht.

Auch wenn meine Ansichten mit denen der Klosterschwestern nicht immer übereinstimmten, gab es doch zwei Nonnen, die mich sehr beeindruckten und mir zum Vorbild wurden. Die eine verhielt sich ebenso streng wie gerecht. Sie ließ sich von Äußerlichkeiten nicht beeindrucken und war nie in Verlegenheit zu bringen. Hinter ihrer etwas harten Schale verbarg sich ein höchst gläubiger Kern. Während einer Unterrichtsstunde erzählte sie uns, warum sie Nonne geworden war:

Während des Krieges stand sie in einer Reihe von Menschen, die aufgrund ihrer Herkunft zum Tod verurteilt waren. Von einer Liste, auf der auch ihr Name stand, wurden jene vorgelesen, die abgeführt werden sollten. In dieser verzweifelten Situation wandte sie sich in einem innigen Gebet an Gott und gab ihr Leben in seine Hände. Wie durch ein Wunder wurde sie gerettet, indem ihr Name übersehen wurde. Diese

Begebenheit veranlasste sie dazu, ihr geschenktes Leben auch wirklich Gott zu widmen, und sie trat in ein Kloster ein.

Die zweite Klosterschwester, die mich beeindruckte, war nicht streng, sondern sehr gutmütig. Sie unterrichtete uns in Handarbeit und strahlte dabei stets eine Liebe und Milde aus, die sicherlich alles verziehen hätte. Eine Zeit lang nutzten sowohl ich wie auch einige andere Mädchen ihre Gutmütigkeit aus, indem wir allen möglichen Unfug anstellten. Jedoch behandelte diese Nonne uns Störenfriede mit der gleichen innigen Liebe wie jene, die sehr aufmerksam waren. Da von ihr keinerlei unwillige Reaktion erfolgte, fühlten wir uns schließlich sehr schlecht, uns so zu verhalten. Von da an saßen ihr nur noch ruhige Musterschülerinnen gegenüber. Die Stunden bei ihr hüllten alle in ein Meer des Friedens und Wohlwollens ein.

Die Kombination streng katholischer, klösterlicher Lehren mit dem offenen, geistigen, auf logischen Gesetzmäßigkeiten beruhenden Wissen, das ich über meine Mutter erhielt, erwies sich als interessant. Meine Sehnsucht nach Gott ließ mich überall das Gute herausfinden. Jedoch empfand ich die klösterliche Enge oftmals erdrückend und auf meine zahlreichen Fragen erhielt ich dort nur selten logische Antwort.

Immer stärker fühlte ich mich daher zu dem Wissen hingezogen, welches Horst vermittelte und ich auf dem Umweg über meine Mutter erfuhr. Die Sehnsucht, ihn endlich kennenzulernen, nahm unaufhörlich zu. Aber das strenge Verbot meines Vaters ließ jede Hoffnung im Keim ersticken.

So war ich auf die Berichte meiner Mutter angewiesen, wenn sich die seltene Gelegenheit ergab, dass sie Horst begegnen konnte. An einem Tag bereitete sie mich mit einer gewissen Ehrfurcht auf ein längeres Gespräch vor. Sie hatte etwas erfahren, das ihr sehr groß und heilig zu sein schien. Aufgeregt und wissensdurstig saß ich ihr gegenüber, um von dem Neuen zu hören. Sie erzählte, was sie erfahren hatte:

Seit seiner Kindheit hatte Horst in verschiedenen religiösen Richtungen nach Gott gesucht. Über einen Yoga-Lehrer kam er dabei auch nach Indien und begegnete dort einigen spirituellen Meistern. Obwohl viele dieser Begegnungen sehr beeindruckend waren und er auch einen sehr guten Lehrer für Meditation fand, hatte er das Empfinden, noch nicht am Ende seiner Suche angekommen zu sein - bis er einem außergewöhnlichen Heiligen begegnete. Als er ihn das erste Mal sah, gewahrte er diesen durchscheinend, als wäre er mehr Geist als Körper. Seine Ausstrahlung war von solch einer Macht, gleichzeitig jedoch auch Liebe und Demut, dass Horst augenblicklich wusste, dass seine lange Suche nun zu Ende war. Der Heilige wurde Param Sadguru Shree Gajanan Maharaj (sprich: Schri Gadschanan Maharadsch) genannt. Gajanan war sein Vorname, alle weiteren Bezeichnungen sind Titel, die ihm im Lauf seines Lebens aufgrund seiner geistigen Größe verliehen wurden. Allgemein sprach man ihn mit „Shree" an, was „heilig" bedeutet.

Noch während seiner ersten Begegnung durfte Horst erkennen, dass sich Shree im höchstmöglichen Bewusstseinszustand aufhielt - im Christus-Bewusstsein. Er unterschied zwischen der Person Jesus und *Jesus im höchsten Gottesbewusstsein* - Christus. In der Bibel steht über diesen Zustand geschrieben:

„Ich und der Vater sind eins." Johannes 10.30

Jesus hatte das Christus-Bewusstsein etwa seit dem dreißigsten Lebensjahr.

„Und Jesus war, als er anfing, ungefähr dreißig Jahre alt ..." Lukas 3.23

Wie in der Bibel zu lesen ist, stieg zu der Zeit der Heilige Geist auf Jesus herab und seine Mission begann.

In diesem Christus-Bewusstsein hielt sich nicht nur Jesus auf. Gottesboten verschiedenster Religionen lebten ebenfalls in diesem Zustand. So wurde Siddhartha Gautama in seinem 35. Lebensjahr zu Buddha, was wörtlich „Erwachter" heißt. Christus bedeutet übersetzt „Gesalbter" und man sieht hier bereits eine große Ähnlichkeit. Die Gottesboten aller Religionen übermittelten jeweils das göttliche Wissen, das in ihrer Kultur und zu ihrer Zeit am wirksamsten war.

Die Aussage, dass jemand mit diesem höchsten Bewusstsein auf der Erde lebt, war gewaltig. Jeder, der davon erfuhr, hatte jedoch die Möglichkeit, als religiöser Mensch sogar die Verpflichtung, nachzuforschen, selbst herauszufinden, ob es der Wahrheit entsprach.

Meine Mutter war offensichtlich von der Wahrheit dessen überzeugt. Sie zeigte mir eine Fotografie des großen Heiligen. Ohne jegliches

Vorurteil sah ich sie längere Zeit an. Meine darauf folgende Reaktion versetzte mich später, als ich bewusst darüber nachdachte, selbst in Erstaunen. Da ich ein starker Gefühlsmensch war, nahm ich alle Dinge zuerst über das Gefühl wahr und das sagte:

„Wieso versuchte sie nur, mir dies so vorsichtig zu erklären? Das weiß ich doch alles längst."

Aber das Gefühl sagte noch viel mehr. Für mich waren Horst und Shree wie die beiden Seiten einer Medaille. Sie gehörten zusammen, der eine mit Blick nach Osten, der andere nach Westen. Niemand sagte mir das, aber ich wusste dies mit einer Sicherheit, die mir niemand streitig machen konnte. Ich kannte beide nur von Bildern und aus den Erzählungen meiner Mutter, aber ab diesem Zeitpunkt trommelte ich einen Wunsch in jedes Atom, jeden Tag, zu jedem Gebet:

„Lieber Gott, lass mich Horst und Shree begegnen!"

## ... *und die Erfüllung der Bitte*

Leuchtende, hellblaue Augen blickten mich freudig an und strahlten eine Liebe aus, die ich bis dahin nicht kannte. Es war eine Liebe, die alles und jeden ohne Unterschied überstrahlte und durchdrang. Man mochte den Blick nicht mehr von diesen Augen wenden, doch der gesamte Mensch lohnte näher betrachtet zu werden. Die Nase war für einen Mann ungewöhnlich fein, der Körper kraftvoll, zugleich jedoch beweglich. Er schien von einem zarten, hellen Licht umgeben zu sein. Nichts Fremdes war an ihm. Ich spürte, dass ich ihm uneingeschränktes Vertrauen entgegenbringen konnte.

Etwas unsicher, jedoch überglücklich stand ich Horst gegenüber. Es war der 17. Mai 1981, auf den Tag genau drei Monate nach meinem 16. Geburtstag, an dem ich über das Bibelzitat die Zusicherung erhalten hatte, dass meine Bitte in Erfüllung gehen würde.

Meine Mutter und ich wurden in das große Wohnzimmer geleitet. Hier waren schon viele Leute anwesend, die sich offenbar alle für geistige Themen interessierten. Es wurden Fragen gestellt und Horst wusste immer umfassend zu antworten. Oft handelte es sich dabei um völlig neue Erkenntnisse oder wertvolle Hilfen für jeden geistig Strebenden. Überglücklich darüber, hier sein zu dürfen, musste ich Horst immerzu anschauen. In meinem inneren Schwebezustand waren alle meine Fragen vergessen.

Es war nicht nur für mich ein besonderer Tag, denn heute war der Geburtstag von Shree. Ihm zu Ehren wurde in einem eigens dafür vorgesehenen Raum ein Dauer-Yagna abgehalten. Yagnas (wissenschaftliche Umschrift „Yajña") sind Feuerzeremonien, welche durch Shree der ganzen Menschheit zugänglich gemacht wurden. Shree hatte 1944 den bedeutsamen Eid abgelegt, die Veden wiederzubeleben. Sofort danach wurden ihm fünf geistige Richtlinien offenbart

– der Fünffache Pfad[3]. Yagna ist eine davon. Eine kleine, jedoch zugleich äußerst wirkungsvolle Form eines Yagnas ist das Agnihotra, das genau zu Sonnenauf- und Sonnenuntergang praktiziert wird. Die heilsamen, reinigenden und harmonisierenden Wirkungen sind erst zum Teil wissenschaftlich bewiesen. Für sensible Menschen sind sie jedoch sofort spürbar.

Heute war ein Yagna über 24 Stunden vorgesehen. Eine oder zwei Personen führten meist für eine Stunde diese Feuerzeremonie durch und wurden anschließend abgelöst. Auf diese Weise konnte das kleine Feuer über so lange Zeit erhalten bleiben. Ich hatte schon von meiner Mutter alles Notwendige zur Durchführung der Zeremonie gelernt, sodass ich mich daran beteiligen konnte. Es war sehr besonders, die erhebende Atmosphäre zu spüren, die durch die Gemeinschaft noch um einiges gesteigert wurde.

Während einiger seiner Indienreisen hatte Horst einen Super-8-Film über Shree und seinen Wohnort Akkalkot gedreht. Zur Feier des Tages zeigte er heute diesen Film, der alle tief beeindruckte. Mich bewegte vor allem die unglaubliche Demut, aber auch die große Liebe, welche Shree ausstrahlte. Gleichzeitig war eine von innen kommende Hoheit zu bemerken - welch eine Kombination! Durch diesen Film sah ich heute nicht nur Horst das erste Mal, sondern auch Shree - wenn auch nur in bewegten Bildern.

Erst jetzt wurde mir bewusst, dass ich meinen innigen Wunsch, Horst und Shree zu begegnen, in eine einzige Bitte zusammengefasst hatte. Aufgrund des Filmes erfüllte sich tatsächlich die gesamte Bitte. Große Ehrfurcht ergriff mich, als ich dies erkannte. Nach solch einer langen Wartezeit kam ich ausgerechnet an diesem speziellen Tag zum ersten Mal hierher.

Noch Wochen zehrte ich von diesem Besuch, der mich ganz und gar erfüllte. Allerdings gab es danach einige Schwierigkeiten. Meine Mutter hatte mich heimlich mitgenommen und durch Zufall erfuhr mein Vater, wo ich gewesen war. Es war mir nicht recht, mich dem Willen meines Vaters widersetzen zu müssen, aber er ließ mir in meiner inneren Not keine andere Wahl. Lange genug hatte ich auf sein Verständnis und damit auf seine Zustimmung gewartet. Meine Mutter dagegen hatte es einfach nicht mehr ausgehalten, jedes Mal, wenn sie zu Horst fuhr, eine tränenüberströmte Tochter zurückzulassen.

In den nächsten beiden Jahren hatte ich noch ein paar Mal die Möglichkeit, Horst zu begegnen - heimlich. Einige weitere Versuche scheiterten. Bei einem der Besuche konnte ich Horst einige persönliche Fragen stellen. Ich hatte absolutes Vertrauen in ihn und seine Ratschläge waren mir eine große Hilfe. Wenn es keine Möglichkeit gab, ihm zu begegnen, wandte ich mich gedanklich an ihn. Dann geschah es oft, dass ich von ihm träumte und auf diese Weise einen Rat erhielt.

Einmal fuhr ich zu Horst mit meinem Mofa. Seine zulässige Höchstgeschwindigkeit betrug 25 km/h. Aufgrund einiger kleiner Änderungen konnte ich maximal 31 km/h fahren. Der Weg vom Allgäu bis zum Bodensee schien sich ewig hinzuziehen. Wenn es bergab ging, bremste der Motor, weil das Gefährt ein Automatikgetriebe hatte. Dann überholten mich selbst Radfahrer. Stets musste ich darauf achten, dass die kleine Tankfüllung bis zur nächsten Stadt reichte. Nach fünf Stunden erreichte ich endlich Überlingen, wo Horst inzwischen wohnte. Es hielten sich wieder viele Leute bei ihm auf und einige davon kannte ich nun schon. Sie waren sehr überrascht mich zu sehen, denn von meinem Vorhaben hatte ich niemandem erzählt. Für die Rückfahrt am selben Abend war es zu spät, zumal das Licht des Mofas nicht funktionierte. Eine fast gleichaltrige Bekannte bot mir an bei ihr zu übernachten, was ich dankbar annahm. Für meine Rückreise am nächsten Tag wählte ich eine andere Route auf kleineren Straßen. Hier kam ich in den Genuss, selbst einmal ein anderes Fahrzeug zu überholen. Es handelte sich um einen alten Traktor, der tatsächlich noch langsamer fuhr als ich.

*

Nach dem Schulabschluss begann ich eine Lehre als Arzthelferin. Die Lehre brachte es mit sich, dass ich bereits mit 17 Jahren von zu Hause auszog und mir mit einer Kollegin zusammen eine kleine Wohnung in Kempten mietete. Ich ging gerne tanzen und nutzte meine neue Freiheit weidlich aus.

Eines Abends machte ich in meiner Lieblingsdiskothek eine erstaunliche Feststellung. Während ich mich zur rhythmischen Musik frei bewegte – es wurde stets ohne Partner getanzt –, vibrierte es eigenartig in meinen Händen, sobald sie sich parallel zum Boden befanden. Die Tanzfläche bestand aus einer Metall-Legierung und schien irgendetwas zu reflektieren. Immer wieder probierte ich es aus und hatte jedes Mal das gleiche Gefühl.

Zu Hause überlegte ich, worum es sich bei meinem Empfinden gehandelt haben könnte. Mir kam die Idee, dass es sich möglicherweise um meine eigene Ausstrahlung handelte, welche das Metall zurückwarf. Wenn jedoch ich eine solche Ausstrahlung besaß, dann mussten auch andere eine haben.

Ich erinnerte mich an meine Schulzeit, in der ich manchmal um unseren Physiklehrer einen weißen Schein sah, der seinen ganzen Körper umgab. Bückte er sich, dann blieb der Schein noch einen Moment in stehender Haltung zurück. Das sah so interessant aus, dass ich mich jedes Mal auf den Physikunterricht freute. War es dieser Schein, den ich nun nicht sah, sondern spürte? Vielleicht hatte jeder Gegenstand eine eigene Ausstrahlung?

Ganz aufgeregt begann ich es auszuprobieren. Zuerst kam ein Kaktus an die Reihe. Ich hielt meine Handfläche in einigem Abstand in seine Richtung und wartete, ob ich etwas spüren würde. Tatsächlich stellte sich wieder dieses Vibrieren ein. Es war bis zu einem Abstand von fast einem Meter zu fühlen. Nun versuchte ich es bei sogenannter „unbelebter" Materie, einem Ziergegenstand, einer kleinen Buddha-Statue, einer Vase, der Teekanne. Überall war etwas zu spüren, manchmal nur ganz wenig und nur aus nächster Nähe, manchmal aus größerer Entfernung. Erstaunt stellte ich fest, dass die Buddha-Statue eine größere Ausstrahlung besaß als ein anderer gewöhnlicher Gegenstand aus dem gleichen Material.

Vor mir war nun nichts mehr sicher, alles wurde auf seine Ausstrahlung untersucht. Eines Tages kam meine jüngere Schwester an die Reihe. Das große Wohnzimmer reichte nicht aus, ich ging bis in den Flur und noch immer spürte ich das Vibrieren.

Als ich bald darauf die Gelegenheit hatte, Horst zu besuchen, lagen auf seinem Wohnzimmertisch einige Fotos von ihm. Außer mir und meiner Mutter war erst ein Besucher da und Horst fragte ihn gerade, ob er herausfinden könne, welches der fast identischen Fotos die größte Ausstrahlung besitzt. Der Besucher hatte Schwierigkeiten damit und ich fragte, ob ich es versuchen dürfe. Wie inzwischen gewohnt, hielt ich meine Hand über jedes Foto und konnte so durch das unterschiedlich starke Vibrieren leicht die Reihenfolge der Ausstrahlungsstärke bestimmen. Horst bestätigte die Richtigkeit meiner Ergebnisse.

Etwa zu dieser Zeit hatte ich ein Erlebnis, das mich tief im Innern traf und mir eine unvergessliche und wichtige Lehre erteilte.

In der Dialyse-Klinik, in der ich arbeitete, waren viele Krankenschwestern und Arzthelferinnen beschäftigt. Unter ihnen gab es eine, über die ständig ungut geredet wurde. Seit einigen Tagen arbeitete ich mit ihr zusammen auf einer Station und wir stellten fest, dass wir uns gut leiden konnten.

An einem Tag redeten die anderen wieder einmal sehr schlecht über sie und ich muss zu meiner Schande gestehen, dass ich mich ebenfalls daran beteiligte. Da ich erst Lehrling war, wollte ich mitreden können und zu ihnen gehören. Einer Kollegin fiel auf, dass ich über den „Sündenbock" mehr wusste als die anderen, und spontan fragte sie mich:

„Sie scheint dir mehr zu erzählen als uns. Warum redest du schlecht über sie?"

Es war, als hätte jemand ein Messer in mein Herz gestoßen. Ich spürte regelrecht den Schmerz in meiner Brust: Ich hatte ungut über jemand geredet, den ich mochte – nur um mich hervorzutun. Oh, wie schämte ich mich nun dafür. In Gedanken fiel ich sofort zu Boden und bat Gott inständig um Vergebung.

Dieser Vorfall hat sich mir tief als mahnendes Beispiel eingeprägt, mich nicht mehr dazu verleiten zu lassen, ungut über andere zu reden. Wie viel besser wäre es gewesen, mich hinzustellen und auf das unschöne Verhalten aufmerksam zu machen. Sie hatten es sicher nicht nötig, über jemanden so zu reden, wahrscheinlich geschah es nur aus Gedankenlosigkeit.

In jener Zeit fiel mir das Meditieren sehr schwer. Entweder ich dachte gar nicht erst daran oder ich saß in meiner stillen Ecke mit einem Wirrwarr von Gedanken, die ich einfach nicht zur Ruhe brachte. Die Wohnung in Kempten lag mitten in der Stadt und mir fehlte die unverbaute Natur, die immer harmonisierend auf mich gewirkt hatte, sehr. Auch war es hier wegen verschiedener äußerer Umstände nicht möglich, Agnihotra durchzuführen. Während meiner Schulzeit genügte es mir, mich bei Problemen für eine kurze Zeit in den Yagna- und Meditationsraum meiner Mutter zu setzen. Schon nach wenigen Minuten stellte sich dann eine innere Ruhe ein, mit der alle Disharmonie von selbst verschwand.

Doch in der kleinen Wohnung in Kempten teilte ich das einzige Zimmer mit einer Kollegin. Ich hatte nicht einmal einen kleinen Raum für mich. Wenn ich schon keine Hilfe über die Feuerzeremonie und Meditation fand, versuchte ich trotzdem irgendwie Kontakt mit Gott zu halten. So kam ich auf die Idee, es einfach einmal mit einem klassischen Gebet zu versuchen:

„Vater unser im Himmel,
geheiligt werde dein Name,
dein Reich komme,
dein Wille geschehe ..."

Was war eigentlich Sein Wille? Woher sollte ich wissen, was er will, und wenn ich es erfahren würde, wäre ich bereit es zu tun? Wenn er von mir zum Beispiel verlangen würde - ich überlegte eine Weile, was mir besonders schwerfallen würde - wenn er wollte, dass ich keine Spaghetti mit Tomatensoße mehr esse. Könnte ich darauf verzichten? Wieder überlegte ich. Dieses Gericht aß ich nicht nur gerne, sondern es war auch preisgünstig und schnell zu kochen. Auf der anderen Seite, sagte ich mir, gab es eine große Auswahl an anderen Nudeln und Soßen. Nach einer Weile gründlichen inneren Prüfens konnte ich mit ruhigem Gewissen aussprechen: „Ja, ich würde darauf verzichten können, wenn es Sein Wille wäre."

Beruhigt und zufrieden schlief ich an diesem Abend ein. Am nächsten Tag versuchte ich es mit dem gleichen Gebet und kam abermals nicht über die Stelle „dein Wille geschehe" hinaus. Wieder überlegte ich, was mir besonders schwerfallen würde, und bald wurde es mir zur täglichen Gewohnheit. Ich war sehr ehrlich zu mir und es gab Dinge und Gewohnheiten, von denen es mir wirklich schwerfiel, mich zu lösen. Manchmal brauchte ich Tage oder gar Wochen, bis ich sagen konnte:

„Wenn es dein Wille ist, könnte ich darauf verzichten."

Dieses Loslassen von vielem brachte mir eine neue Freiheit. Ich musste nun nicht mehr aus einem inneren Zwang heraus z. B. tanzen gehen, sondern ich freute mich jedes Mal, wenn ich die Gelegenheit dazu hatte. Kam etwas dazwischen, so fiel meine Stimmung nicht mehr in unerreichte Tiefen. Natürlich gelang mir das noch nicht immer, aber ich war glücklich über jeden Erfolg.

*

Horst flog jedes Jahr nach Indien, um Shree zu besuchen. Für gewöhnlich war es nicht einfach, nach Akkalkot zu Shree zu kommen, und es galt das ungeschriebene Gesetz, sich nicht länger als drei Tage aufzuhalten. Shree hatte Horst jedoch zugesichert, dass er so viele Freunde mitbringen dürfe, wie er wolle, und beliebig lange bleiben könne. Es sei sein Zuhause. Durch diese Zusicherung von Shree war es ihm möglich, Gruppenreisen zu organisieren. Meine Mutter hatte vor, im Herbst 1982 mitzureisen, und wollte mich gerne mitnehmen. Es scheiterte jedoch daran, dass ich immer noch nicht volljährig war und deshalb die Erlaubnis meines Vaters benötigte. Seit Jahren quälte mich die Sorge, dass Shree die Erde verlassen könnte, bevor ich ihm begegnen würde. Jetzt würde wieder ein Jahr vergehen, bis erneut die Möglichkeit einer Begegnung mit ihm bestand - so dachte ich jedenfalls. Die gute Nachricht kam noch Ende dieses Jahres: Ganz entgegen seinen sonstigen Reisezeiten hatte Horst vor, am 5.3.1983 nach Indien zu fliegen. Das bedeutete nur 16 Tage nach meinem achtzehnten Geburtstag! Sofort meldete ich mich an.

Für gewöhnlich dauerte die Reise zu Shree 3 Wochen. Die Reiseteilnehmer lernten zuerst schöne Teile Indiens kennen und hatten damit Zeit, sich zu akklimatisieren. Der eigentliche Aufenthalt bei Shree betrug dann oft nur drei Tage. Die Reise im März 1983 sollte zwei Wochen dauern, davon jedoch elf Tage Aufenthalt in Akkalkot. Ich jubelte innerlich, weil die Aussicht bestand, so lange bei Shree in Akkalkot zu sein, und auch, weil eine längere Reise meinen finanziellen Rahmen gesprengt hätte.

Es war ein Geschenk, dass ich sowohl vom Arbeitgeber als auch von der Berufsschule ohne Probleme Sonderurlaub erhielt. Einige Wochen vor der Reise wurde ich plötzlich schwer krank. Hohes Fieber fesselte mich ans Bett und meine Mandeln schwollen so sehr an, dass ich nicht einmal mehr die verordneten Tabletten schlucken konnte. Es handelte sich um eine Virusinfektion, gegen die es schulmedizinisch kein wirklich hilfreiches Medikament gab. Nach ungefähr zehn Tagen sagte der

Arzt, dass nun trotz der starken Entzündung eine Operation erforderlich sei, und er wollte mich für die nächsten Tage in ein Krankenhaus überweisen. Aber wie durch ein Wunder ging über Nacht die Schwellung zurück, das Fieber sank und schon kurze Zeit später war ich wieder ganz gesund.

Später erfuhr ich, dass ich nicht die Einzige war, die vor einer Indienreise das Bett hüten musste. Die Körper wurden durch das Fieber von feinstofflichen Unreinheiten befreit und dadurch auf die hohen Lichtschwingungen von Shree vorbereitet. Auch nach dem Besuch bekamen einige Fieber, Durchfall oder sie wurden aggressiv, was auf die starke Schwingungserhöhung zurückzuführen war. Meistens erreichte der Körper jedoch schnell wieder einen harmonischen Zustand. Was zurückblieb, war ein neues Wohlbefinden.

Nach meinen ersten Besuchen bei Horst bekam ich ebenfalls häufig leichtes Fieber, das aber meist nur einige Stunden andauerte.

Wenn sich jemand häufig Gott zuwendet, dann ist es, als ob sich seine Zellen mit göttlichem Licht füllen würden. Auch die Ausstrahlung der Person verändert sich. Es fühlt sich ähnlich an, als würde im Körper ein leichtes Vibrieren entstehen. Dies wird als „Schwingung" bzw. „Lichtschwingung" bezeichnet, ein äußerst angenehmes Gefühl. Wird der Körper sehr schnell in diese neue Schwingung versetzt, wie es bei der Begegnung mit einem Heiligen geschehen kann, so gibt es manchmal leichte Anpassungsreaktionen. Horst verglich es so: Der normale Körper ist wie ein Glas, in dem sich etwas Schlamm befindet (durch negative Umwelteinflüsse, Gewohnheiten und Gedanken). Die Schwingungserhöhung ist vergleichbar, als würde man nun reine Milch in das Glas gießen. Dann kann es passieren, dass erst einmal der Schlamm herausspritzt. Je länger Milch nachgegossen wird, desto reiner wird der Inhalt des Glases werden.

Nachdem mein Körper durch das Fieber gereinigt worden war, stand der Reise nichts mehr im Weg. Der Abflug sollte in Frankfurt stattfinden. Noch nie zuvor hatte ich in einem Flugzeug gesessen, daher war ich sehr aufgeregt. Von Frankfurt flogen wir direkt nach Bombay (jetzt: Mumbai). Nach der Ankunft sog ich die warme, von vielen unbekannten Gerüchen durchzogene Luft ein. Sie kam mir irgendwie vertraut vor. Mit dem Nachtzug ging es weiter nach Sholapur. Ein Bekannter von

Horst, ein indischer Arzt namens Dr. Dinoo Mistry, erwartete uns dort bereits und hatte Transportmittel für die weitere Fahrt organisiert. Zuerst lud er uns aber zu sich nach Hause ein, wo wir mit köstlichem indischen Tee und Sandwiches verköstigt wurden. Obwohl es wirklich wunderbar schmeckte, war es mir kaum möglich, etwas zu essen. Nun, da der ersehnte Moment immer näher rückte, spürte ich einen dicken Kloß im Hals. Während der anschließenden Fahrt auf einer holprigen Straße nach Akkalkot wurden von allen Teilnehmern Mantras gesungen - außer von mir, denn der Kloß im Hals schien sich immer mehr zu vergrößern. Kaum waren wir im Math[3], dem Wohnsitz von Shree, angekommen, wurde uns mitgeteilt, dass wir Shree sofort sehen könnten. Wir zogen, wie in Indien üblich, die Schuhe aus und wuschen uns Hände und Füße. Speziell dafür befanden sich im Innenhof, gleich hinter dem Eingang, ein Schuhregal und ein Wasserhahn. Wir durchquerten den schattigen Innenhof, der von einem großen Banyan-Baum überragt wurde. Einige Treppen führten uns zum großen Tempel und von hier aus zum Eingang des Darshan-Raumes. Darshan nennt man in Indien die Begegnung mit einem Heiligen. Einer nach dem anderen durfte den Raum betreten, man verneigte sich vor Shree, erhielt seinen Segen und verließ durch eine andere Tür wieder den Raum. Ich stellte mich sehr weit hinten an, um erst einmal zu sehen, wie die anderen es machten. Alles war so neu für mich.

Vor der Reise hatte ich Horst nicht mehr besuchen können, weshalb mir einige Informationen fehlten, die für alle anderen selbstverständlich waren. So kam es, dass ich erst wenige Stunden zuvor erfahren hatte, wie die Begegnung mit einem Heiligen in Indien vonstattengeht. Das Verneigen zu seinen Füßen war nicht nur eine Geste der Verehrung, sondern hatte auch den Grund, dass von den Füßen einer heiligen Person Licht oder Energie ausstrahlt. Bei einem normalen Menschen saugen die Füße Energie an und der Kopf strahlt aus. Weiterhin erfuhr ich, dass man sich beim ersten Darshan bei Shree etwas wünschen konnte. Der Wunsch - gleich welcher Art - würde sich erfüllen. Dafür gab es wohl inzwischen zahlreiche Beweise.

Mir war in keiner Weise nach einem Wunsch zumute. Mein einziger noch offener Wunsch begann sich soeben zu erfüllen. Als ich mich vor Shree verneigte, schwoll mein Herz über vor Dankbarkeit. Obwohl ich ihn nicht berührte, gewahrte ich einen starken Lichtstrom, der seinen

Füßen entsprang. Mein Körper füllte sich mehr und mehr mit diesem Licht. Als ich mich erhob, sah ich in die Augen von Shree. Sie strahlten über und über vor Liebe. Nie werde ich diese erste Begegnung vergessen.

Nachdem ich den Raum verlassen hatte, rollten mir unablässig Tränen über die Wangen. Es war, als sei ein großer Druck von mir genommen worden. Das Gefühl, nach ewigen Zeiten endlich zu Hause zu sein, ließ mich nicht mehr los. Andere Mitreisende wollten mich wegen meiner stundenlang anhaltenden Tränen trösten. Aber es gab nichts zu trösten, ich war nur absolut überwältigt von diesem ersten Eindruck.

Als wir uns kurz danach im Speiseraum trafen, erklärte Horst:

„Das Innere eines jeden weiß sehr wohl, welche außergewöhnliche Bedeutung die Begegnung mit Shree hat, auch wenn es manche vielleicht noch nicht so deutlich fühlen."

Die Schlichtheit des Maths trug sicherlich dazu bei, dass die lichtvolle Atmosphäre so deutlich spürbar wurde. Selbst Shree saß, große Bescheidenheit ausstrahlend, nur mit einem weißen Umhang bekleidet auf einem Schemel in seinem Raum. Und dennoch ging eine solche Macht und Größe von ihm aus, wie ich sie noch nie bei jemandem erlebt hatte. Wie konnte man sich dabei so geliebt und geborgen fühlen? Alle Gegensätze schienen hier aufgehoben oder vereint zu sein. Man muss es erlebt haben, es ist nicht zu beschreiben.

Den Indern, denen man im Math begegnete, war eine angenehme und bescheidene Aufmerksamkeit zu eigen, gleichzeitig merkte man jedoch eine innere Stärke und Sicherheit. Hier bekam ich einen Eindruck, was geschieht, wenn man sich in Demut übt. Der große Tempel im Math war ein Ort, in dem die Hingabe an das Höchste lebendig praktiziert wurde. Zum danebenliegenden kleinen „Ram-Tempel" gehörte ein überdachter Vorplatz, den wir gerne für längere Yagnas nutzten.

Im Math standen kaum Übernachtungsräume für Gäste zur Verfügung. Im Großen Tempel befand sich aber auf halber Höhe eine breite Galerie, groß genug, um flache Matratzen nebeneinander, jedoch mit genügend Abstand zur nächsten, hinzulegen. Die Männer erhielten auf der rechten Seite des Treppenaufgangs, die Frauen, deutlich getrennt, auf der linken ihr Nachtquartier. Jeder bekam eine wunderschöne, bunte, neue Decke. Für Horst stand ein eigener Raum zur Verfügung.

Es war ein besonderes Erlebnis, morgens von den Mantra-Gesängen im Tempel geweckt zu werden. Wir fühlten uns alle wie in einer anderen Welt, voller Harmonie, Ruhe und Geborgenheit. Zwei- bis dreimal am Tag konnten wir zum Darshan zu Shree, was eine Ausnahme war, die wir Horst zu verdanken hatten. Jedes Mal war dies etwas Besonderes, auch wenn dabei nichts gesprochen wurde. Man wusste, dass Shree einem bis in den hintersten Winkel seiner Seele schauen konnte, nichts blieb ihm verborgen. Ich fühlte mich grenzenlos verstanden und geliebt - kein Wort war dazu notwendig.

Während unseres Aufenthaltes ergaben sich einige interessante Begebenheiten. Ein sehr schönes Ereignis war, dass Horst seinen Geburtstag zum ersten Mal in Akkalkot feierte. Shree überreichte ihm einen königsblauen Umhang und eine riesige Blumengirlande. Auch von Vahini, der Lebensgefährtin von Shree, erhielt er eine solche Girlande. Horsts Essplatz wurde kunstvoll mit Ornamenten aus Reismehl verziert und alle freuten sich diesen Tag hier mit ihm verbringen zu können.

Als ich Horst das erste Mal sah, war es der Geburtstag von Shree. Jetzt, wo ich Shree zum ersten Mal begegnete, feierte Horst seinen Geburtstag. Für mich war dies eine Bestätigung dessen, was ich von Anfang an gefühlt hatte – es erinnerte mich daran, dass ich Shree und Horst wie die beiden Seiten einer Medaille empfand.

Horst erhielt auf dieser Reise ein weiteres großartiges Geschenk. In einer Vision erlebte er „Wei und Tu". Den Inhalt dieser Vision brachte er später als kleines Büchlein[7] heraus.

Einmal wurde ein kleines Fest im Math gefeiert und wir bekamen alle eine „Himmelskugel". Horst warnte uns, dass diese indische Köstlichkeit nicht unbedingt den europäischen Gaumen erfreut. Er hatte solche Süßigkeiten während seiner zahlreichen Indienreisen schon öfter erhalten und dazu scherzhaft geäußert, dass derjenige, der sie, ohne das Gesicht zu verziehen, in seinen Magen befördern könne, sicherlich den Himmel verdient hätte. Ich biss ein kleines Stückchen ab, es schmeckte nach ranzigem Fett mit Zucker. Den Rest wickelte ich in ein Papier und steckte dies in meine Tasche, um es dann später in Ermangelung einer anderen Möglichkeit am Kopfende meiner Matratze zu deponieren. Wie sich bald herausstellte, war das keine gute Idee.

Eine Armee von Ameisen hatte schnell den für sie köstlichen Leckerbissen entdeckt und direkt neben meiner Matratze eine Straße gebildet. Anstatt die Himmelskugel an einem anderen Ort aufzubewahren, versperrte ich nun den Ameisen mit etwas Anti-Insektenmittel ihren Weg. Ich wollte ihnen nicht schaden, sondern sie nur dazu bewegen, sich dorthin zurückzuziehen, woher sie kamen. Das Mittel wirkte tatsächlich, nur hatte ich nicht mit der Klugheit der Ameisen gerechnet. Sie fanden in kürzester Zeit eine neue Möglichkeit, dieses Mal am Innenrand meiner Matratze. Ich bewunderte ihren eisernen Willen und verbrachte die ganze Nacht neben der Ameisenstraße. Noch im Schlaf achtete ich darauf, dass ja keiner etwas zuleide geschah.

Obwohl im Math auf höchste Reinlichkeit geachtet wurde, hatte sich an dem Fenstersims direkt über meiner Matratze eine dicke schwarze Spinne eingenistet. Jeden Abend vor dem Einschlafen schaute ich ihr zu, wie sie an ihrem kunstvollen Netz arbeitete oder ruhig in einer Ecke saß. Sie wurde mir während unseres Aufenthaltes wie zu einer guten Freundin.

Erst nach der Reise wurden mir diese beiden Begebenheiten richtig bewusst. Ich war nie ein ängstlicher Mensch gewesen und allgemein liebte ich Tiere sehr - außer zweien: Ameisen und Spinnen. Während die Ameisen meist in Scharen auftraten, kaum etwas Essbares vor ihnen sicher war und man nie alle fangen konnte, ekelte es mich grenzenlos vor Spinnen. Selbst eine winzige Spinne im Zimmer ließ mich aufschreien und ich musste Hilfe holen, damit sie jemand nach draußen beförderte. Es war sicher kein Zufall, dass ich in Akkalkot ausgerechnet mit diesen beiden Tierarten konfrontiert wurde. Mein für mich ungewöhnliches Verhalten ihnen gegenüber sah ich als ein Geschenk von Shree. Wie sich herausstellte, konnte ich dadurch für immer Frieden mit ihnen schließen.

Viel zu schnell vergingen unsere Tage in Akkalkot. Von Sholapur fuhren wir wieder mit dem Zug nach Bombay und verbrachten dort den Tag vor dem Rückflug in einem 5-Sterne-Hotel am Juhu Beach. Hier wartete noch eine besondere Begegnung auf uns. Shri Ratnakar Nargundkar, der in Belgaum (etwa 500 km südlich von Bombay) wohnte, hatte es auf Horsts Wunsch und Reiseorganisation hin ermöglicht, dass wir ihm hier begegnen konnten.

Ratnakar hatte von Shree den höchsten über Meditation erreichbaren Zustand, den Nirvikalpa-Samadhi, als Geschenk erhalten. Daraufhin meditierte er viele Jahre in Gegenwart von Shree, um diesen Zustand auf Dauer zu erreichen. Über dieses außergewöhnliche Geschehen und die Erfahrungen dabei hat er ein Buch mit dem Titel „Sadguru´s Bestowal"[16] geschrieben.

Horst kannte Ratnakar bereits seit seinem ersten Besuch in Akkalkot. Die meisten aus unserer Gruppe sahen ihn heute zum ersten Mal. Mich überraschte es, dass Ratnakar eigentlich ganz normal aussah, es deutete nichts augenfällig darauf hin, in welch hohem Grad der Gottverbundenheit er sich befand. Seine Sprache war schlicht, er machte kein großes Aufheben um seine besonderen Fähigkeiten. Es war ihm zum Beispiel möglich, andere Menschen augenblicklich in tiefe Meditation (Samadhi) zu versetzen. Er sagte, dass Horst dies ebenfalls könne. Sehr beeindruckend war, aus seinem Mund einige seiner großen Erfahrungen, vor allem aber das Erlebnis des Nirvikalpa-Samadhi, zu hören. Obwohl er in seinem Buch darüber geschrieben hatte, begriff ich nun, dass dieser Zustand weit über dem stand, was man mit Worten wiedergeben kann.

Die Rückkehr nach Deutschland war wie ein kleiner Schock. Nach dem Frieden in Akkalkot und den strahlenden Gesichtern selbst der Bettler in Indien konnte es keinen größeren Kontrast zu der Unzufriedenheit und steten Eile vieler Deutscher geben. Irgendwie fand ich mich nicht mehr ganz zurecht, weil ich erlebt hatte, wie anders das Leben sein konnte. Wenn ich mich dem Lebensstil meiner Bekannten anschloss, hatte ich das Gefühl, nicht zu ihnen zu gehören. Aber je mehr sich eine Seite in mir gegen ihre Art zu leben wehrte, desto mehr wollte die andere herausfinden, was sie so schön daran fanden. Mein Körper schien sehr unter diesem Hin und Her zu leiden. Eine Krankheit folgte der anderen und nach einem Jahr fühlte ich mich wie ein leerer Behälter.

Mir war klar, dass ich so schnell wie möglich nach Überlingen, in die Nähe von Horst, wollte. Zuerst beendete ich jedoch meine Ausbildung. Meine Eltern hatten sich inzwischen getrennt und so zog ich im Sommer 1984 zu meiner Mutter, die jetzt in Überlingen wohnte. Nach wie vor trafen sich an den Wochenenden viele geistig Strebende bei Horst und ich konnte nun häufig dabei sein. Während der Woche unterrichtete Horst an einigen Volkshochschulen Hatha-Yoga und Meditation. Ich meldete mich für die Anfängerkurse an.

Nach und nach lernte ich einige Leute, die oft bei Horst waren, näher kennen. Unter anderem A.*, nur wenige Jahre älter als ich, die bereits seit einiger Zeit von Horst geschult wurde. Wenn ich etwas nicht verstand, wandte ich mich gerne an sie. Mir fiel zum Beispiel auf, dass sie und einige weitere, obwohl sie einen Beruf ausübten, zusätzlich eine Stelle als Reinigungskraft hatten. Andere trugen jeden Morgen die Zeitung aus. A. erklärte, dass dies ihre praktischen Tapa-Übungen seien. Tapa heißt übersetzt Selbstdisziplin und ist eine jener Übungen, die Shree mit dem Fünffachen Pfad gegeben hat. Ich konnte mit diesem Punkt bisher nicht allzu viel anfangen, aber hier sah ich, wie er ganz einfach praktisch angewandt wurde. Dadurch, dass man anderen Menschen die Wohnung inklusive der Toiletten reinigte, musste man sich selbst überwinden. Alles sollte in Liebe getan werden und in der Haltung, dass derjenige, welcher die Gelegenheit dazu gab, der Größere sei. Das war eine hervorragende Möglichkeit, Demut zu entwickeln, eine Eigenschaft, die Horst ganz besonders betonte. Morgens Zeitungen auszutragen half bei der Überwindung körperlicher Schwächen, indem man so früh aufstehen musste. Auch hier war es wieder wichtig, die Arbeit in Liebe zu tun.

Da ich noch keine Arbeitsstelle gefunden hatte, verdiente ich mir nun ein wenig Geld als Reinigungsfrau. Eifrig versuchte ich alle Arbeiten mit Liebe zu tun. Leider war die Frau, welche mir Gelegenheit für meine Übungen bot, Anhängerin einer Bewegung, die sich täglich einölte und ihre Nahrung in Öl schwimmend zubereitete. Wenn ich nach einer Woche zu ihr kam, entsetzte es mich oft, wie in dieser kurzen Zeit das sorgsam Gereinigte wieder mit einem dicken Ölfilm versehen war. Die Kochtöpfe bekam man nur mit den schärfsten Putzmitteln sauber. Ich versuchte sie mit Liebe zu reinigen, wissend, dass sie nach einer Woche wieder so aussehen würden. Jedoch - die Frau war sehr nett und ich merkte, wie diese Art zu arbeiten mich mit Freude erfüllte.

* Die Abkürzungen stimmen mit den tatsächlichen Namen nicht überein. Für Personen, die auch in Horsts Biografie erwähnt werden, wurden hier andere Verschlüsselungen gewählt.

Die Aussicht, eine Arbeitsstelle in meinem Beruf zu finden, war nicht groß, denn ich hatte einige wesentliche Tätigkeiten, die normalerweise jede Arzthelferin können sollte, während meiner Ausbildung nicht gelernt. Von den Lehrlingen, welche die Jahre vor mir ausgelernt hatten, fand keine Einzige eine Anstellung. Trotzdem war ich sehr zuversichtlich und sagte mir, wenn ich nach dem Göttlichen strebe, wird das Göttliche mich auch mit dem Nötigsten versorgen. Denn so wurde es uns von Christus zugesichert:

> „Trachtet aber zuerst nach dem Reiche Gottes und nach seiner Gerechtigkeit, und dies alles wird euch hinzugefügt werden." Matthäus 6.33

Tatsächlich erhielt ich nach wenigen Wochen eine Arbeitsstelle in meinem Beruf und der Aufgabenbereich umfasste nur Dinge, die ich auch gelernt hatte.

Mein neuer Chef leitete eine Kur-Klinik. Er war ein älterer Arzt, der seinen Beruf noch als Berufung sah und stets vollen Einsatz brachte. Obwohl meine Kolleginnen ihn als etwas schwierig bezeichneten, mochte ich ihn sehr und ich kam bestens mit ihm aus.

Natürlich wollte ich nun auch im Beruf meine geistigen Übungen fortsetzen. Immer wieder betonte Horst, wie wichtig es sei, das Göttliche und das tägliche Leben miteinander zu verbinden. Alles, was man tut, sollte vollkommen und in Liebe getan werden. Wie aber pikst man jemanden mit Liebe in den kleinen Finger, um ihm etwas Blut abzunehmen? Ich sagte mir, dass es ja nur zum Besten des Patienten geschah, wie sonst hätte man seine Blutzuckerwerte ermitteln können. Das beruhigte mich aber noch nicht, wusste ich doch, wie unangenehm dieser Pikser war. Also überlegte ich so lange, bis ich eine Lösung fand: Mein ganzer Ehrgeiz bestand von nun an darin, die Patienten mit wenigen Worten so abzulenken, dass sie ganz vergaßen, warum sie hier waren. Mitten im Gespräch erfüllte ich dann meine unangenehme Aufgabe und die meisten merkten tatsächlich kaum etwas davon. Auf diese Weise konnte ich meine Liebe zu Gott, der eine Wohnstätte in jedem Menschen hat, zum Ausdruck bringen.

Während meiner Tätigkeit im Labor versuchte ich die Intuition zu schulen. Als Intuition bezeichnet man die Fähigkeit, nach innen zu fühlen und von dort eine Antwort zu erhalten. Die meisten Labortests verliefen in kleinen Reagenzgläschen und die Flüssigkeit reagierte je nach Blutwert mit helleren oder dunkleren Farbabstufungen. Bevor ich das Gläschen in den Apparat stellte, der das Ergebnis ermittelte, wollte ich nun mittels Intuition selbst das Ergebnis herausfinden. Anschließend verglich ich meinen Wert mit dem des Apparates und hatte auf diese Weise eine Kontrolle. Es bereitete große Freude, zu erleben, wie die Resultate zusehends besser wurden.

Das Leben wurde auf einmal richtig interessant, denn ständig dachte ich mir neue Übungsmöglichkeiten aus. Jedes Mal war ich sehr glücklich, wenn etwas Neues gelang oder ich es schaffte, in selbstloser Liebe zu handeln.

Obwohl mich diese Übungen, die Wochenendbesuche bei Horst sowie die Yoga- und Meditationskurse sehr ausfüllten, fehlten mir doch meine Geschwister und die Freunde von früher. Die Leute, welche ich bei Horst kennenlernte, waren ausnahmslos älter als ich und die meisten machten auf mich den Eindruck, als würden sie über allen irdischen Freuden stehen. Bei mir war das keineswegs der Fall. Das Leben war viel zu vielfältig, als dass ich nicht noch alles Mögliche hätte kennenlernen wollen.

Immer häufiger fuhr ich daher an den Wochenenden zurück nach Kempten, um bei meinen alten Freunden zu sein. Wieder fühlte ich mich zwischen zwei Welten hin- und hergerissen. Weihnachten verbrachte ich mit meinen Geschwistern und weil ich bis zum neuen Jahr Urlaub hatte, wollte ich bis Silvester bei ihnen bleiben.

Was bisher nicht vorgekommen war, geschah in diesem Jahr: Ich erhielt gleich mehrere verlockende Einladungen zu Silvesterpartys und hatte die Qual der Wahl. Eigentlich hatte ich nie über Entscheidungsschwierigkeiten zu klagen, aber dieses Mal fiel es mir wirklich schwer. Noch am Nachmittag des 31. Dezembers wusste ich nicht, wo ich den Jahreswechsel verbringen sollte, und als wenn die Sache nicht schon schwierig genug gewesen wäre, kam nun eine weitere spontane Einladung dazu. Je später es wurde, desto mehr wuchs ein ungutes Gefühl in meiner Magengegend und ich zog mich zurück, um mich in Ruhe auf die richtige Entscheidung konzentrieren zu können.

Kaum hatte ich die Gedanken zur Ruhe gebracht, schoss die Antwort förmlich aus meinem Inneren heraus: Zu Silvester hatte ich nirgendwo anders zu sein als bei Horst! Wie ich wusste, trafen sich auch bei ihm viele, um den Jahreswechsel gemeinsam zu verbringen.

Im gleichen Augenblick durchströmte mich eine unglaubliche Energie und das sichere Wissen, dass ich noch rechtzeitig bei Horst sein würde. Im Moment sprach allerdings alles dagegen. Es war bereits Abend, draußen herrschte kaltes Schneegestöber und da ich weder Auto noch Führerschein besaß, brauchte ich jemand, der mich zum gut fünf Kilometer entfernten Bahnhof fahren würde. Dem Fahrplan entnahm ich, dass am Abend noch ein Zug nach Überlingen fuhr. Zuerst wollte mich niemand zum Bahnhof bringen. In meinem sicheren Wissen, dass ich unbedingt dorthin kommen müsse, strahlte ich jedoch so eine Energie aus, dass sich tatsächlich jemand bereit erklärte mich zum Bahnhof zu fahren.

Gerade rechtzeitig erreichte ich den Zug. Ich besaß eine Fahrkarte für mehrere Fahrten, sodass ich deswegen keine Zeit verlor. Der Zug war fast leer, um diese Zeit feierten die meisten bereits. Während der Fahrt kam in aller Gemütsruhe irgendwann der Schaffner an und da er kaum etwas zu tun hatte, verwickelte er mich in ein Gespräch. Er fragte mich, wohin ich wolle, und ich erzählte ihm, wie glücklich ich sei, den letzten Zug nach Überlingen bekommen zu haben. Der Schaffner stutzte kurz und erklärte mir dann, dass dieser Abendzug zwar täglich bis dorthin fahren würde, aber es gäbe eine Ausnahme und die sei heute. Auch die Bahnangestellten wollten Silvester feiern, es gab ohnehin fast niemanden, der um diese Zeit noch befördert werden wollte. In Friedrichshafen sei Endstation.

Das war eine schlimme Nachricht. Ich überlegte und kam auf die Idee, den Rest der Strecke mit dem öffentlichen Bus zurückzulegen. Der Schaffner nahm mir jedoch gleich jede Hoffnung, indem er mir mitteilte, dass auch die Busfahrer heute Abend frei hätten.

Nachdem der Schaffner wieder gegangen war, überlegte ich, was ich jetzt noch tun konnte. Mir fiel als einzige Lösung das Taxi ein, aber ich hatte nicht genügend Geld bei mir, um eine Fahrt von fast 30 Kilometern bezahlen zu können. Nach wie vor hatte ich einen eisernen Willen, bis spätestens Mitternacht bei Horst zu sein, und ich wusste, dass ich mich durch nichts aufhalten lassen würde. Für mich wurde dies nun zu einer symbolischen Handlung. Ab dem kommenden Jahr sollte endgültig Gott die erste Stelle in meinem Leben einnehmen. Da Horst derjenige war, der mich Gott näherbrachte, musste ich einfach als Erstes im neuen Jahr bei ihm sein.

Kurz darauf erschien der Schaffner erneut bei mir. Er verkündete mit strahlendem Gesicht, dass ein Abteil weiter ein junger Mann aus Überlingen sitzen würde, der von seinen Eltern abgeholt werde. Es sei noch Platz im Auto und ich könne bei ihnen mitfahren.

Das war ein Geschenk! Vor dem Bahnhof wartete ein großer Mercedes und ich wurde darin von meinen Helfern auf bequemste Art und Weise bis vor meine Haustür gefahren. Nachdem ich mich frisch gemacht hatte, rief ich mir tatsächlich ein Taxi und ließ mich vor Horsts Wohnung fahren. Zu Fuß hätte ich sonst etwa zwanzig Minuten gebraucht. Es war noch rechtzeitig vor Mitternacht, als ich an der Wohnungstür klingelte und mich überraschte Gesichter willkommen hießen.

Es herrschte eine fröhliche Stimmung und als ich von meiner Odyssee erzählt hatte, war es auch schon Mitternacht. Genau um null Uhr wurde ein Vyahruti (sprich: Wairuti) durchgeführt. Dies ist eine kleine und kurze Form eines Yagnas. Anschließend richtete jeder für eine Minute sein Bewusstsein auf Gott und verneigte sich in Gedanken vor ihm.

Erst nach dieser Minute wünschten wir uns ein frohes neues Jahr und es wurde weitergefeiert. Horst erklärte später:

„Um Gott näherzukommen, ist es nicht erforderlich, sich den ganzen Tag wie ein Heiliger zu verhalten. Es gibt aber Momente, zu denen wir sehr wirksam unser Wollen bekräftigen können, beispielsweise zum Jahreswechsel und als erste Handlung am Geburtstag. Durch das Agnihotra wurde eine gute Hilfe gegeben, jeden Tag und jede Nacht mit unseren Gedanken auf Gott gerichtet zu beginnen."

„Ausschlaggebend ist nicht, für Gott da zu sein,
ausschlaggebend ist, *z u e r s t* für Gott da zu sein."

Ohne es zu wissen, hatte ich mit diesem Jahresbeginn einen Meilenstein für das kommende Jahr 1985, aber auch für mein weiteres Leben gesetzt. Es war, als hätte ich eine Aufnahmeprüfung bestanden, denn von nun an änderte sich einiges. Horst hatte mit einem Mal mehr Aufmerksamkeit für mich und gab mir häufiger Ratschläge. Das war bisher nur selten der Fall gewesen, wohl auch, weil ich mich ihm gegenüber immer sehr schüchtern und zurückhaltend verhalten hatte. Auch in meinem Umfeld vollzog sich eine erstaunliche Änderung. Ich lernte einige interessante Menschen kennen und hatte bald viele Freunde.

Ab Januar besuchte ich nicht mehr die Anfängerkurse bei Horst. Normalerweise teilte er die Kurse in drei Stufen: Anfänger-, Fortgeschrittenen- und Übungskurs. Im Hatha-Yoga gab es für die Fortgeschrittenen zu wenig Teilnehmer, sodass ich gleich bei den Übungsstunden mitmachen durfte. Für Meditation belegte ich zwei Kurse: Einmal den für Fortgeschrittene, um die mir noch fehlenden Techniken zu erlernen, und mit Horsts Sondererlaubnis den Übungskurs, an dem die Leute teilnahmen, die auch privat zu Horst kamen.

So hatte ich nun viel häufiger Kontakt zu einigen aus Horsts Gruppe und freundete mich bald mit einer jungen Frau an, die nur wenig älter war als ich. Wir unternahmen zusammen Ausflüge in die schöne Umgebung des Bodensees, luden uns gegenseitig zum Essen ein und hatten immer genug zu erzählen, wenn es um geistige Themen ging.

Um für den sportlichen Ausgleich zu sorgen, besuchte ich einen Rock-'n'-Roll-Kurs. Es war schon lange mein Wunsch gewesen, diesen Tanzsport zu erlernen. Durch den Rhythmus der Musik und die Bewegung, bei der man den Bodenkontakt ständig unterbricht, erlebte ich oft ein unbeschreibliches Gefühl der Leichtigkeit und Freiheit. Da ich keinen Tanzpartner kennenlernte, der mir entsprach, hörte ich jedoch nach diesem einen Kurs wieder auf.

Im Februar bescherte mir mein zwanzigster Geburtstag ein besonderes Erlebnis. Zum Mittagessen hatte ich Horst mit Familie eingeladen. Sie überreichten mir ein etwas merkwürdiges Geschenk, dessen Symbolgehalt sich - wie sich später herausstellte - auf mein neues Lebensjahr bezog. Es war eine Schmuckschachtel, auf der rote Rosen abgebildet waren. In ihr lag ein rotes Herz aus Kunststoff.

Nach unserem ausgiebigen Mittagsmahl erzählte Horst, dass er heute Nachmittag noch in die Alpen zur Zugspitze fliegen wolle und in der viersitzigen Cessna noch ein Platz frei sei. Horst besaß seit einiger Zeit einen Flugschein und wir erhielten die Möglichkeit, zum Selbstkostenpreis mit ihm zu fliegen.

Zum Geburtstag zur Zugspitze zu fliegen war ein verlockendes Angebot, jedoch hatte ich für den Nachmittag einige Bekannte eingeladen. Es war zeitlich nicht mehr möglich, den Besuch zu informieren, und daher fragte ich kurz entschlossen meine Mutter, ob sie sich um die Gäste kümmern könne - ich wollte lieber mit Horst fliegen. Für Erika war das kein Problem, denn die Eingeladenen waren alle aus Horsts Gruppe, die ohnehin zu ihr mehr Kontakt hatten als zu mir.

So kam es, dass ich bald darauf mit Horst und zwei weiteren Mitfliegern in einem Auto saß, mit dem wir nach Friedrichshafen fuhren. Wir starteten bei strahlendem Sonnenschein. Der Flug führte uns zunächst am Ufer des Bodensees entlang, bis wir Lindau erreichten. Von hier aus sah man bereits die schneebedeckte Bergkette der Alpen. Bei Füssen umkreisten wir mehrmals die Märchenschlösser, die einst König Ludwig II. erbauen ließ. Ich kannte diese Gegend gut aus meinen Kindertagen, doch nun von oben wirkte alles wie verzaubert, tatsächlich wie aus einem Märchen. Während wir beständig an Höhe gewannen, ging der sehr ruhige Flug weiter, bis wir die Zugspitze erreichten. Eine atemberaubende Fernsicht bei strahlend blauem Himmel bescherte unvergessliche Eindrücke. So weit das Auge reichte, sahen wir verschneite Bergspitzen. Durch den weißen Schneeüberzug strahlten die Berge absolute Reinheit und Verklärtheit aus, als hätte sie noch nie ein Wesen betreten. Und trotzdem empfand man gleichzeitig ihre Macht und Größe. Ich konnte mir nun gut erklären, warum in einigen Kulturen manche gewaltigen Bergriesen als der Sitz der Götter bezeichnet werden.

Einige Schneehänge waren übersät von kleinen bunten Lebewesen, die gleich Ameisen auf vorgegebenen Strecken dem Tal zustrebten. Es war lustig, ihnen zuzusehen. Von dieser Höhe sahen die Skifahrer fast unwirklich aus.

Mit diesem Flug erhielt ich einen kleinen Eindruck, wie es wäre, wenn man über allem Irdischen stehen könnte, wenn man unberührt der weltlichen Geschehnisse die Dinge von oben betrachten würde. Das musste die wahre Freiheit sein.

In Hochstimmung näherten wir uns wieder Friedrichshafen, wo Horst die Maschine so sanft aufsetzen ließ, dass wir die Landung kaum mitbekamen. Ausgelassen vor Freude dankte ich ihm für dieses herrliche Erlebnis. Es lag wohl nicht nur an den idealen Bedingungen, sondern vor allem am Piloten, dass mir dieser Flug unvergesslich blieb.

Als ich nach Hause kam, waren meine Geburtstagsgäste bereits gegangen. Erika erzählte, dass es ein schöner Nachmittag gewesen sei und alle Gäste größtes Verständnis für meine Spontanreise gezeigt hätten. Ich war froh, dass ich zu einer solchen kurzfristigen Entscheidung fähig gewesen war und dadurch mit diesem traumhaften Flug beschenkt werden konnte.

Mein Bedürfnis nach innerer und äußerer Freiheit drückte sich in vielen Bereichen aus. Schon seit Langem hegte ich eine besondere Vorliebe für Motorräder. Dabei kam es mir nicht unbedingt darauf an, selbst zu steuern, sondern es genügte mir, wenn mich ein guter und sicherer Fahrer mitnahm. Bald lernte ich einige kennen, die sich freuten jemanden auf ihrem Motorrad mitzunehmen. Besonders einer von ihnen hatte manchmal erstaunliche Vorschläge, wohin eine Motorradtour führen sollte. Zusammen mit einem Freund nahm er mich mit in die nahe gelegenen Berge, wo es so herrlich kurvenreiche Pässe gibt. Einmal fuhren wir über den Splügen-Pass bis nach Lugano, nahmen dort einen echt italienischen Cappuccino zu uns, um anschließend wieder nach Hause zurückzukehren.

Zu einem späteren Zeitpunkt hatte ich auf einer längeren Motorradtour ein tiefgreifendes Erlebnis:

Während der Fahrt durfte ich einen Zustand unendlicher Freiheit und Losgelöstheit erleben. Das Gefühl der Freude schwoll immer mehr an, bis ich ganz davon berauscht war. Mein Körper schien sich in Licht zu verwandeln und um mich gewahrte ich eine schützende Hülle, ebenfalls aus Licht. Plötzlich war es mir, als würde ich einen bisher ungekannten Teil meines Selbst erkennen – dies schien mein wahres Selbst zu sein. Mir wurde fast schwindlig, denn was ich sah, hätte ich mir nie vorstellen können.

Obwohl ich sehr dankbar für dieses Erleben war, brauchte ich einige Zeit, um es zu verarbeiten.

Mir war bewusst, dass ich damit den Höhepunkt dessen erlebt hatte, was mir das Motorradfahren je geben konnte, und ich hatte von diesem Zeitpunkt an kaum noch Interesse daran.

Es folgten aber auch schon weitere Höhepunkte, von denen ich in den nächsten beiden Kapiteln berichten werde.

## *Zweite Indienreise*

Eines frühen Morgens wachte ich um fünf Uhr auf und gewahrte im Raum eine besondere Energie. Sie ließ mich im Nu hellwach werden. Ich setzte mich auf und bemerkte in der Nähe meine Mutter, die sehr aufgeregt zu sein schien. Als sie sah, dass ich munter war, sprach sie mich an:

„Birgitt, ich bin soeben durch einen ganz außergewöhnlichen Traum wach geworden."

„Erzähle",

forderte ich sie gespannt auf, was sie auch sogleich tat:

„Der Inhalt ist schnell erzählt. Ich träumte, dass wir beide gemeinsam vor Shree standen."

Das war in der Tat ein bedeutsamer Traum und es war mir sofort klar, dass er demnächst Wirklichkeit werden würde. Horst hatte eine neue Indienreise geplant, die drei Wochen dauern und schon bald stattfinden sollte.

Meine Mutter spielte schon eine Weile mit dem Gedanken mitzureisen. Für mich hatte ich bisher nicht die geringste Möglichkeit dafür gesehen. Da ich erst vor Kurzem meine neue Arbeitsstelle angetreten hatte, stand mir nur eine knappe Woche Urlaub zu. Nach diesem Traum war mir jedoch klar, dass ich nun alle Hebel in Bewegung setzen würde, um eine Reise zu ermöglichen.

Noch am gleichen Tag fragte ich meinen Chef nach drei Wochen Urlaub, und das in Kürze. Er reagierte ganz erstaunlich. Sofort sagte er zu und machte mir sogar einen Vorschlag, wie meine Vertretung vonstattengehen sollte. Auf sein Anraten fragte ich eine frühere Kollegin, ob sie für diese Zeit meinen Dienst versehen könne, und auch sie sagte sogleich zu.

Diese erstaunlichen und schnellen Zusagen waren mir eine Lehre, etwas nicht für unmöglich zu halten, nur weil mein Verstand es für unmöglich hielt. Wäre der Traum meiner Mutter nicht gewesen, so hätte ich noch nicht einmal wegen Urlaub angefragt.

Innerhalb weniger Tage stand meiner Reise nichts mehr im Wege. Dagegen bekam meine Mutter Schwierigkeiten, denn sie erhielt nur zwei Wochen Urlaub. Aber auch hier stellte sich eine erstaunliche Lösung ein. Es gab mehrere Teilnehmer, die nicht so viel freie Zeit aufbringen konnten, und daher teilte Horst die Reise auf. Ein Teil der Gruppe sollte später abreisen und in Bombay mit den anderen zusammentreffen. Von hier aus wollte man dann gemeinsam nach Akkalkot bzw. Shivapuri fahren.

Am 31.3.1985 war es so weit. Da anfangs der Besuch einiger besonderer Orte Indiens auf dem Programm stand, flogen wir nach Delhi. Hier hatte Horst eine Stadtrundfahrt organisiert, die einen längeren Aufenthalt in einer großen, wunderschönen Tempelanlage mit einschloss. Der Birla-Tempel strahlte eine wohltuende Harmonie aus, die sich im angrenzenden Park fortsetzte. Unsere Reisegruppe hatte sich schnell verteilt, sodass sich jeder in Ruhe umsehen konnte. Manche suchten sich einen Platz, wo sie ungestört ihren Empfindungen nachgingen. Ich erforschte die gesamte Anlage und machte eine besondere Entdeckung. An einer Seite des Tempels befand sich ein kleiner mehreckiger Raum. Er bildete in sich ein kleines, jedoch aussagekräftiges Heiligtum. Als einziger Gegenstand stand in der Mitte eine große, kunstvoll gearbeitete Krishna-Statue. Alle Wände waren mit Spiegeln versehen.

Von der Türe aus schaute ich in den kleinen Tempel. Wohin ich auch blickte, überall sah ich Lord Krishna, der sich hunderte Male spiegelte. Als ich eintrat, änderte sich das Bild. Gleich, nach welcher Seite ich mich wandte, jetzt sah ich überall Lord Krishna und mich. Mir wurde schwindlig, denn die Wahrheit dessen, was damit ausgesagt werden sollte, überschüttete geradezu mein Bewusstsein. Lord Krishna steht in der Mitte. Er symbolisiert das Göttliche, wo er sich hinwendet, wird sich ihm ausschließlich das Göttliche widerspiegeln. Ebenso war meine Umgebung ein Spiegel meiner selbst, aber das Göttliche war immer bei mir. Erst wenn ich wie Lord Krishna werden würde, hätte ich ein einziges, göttliches Spiegelbild wie er. Lord Krishna war wie Jesus Christus ein Gottesbote im höchsten Bewusstsein.

Jetzt wurde mir auch klar, warum alle aus der Gruppe immer wie umgewandelt waren, wenn sie Shree begegneten. Sein Spiegelbild musste vollkommen sein. Daher war es uns in seiner Gegenwart nicht anders möglich, als Gutes zu denken und zu tun.

Auch bei Horst hatte ich bei meinen ersten Besuchen die gleiche Erfahrung gemacht. Überschüttet von göttlichem Licht verwandelten wir uns in die reinsten Engel. Später änderte sich diese Erfahrung. Horst fing an die Menschen, die sich ihm anvertrauten, zu schulen und nun wurde er zum Spiegel, der unsere eigenen Schwächen wiedergab. Die Erkenntnis, dass dies so war, kam mir aber erst viele, viele Jahre später.

Um ein schönes Erlebnis reicher verließen wir Delhi. Srinagar war das nächste Ziel. Horst war hier auf seiner langen Suche nach Meistern bereits einige Male gewesen. Dabei hatte er einen außergewöhnlichen Seher mit Namen Shah Sahib kennengelernt. In dem Moment, wo Shah Sahib eine Person sah, konnte er deren Vergangenheit, Gegenwart und Zukunft von der Stirn ablesen. Uns stand in Aussicht diesem bemerkenswerten Seher begegnen zu dürfen.

Zuerst aber wurden wir in unserem „Hotel" untergebracht. Es handelte sich um wunderschöne, große Hausboote, die mit kunstvollen Holzschnitzereien verziert waren. Man fühlte sich wie in einem Märchen, wenn man sie betrat. Behaglich ausgestattet, mit erlesenen Teppichen ausgelegt – es fehlte an nichts. Die Hausboote hatten einen festen Liegeplatz. Um den riesigen Dal-See etwas kennenzulernen, stand eine Rundfahrt mit kleinen Booten, die „Shikara" genannt wurden, auf dem Programm. Drei oder vier Personen konnten in solch einem gemütlichen, überdachten Boot mitfahren und ein oder zwei Ruderer sorgten für die Fortbewegung. An manchen Stellen war der meist sehr flache See mit Lotusblumen übersät. Im Hintergrund sorgten die hohen Berge des Himalaya für eine atemberaubende Kulisse. Zwischendurch besuchten wir einen Tempel mit einem Shiva-Lingam, dessen hohe Symbolik ich damals noch nicht verstand. Es handelt sich dabei um eine Ausdrucksform der Vereinigung der aktiven und passiven Kraft. Der kleine Tempel ist Adi Shankara, dem Begründer aller Yogi-Orden, geweiht. Er ist eine der vier Pilgerstätten, nämlich die nördliche, die jeder Yogi einmal im Leben besucht haben sollte.

Als wir zu den Hausbooten zurückkehrten, erhielten wir die Nachricht, dass Shah Sahib nicht nur anwesend sei, sondern auch genügend Zeit hätte, um jeden von uns einzeln zu beraten. Alle aus der Gruppe freuten sich darüber – nur ich nicht. Noch nie war ich bei einem Hellseher oder Astrologen gewesen und hatte auch nie die Absicht gehabt, einen aufzusuchen. Ich hatte schlicht und einfach Angst. Angst davor, dass er vielleicht sehen könnte, dass ich kein guter Mensch sei, und Angst vor der Zukunft, wie immer sie auch werden würde. Ich wollte dies nicht vorher wissen. So quälte ich mich den ganzen Tag, durchforschte mein Sündenregister und fand in der Nacht kaum Schlaf. Trotzdem brachte ich es nicht fertig zuzugeben, dass ich keine Beratung wollte, zumal ich sah, wie sich die anderen darauf freuten.

Shah Sahib beriet nur eine kleine Anzahl aus der Gruppe am Tag und es war vorauszusehen, dass es noch zwei weitere Tage dauern würde, bis alle an der Reihe waren. Am zweiten Tag konnte ich schon einige fragen, wie es bei ihnen war, aber die meisten wollten nicht darüber reden. Einige waren enttäuscht, wenn das Gehörte nicht ganz mit ihren Erwartungen übereinstimmte. So verging der nächste Tag. Inzwischen hatte ich auch die verborgensten Winkel meines Selbst durchforscht. „Hatte ich immer richtig gehandelt? Bin ich ein guter Mensch?" Mein Gehirn arbeitete unentwegt, ich konnte es nicht abschalten. Wieder wurde die Nacht zu einer einzigen Qual. Am dritten Tag, es war der 6.4.1985, kam ich endlich als eine der Letzten an die Reihe. Horst hatte sich angeboten bei jedem auf Wunsch dabei zu sein, falls das recht indische Englisch nicht gut verstanden würde. Ich nahm das Angebot gerne an, obwohl nun auch Horst - so dachte ich - meine schlechten Seiten erfahren würde. Aber kannte er sie nicht sowieso? Inzwischen hatte ich mit allem abgeschlossen, sollte also auch er alles über mich erfahren.

Shah Sahib saß wie in Indien üblich am Boden und ich nahm ihm gegenüber Platz. Er machte auf mich den Eindruck eines bescheidenen Menschen, aber ich spürte gleichzeitig seine besondere Ausstrahlung und diese bestimmte demütige Macht, die heiligen Menschen zu eigen ist. Shah Sahib sah mich liebevoll an und begann sofort zu sprechen.

Zuerst bemerkte er mehrmals, dass ich ein gutes Mädchen sei und gut denken würde. Er hob einige positive Eigenschaften hervor, bevor er über eine bevorstehende Partnerschaft sprach:

„Du wirst einen Mann kennenlernen, dessen Denken sehr gut ist. Im August 1987 wird alles klar sein. Der Mann wird aus deinem eigenen Land und aus einer höheren Familie kommen. Deine Mutter wird mit dem Mann einverstanden sein. Sie ist auch sehr gut und hat gute geistige Anlagen. Du kannst dem Mann vertrauen und glauben. Nach der Heirat wirst du keine Probleme mehr haben und nur noch glücklich sein – ein sehr gutes Leben und schneller Fortschritt."

Shah Sahib sagte außerdem, dass ich meinen Beruf nur noch für kurze Zeit ausüben und dann etwas anderes tun würde. In dieser Gruppe würde ich mit geistigen Fortschritten an der Spitze stehen.

Danach legte er mir zwei Eigenschaften ans Herz, welche ich verbessern könnte: Ich solle Geheimnisse für mich behalten. Ich solle lernen ruhig zu bleiben – auch innerlich –, wenn jemand etwas sagt, worüber ich anderer Meinung bin.

Shah Sahib beendete das Gespräch mit einem seltsamen Lächeln und folgenden Worten:

„Wenn du heiratest, schicke mir eine Karte."

Überglücklich verließ ich den Raum. Shah Sahib hatte nichts Schlechtes über mich gesagt. Im Gegenteil, das, was mir am wichtigsten war – ein guter Mensch zu sein –, hatte er mehrmals wiederholt. Am liebsten hätte ich es jedem erzählt. Aber da standen vor mir seine Worte, ich solle Geheimnisse für mich behalten! Mir war bewusst, dass er damit auch gemeint hatte, das Gespräch nicht weiterzuerzählen. Das fiel mir unglaublich schwer, denn ich war gewohnt meine Freude mit anderen zu teilen.

Bald danach hatten alle aus der Gruppe ihre Beratung hinter sich und wir gingen gemeinsam noch einmal in den Raum, in dem Shah Sahib sich aufhielt. Zum Abschied sagte er uns einige Worte über die ganze Gruppe, unter anderem, dass einige dabei seien, die „im Herzen krank" wären. Über Horst meinte er, dass er ein guter Mensch und Führer sei und immer für uns da sein werde.

Das Datum dieses Tages, der 6. April, sollte für Horst und mich einige Jahre später sehr bedeutungsvoll werden (siehe Seite 235).

Als ich kurz darauf allein war, notierte ich alles, was ich von Shah Sahib gehört hatte. Dabei stellte ich fest, dass mir nicht klar war, warum ich lernen sollte innerlich ruhig zu bleiben, wenn jemand eine andere Meinung hatte als ich. Ich hielt mich selbst für einen äußerst friedfertigen Menschen und wurde normalerweise nie laut, wenn ich mit etwas nicht einverstanden war.

Wie schwer ist es doch für viele Menschen, ihre eigenen Schwächen zu erkennen.

Es dauerte nur kurze Zeit, bis ich den Beweis erhielt, dass die Aussage von Shah Sahib durchaus begründet war. Eine Reiseteilnehmerin mittleren Alters verhalf mir zu dieser Erkenntnis. Sie berichtete mir, gegen wie viele mögliche Krankheiten sie sich hatte impfen lassen, bevor sie die Reise antrat. Das konnte ich nicht verstehen, zumal es schon lange keine Impfvorschriften für Indien mehr gab. Meines Erachtens standen wir zusätzlich unter dem Segen von Shree, denn wir reisten ja zu ihm.

Die Frau erklärte mir, dass man auf den Segen allein nicht bauen könne, man müsse zuerst alle Eventualitäten abdecken. Mir tat diese Frau leid; wie viele Medikamente schluckte sie unnötigerweise, ich wollte sie unbedingt davon überzeugen, dass ihre Denkweise falsch war. Wie viel könnte sie sich ersparen! Mein Inneres geriet in leichte Wallung, doch ich konnte sie nicht bekehren.

Ohne eine Einigung zu erreichen, gingen wir auseinander. Ich merkte, dass ich völlig aus dem inneren Gleichgewicht war. Weshalb verstand die Frau nicht, dass ihre Ansicht falsch war und meine richtig! Ich bat in meinem Abendgebet darum, die Situation verstehen zu dürfen. Als ich am nächsten Morgen aufwachte, wurde meine Bitte erfüllt. Plötzlich wusste ich, dass es, solange wir lernen, nicht nur eine Wahrheit gibt, sondern viele. Für die Frau galt ihre Ansicht, wahrscheinlich hätte sie sich mit einer Krankheit infiziert, wenn man sie von einer Impfung abgehalten hätte. Ich dagegen wäre höchstens an einer Impfung erkrankt. Wer von uns beiden recht hatte, war nicht wesentlich; wesentlich war, dass wir uns unsere Wahrheiten selbst erschaffen hatten, sie besaßen jeweils für uns Gültigkeit. Je mehr wir uns dem Göttlichen nähern, umso mehr stimmen unsere Wahrheiten mit den ewig gültigen Gesetzmäßigkeiten überein.

Diese Erkenntnis wurde mir eine große Hilfe. Jeder hat das Recht auf eigene Erfahrungen. Selbst wenn ich mit meiner Meinung dem Göttlichen näher sein sollte als jemand anders, so nützt es nichts, ihm mein Denken aufdrängen zu wollen. Ich versuchte nun die Überzeugungen anders denkender Menschen zu akzeptieren und dabei innerlich gelassen zu bleiben.

Am 7.4. verließen wir Srinagar und flogen, unter uns die atemberaubende Kulisse des Himalaya-Massivs, nach Jammu. Von dort aus fuhren wir weiter und erlebten die indische Kultur an zahlreichen Plätzen: Wir besuchten das Taj Mahal und das Rote Fort in der Nähe von Agra sowie Benares, Hardwar und Rishikesh, um nur einige zu nennen. In Rishikesh wollten wir einen Yoga-Ashram, einen Ort klösterlichen Lebens, aufsuchen, aber der Meister war nicht anwesend. Dafür lernten wir einen Bekannten von Horst kennen, der ein kleines offenes Lokal mit Blick auf den Ganges führte. Er spendierte der gesamten Gruppe Cola, was für Indien etwas Besonderes war. Wie Horst erzählte, kannte dieser Bekannte einen Meister, der nach Belieben erscheinen und sich wieder entmaterialisieren könne. Diese Tatsache bezeugten viele seiner Anhänger.

Horst hatte unseren Reiseverlauf so gewählt, dass wir einige Tempel und Gegenden, in denen sich viele heilige Männer aufhielten, sehen konnten. Manche der orange gekleideten Mönche hatten einen solch himmlischen Glanz in den Augen, dass ihre Gottverbundenheit schon von Weitem zu erkennen war.

Mich beeindruckte am meisten, wie die Inder ihre Religiosität in aller Öffentlichkeit leben konnten. Niemand schien es zu stören, wenn sich ein Büßer auf einem Dornengestrüpp ausruhte oder einer von zahlreichen Gurus sich am Gangesufer niederließ. Yogis achteten darauf, dass ihr Ego nicht durch die von ihnen erreichten Kräfte anstieg. Demütig baten sie um Almosen. Viele Hindus wollten wenigstens einmal im Leben das Wasser des Ganges über sich ergießen; irgendwo saß jemand beim Meditieren; im Tempel liefen zu bestimmten Zeiten unbeschwert

Kinder umher oder ihre Eltern trafen sich dort, um religiöse Lieder zu singen. Dies alles gehörte zum indischen Alltag. Die Menschen machten einen zufriedenen Eindruck - alles schien so selbstverständlich.

Wie anders war es dagegen in Deutschland. Als ich mich einmal zum Meditieren in den Garten setzte, schaute der Nachbar gleich über den Zaun und es wurde gemunkelt, dass ich sicherlich einer gefährlichen Sekte angehören würde. Im Gegensatz zu den indischen Tempeln machen unsere Kirchen einen fast leblosen Eindruck, Religion und weltliches Leben werden voneinander getrennt. Wie sehr wünschte ich mir in Deutschland einen Ort, an dem wir beides verbinden könnten und sich niemand verstecken müsste, wenn er meditieren oder ein Yagna durchführen wollte.

Angefüllt mit neuen Eindrücken fuhren wir mit dem Zug nach Bombay, um uns dort mit dem zweiten Teil der Reisegruppe zu treffen. Die Zugfahrt an sich war bereits ein kleines Abenteuer. Die alte Dampflok zog die Wagen langsam ratternd über die Schienen und verteilte ihren dunklen Dampf gleichmäßig über alle Zugabteile. Die Fenster waren nur durch lamellenartige Holzabdeckungen geschützt; Dampf, Geräusche und Gerüche drangen ungehindert in die Abteile. So hörten wir auch an jedem Bahnhof die Rufe der Händler, die unter anderem „Chai garam" - heißen Tee - in ungebrannten Tontassen anboten. Hier konnten wir nicht widerstehen, der süße Tee mit Milch schmeckte uns köstlich.

Obwohl unsere Fahrscheine bereits in Deutschland bestellt und bestätigt worden waren und sich eine indische Touristenorganisation um den Reiseverlauf kümmerte, hatte Horst dennoch viele Stunden damit zu tun gehabt, die Fahrkarten zu erhalten. Das Ergebnis war, dass zwar die Zugfahrt gesichert, wir aber in verschiedenen Waggon-Abteilen untergebracht waren. Da die Fahrt länger dauerte, schlug Horst uns vor, dass jeder Reiseteilnehmer etwas Zeit in seinem Abteil mit ihm verbringen könne.

So schön dieses Angebot war, erfüllte mich doch die Sorge, ob ich allein zu einem vernünftigen Gespräch mit Horst fähig sei. Mir war bewusst, wem ich in ihm gegenüberstand, und mich ergriff dabei meist tiefe Ehrfurcht. Dann brachte ich kein Wort mehr über die Lippen oder litt zumindest unter starker Schüchternheit.

Auf dem Weg zum Zugabteil von Horst wurde ich bereits im Gang von P. abgefangen. P. war ein junger Mann, den Horst besonders schulte und der sich oft in seiner Nähe aufhielt. Unter anderem sorgte P. dafür, dass Horst nicht unnötig angefasst oder in Anspruch genommen wurde. Im Gang klärte mich der junge Mann auf, dass ich Horst auf keinen Fall die Hand schütteln oder ihn irgendwie sonst berühren solle. Viel später erfuhr ich erst, dass Horst sehr darunter litt, wenn ihn zum Beispiel die indischen Bettler berührten. Seine eigene hohe Schwingung wurde damit schlagartig vermindert, was sich wie ein Schock auf den Körper auswirkte. Damals wusste ich nichts davon und P.s Verhaltensmaßregeln verunsicherten mich etwas. Prompt schlug ich mir den Kopf am Türrahmen an. Leicht verwirrt wollte ich daraufhin Horst gegenüber Platz nehmen - da passierte es: Ich berührte seine Beine! Mit hochrotem Kopf wagte ich es kaum, Horst anzusehen, und ich stammelte eine unsichere Entschuldigung. P. warf mir keinen besonders erbauenden Blick zu. Da sah ich nun doch lieber Horst an. Entweder war es nicht sehr schlimm oder Horst hatte sich gut unter Kontrolle. Jedenfalls tat er, als hätte er überhaupt nichts bemerkt, und lächelte mich auch noch ganz zufrieden an.

Als ich mich später selbst um die Belange von Horst kümmerte, merkte ich, wie schwierig es häufig war, seine Anliegen verständlich weiterzugeben. Viele erkannten nicht den zugrunde liegenden Sinn und verhielten sich daraufhin entweder völlig unsicher und durcheinander, so wie ich damals, oder reagierten mit Gegenwehr, weil sie nicht verstanden, worum es wirklich ging. Horst wurde durch solche Situationen manches Mal in ein ungutes Licht gerückt.

Entgegen meinen Befürchtungen entwickelte sich während der Bahnfahrt nach Bombay ein kurzes, aber für mich wichtiges Gespräch. Zuerst bedankte ich mich bei Horst für die bisher wunderschöne Reise. Danach erzählte ich ihm, dass ich noch vor der Abreise eine neue, größere Wohnung gefunden hätte, in die meine Mutter und ich einziehen wollten. Seltsamerweise zeigte sich Horst davon nicht begeistert, obwohl die alte Einzimmerwohnung eindeutig zu klein für zwei Personen war. Erstaunlicherweise träumte ich in der folgenden Nacht, dass wir die neue Wohnung nicht mieten würden.

Am Tag darauf freuten wir uns sehr, den zweiten Teil der Gruppe begrüßen zu können. Meine Mutter strahlte über das ganze Gesicht, als sie mich sah, und es gab viel zu erzählen. Da merkte ich, dass sie irgendetwas auf dem Herzen zu haben schien, und fragte sie danach. Zögernd berichtete sie mir, dass sie die neue Wohnung noch einmal angesehen hätte. Dabei wäre sie plötzlich von einem so unguten Gefühl befallen worden, dass sie nach reiflicher Überlegung abgesagt hätte.

Durch das Gespräch mit Horst und den Traum danach war es für mich keine allzu große Überraschung. Einige Monate später stellte sich heraus, wie gut diese Entscheidung war. So wie sich Shah Sahibs Aussage „Du wirst deinen Beruf nur noch kurze Zeit ausüben" erfüllte, ergab es sich auch, dass ich kaum mehr bei meiner Mutter weilte. Doch davon später.

Im Nachtzug fuhren wir nach Sholapur. Diesen Teil Indiens durchreiste ich bereits zum zweiten Mal. Von Sholapur ging es in kleinen Bussen weiter. Seit 1984 wohnte Shree nicht mehr in Akkalkot, sondern im etwa drei Kilometer entfernten Shivapuri. Dorthin fuhren wir jetzt und wurden sogleich von Minoo Khambatta begrüßt. Minoo war schon in Akkalkot um unser Wohlergehen bemüht gewesen und sorgte auch nun dafür, dass es uns an nichts fehlte. Gleichzeitig war er für uns die Mittelsperson zu Shree: Er gab an uns weiter, wann wir zum Darshan kommen konnten, und berichtete Shree wiederum, wie es uns ging.

Noch bevor wir die Übernachtungsräume zugeteilt bekamen, durften wir zu Shree in seinen neuen Darshan-Raum. So, wie meine Mutter es geträumt hatte, befanden wir uns nun gemeinsam hier. Die gesamte Reise über befand ich mich in einer gehobenen Stimmung, aber als ich mich nun vor Shree verneigte, wollte mir fast das Herz überquellen. Es lässt sich kaum beschreiben, was es bedeutet, einem Heiligen begegnen zu dürfen, der sich im höchsten Lichtzustand befindet.

Erst viel später erfuhr ich von Horst, was er erkannt hatte: Wenn jemand auf dem spirituellen Weg Meisterschaft erlangt, so ist damit seine Entwicklung längst noch nicht zu Ende. Selbst die Meister werden noch in 7 Hierarchien eingeteilt und es ist eine große Seltenheit, wenn man jemandem aus den höheren Hierarchien begegnet. Shree befand sich in der 7. und letzten Hierarchie. Eine so hohe Wesenheit inkarniert mit bestimmten großen Aufgaben unter Umständen nur alle paar Jahrhunderte. Was für ein unaussprechliches Geschenk, ihm begegnen zu dürfen!

Wir blieben einige Tage in Shivapuri. Um diese Jahreszeit war es besonders warm und manche der Reiseteilnehmer litten darunter. Meine Mutter und ich gehörten zu dem diesbezüglich unempfindlichen Teil der Gruppe und wir genossen die stillen Mittagsstunden mit kleinen Spaziergängen oder meditierten unter einem der Schatten spendenden Bäume im Garten von Shivapuri.

Ganz im Gegensatz zum Math in Akkalkot ist Shivapuri weitläufig gebaut. Das Zentrum bilden Shrees Wohnhaus, ein Tempel, mehrere Gedenkstätten und eine gepflegte Gartenanlage. Minoo Khambatta erklärte uns die erstaunlichen Hintergründe zu den Gedenkstätten und einige außergewöhnliche Begebenheiten aus dem Leben von Shree und seinen Vorgängern. Viele Jahre später verfassten Horst und ich Bildbände mit großformatigen Fotos über das Math in Akkalkot und Shivapuri [3,4], so, wie es zu Lebzeiten von Shree aussah. Ich meine, dass die lichtvolle Atmosphäre gut eingefangen wurde und die Erklärungen ein neues Verständnis für die östliche Kultur schaffen.

Nur wenige Schritte außerhalb des Zentrums standen ein großer Speisesaal und Unterkünfte zur Verfügung. Die Teilnehmer unserer Gruppe wohnten stets zu dritt oder zu viert in einem großen Raum, dem ein Bad angeschlossen war. Horst erhielt, wie bereits in Akkalkot, einen eigenen Raum.

Zu Shivapuri gehört auch ein ayurvedisches Gesundheitszentrum, das in Gedenken an Shrees Großvater errichtet wurde. Bedürftige wurden dort stets kostenlos behandelt.

Ebenfalls ayurvedisch war unsere Verpflegung. „Ayur-Veda" bedeutet „das Wissen vom Leben". Bei einer Ernährung nach ayurvedischen Richtlinien steht vor allem die Gesunderhaltung des Körpers im Vordergrund, es schmeckt und man fühlt sich nach dem Essen wohl. Es heißt, dass ein besonderes Augenmerk auf eine gute Verdauung gelegt wird, und ich konnte das nur bestätigen. In Shivapuri wurde das Essen unserem europäischen Gaumen angepasst, das bedeutete, es war nie zu scharf.

Am 17.4.1985 durften wir an einem außergewöhnlichen Ereignis teilhaben. Horst hatte den Super-8-Film, welchen er über Shree, Akkalkot und Shivapuri gedreht hatte, auf Video übertragen. Diese Kassette hatte er mitgebracht. Unter freiem Himmel wurde ein Fernsehapparat aufgestellt und so konnten wir alle in Gegenwart von Shree den Film sehen. Es schauten auch einige von den Leuten zu, die seit Jahren eng um Shree waren, und sie zeigten sich sehr begeistert, als sie sich im Film wiedererkannten.

Der Abschied von Shree fiel mir unendlich schwer. Während der Fahrt zurück nach Sholapur wollte ich mit niemandem reden. Tränen standen mir in den Augen und am liebsten wäre ich umgekehrt. Aber ich wusste, dass ich mein Ziel, Gott näherzukommen, ebenso in Deutschland erreichen konnte. Wir hatten Horst, und auch wenn er im Moment nicht in dem lichtvollen Zustand verweilen durfte wie Shree, war ich doch davon überzeugt, dass er uns sicher ans Ziel führen würde.

Von Sholapur reisten wir mit dem Nachtzug nach Bombay. Für uns waren Zimmer in einem 5-Sterne-Hotel am Yuhu Beach reserviert. Der ganze Tag stand zur freien Verfügung und die meisten fuhren mit dem Taxi in die Innenstadt. Ich schloss mich mit einer etwa gleichaltrigen Reiseteilnehmerin zusammen, um ein paar Einkäufe zu tätigen. Zuerst ließen wir uns zum Postamt fahren, da wir einige Urlaubskarten aufgeben wollten. Während wir am Schalter warteten, lernten wir zwei sympathische indische Studenten kennen. Wir erzählten ihnen, dass wir spezielle Geschäfte suchen würden, und sie boten an, uns in eine entsprechende Gegend zu fahren. Das Angebot nahmen wir gerne an. Mit ihrem Auto brachten sie uns in eine Straße, in der ein Geschäft neben dem anderen lag. Ich suchte hauptsächlich nach einem Seidentuch. Die Studenten führten uns in ein Geschäft, das aus zwei großen Räumen bestand, die bis unter die Decke mit Tüchern angefüllt waren. So etwas hatte ich noch nie gesehen. Tücher in allen Farben und Größen, aus vielen verschiedenen Materialien, lange Schals, quadratische oder rechteckige Tücher, das Auge konnte sich kaum sattsehen. Aus dieser Auswahl ein einzelnes schönes Tuch auszusuchen erschien mir aber nahezu unmöglich. Wir verbrachten fast eine Stunde in dem Geschäft und unseren beiden Begleitern wurde es bald zu langweilig. Nachdem wir ihnen für ihre Hilfe gedankt und ihnen versichert hatten, dass wir mit einem Taxi zum Hotel zurückfahren könnten, verabschiedeten sie sich von uns.

Wir konnten alle unsere geplanten Einkäufe tätigen und schon neigte sich der Tag dem Ende zu. Bevor es ganz dunkel wurde, riefen wir uns ein Taxi und nannten unser Hotel. Es war eine lange Fahrt, denn Yuhu Beach liegt am Rande der Stadt. Während meine Begleiterin und ich die Erlebnisse des heutigen Tages besprachen, bemerkten wir nicht, dass unser Fahrer in eine kleine dunkle Seitengasse abbog. Dort hielt er an. Er drehte sich zu uns um und wollte von uns deutsches Geld haben. Im Gegenzug würde er uns indische Rupien geben. Wir erklärten ihm, dass wir kein indisches Geld brauchen könnten, denn für morgen früh war der Rückflug angesagt. Das störte ihn nicht und es kam ihm die Idee, unser Geld haben zu wollen, ohne uns dafür Rupien zu geben. Erst jetzt bemerkten wir, in welcher finsteren Gegend wir uns befanden, und meine Begleiterin geriet in Panik. Sie schrie den Fahrer an, aber er zeigte sich überhaupt nicht beeindruckt. Entweder unser Geld oder er würde nicht weiterfahren. Er meinte es ernst und meine Begleiterin bekam fast einen Schreianfall. Seltsamerweise wurde ich immer ruhiger. Ich fühlte plötzlich eine unglaubliche, lichtvolle Energie in mir aufsteigen. Gleichzeitig kam es mir vor, als wäre ich zusätzlich von einem Panzer aus Licht umgeben. Niemand würde mir etwas anhaben können. Zuerst beruhigte ich meine Begleiterin. Danach sah ich dem Fahrer in die Augen und sagte ihm sehr bestimmt, dass er uns sofort zum Hotel fahren solle. Ich weiß nicht, was ihn daran so beeindruckte, aber er drehte sich augenblicklich um, startete den Motor und brachte uns, ohne ein weiteres Wort zu verlieren, zum Hotel. Wir bezahlten die Fahrt, vom deutschen Geld war keine Rede mehr.

Wir wussten, dass wir noch einmal gut davongekommen waren. Bereits vor der Reise hatte Horst uns davor gewarnt, im Dunkeln ein Taxi zu nehmen, und angeordnet, niemals allein zu fahren. Außerdem sollte wenigstens einer der Mitfahrer schon einmal in Indien gewesen sein. Nun, ich war ja bereits zum zweiten Mal in Indien und allein war ich auch nicht. Aber zwei unerfahrene Mädchen wie wir waren wohl doch nicht die richtige Besetzung für eine nächtliche Taxifahrt gewesen.

Es war nun schon das zweite Mal, dass ich die Erfahrung machte, unter einem lichtvollen Schutz zu stehen. Das erste Mal war es bei der besonderen Motorradtour gewesen. Noch im selben Jahr sollte sich dieser Zustand ein drittes Mal wiederholen.

Die Reise war für alle Beteiligten ein großes Ereignis gewesen. Auch für Horst barg sie eine Besonderheit: Es war die letzte große Gruppenreise durch verschiedene Teile Indiens, die er durchführte.

Als wir am 20. April 1985 wieder nach Hause kamen, gab es für Horst eine schlimme Überraschung: Während seiner Abwesenheit war seine Partnerin, mit der er seit zwei Jahren verheiratet war, samt Tochter ausgezogen. Er hatte nicht einmal die Möglichkeit, Kontakt mit ihr aufzunehmen, weil sie ihm ihre neue Adresse vorenthielt.

Unter den Leuten um Horst kreisten bald die wildesten Gerüchte. Viele wollten mit ihm plötzlich nichts mehr zu tun haben, selbst einige, die gerade erst von der gemeinsamen Indienreise zurückgekehrt waren. Nicht nur, dass sie Horst nun mieden, sie redeten auch noch sehr schlecht über ihn und schienen mit aller Gewalt seinen guten Ruf ruinieren zu wollen. Es war mir völlig unbegreiflich, doch da fielen mir Shah Sahibs Worte ein: „Einige aus der Gruppe sind krank im Herzen."

Es gab kaum jemanden, der nicht angesprochen wurde, um über Horst „aufgeklärt" zu werden. Er sei ein Betrüger, der andere nur ausnutze, hieß es unter anderem. Auch Frauengeschichten wurden ihm angedichtet. Eine Frau, die mich diesbezüglich ansprach, meinte, sie wisse genau, dass das stimme, Horst hätte sie auch einmal so angesehen. Da musste ich wirklich an mich halten, sie nicht auszulachen. Horst hatte damals eine solch starke Ausstrahlung von Liebe, er hätte sich die Augen verbinden müssen, um sie zu verhindern. Das Problem war, dass wir „Normalsterblichen" oft nicht zwischen einer unpersönlichen, alles überstrahlenden Gottesliebe und einer persönlichen Liebe zu unterscheiden vermögen.

Später las ich einmal verschiedene Anekdoten über das Leben von Lord Krishna und fand dort eine diesbezügliche Ähnlichkeit. Reihenweise verliebten sich die Hirtenmädchen in ihn, weil sie so sehr von seiner Ausstrahlung von Liebe angezogen wurden. In Wirklichkeit erweckte er in ihnen die reine Gottesliebe.

Über die Vorwürfe gegen Horst, die mit äußerst fadenscheinigen Begründungen, aber auch bösen Verleumdungen vorgebracht wurden, hätte ich mich sicherlich sehr aufgeregt. Glücklicherweise hatte ich mir jedoch die Worte von Shah Sahib gut eingeprägt, dass ich mich nicht aufregen solle, wenn jemand anderer Meinung sei als ich.

Gewissenhaft wollte ich mich dann aber doch wenigstens mit der Möglichkeit auseinandersetzen, dass etwas Wahres an den Geschichten sein könnte. Bisher hatte ich von Horst nur Gutes erfahren und er hatte mir stets geholfen, wenn ich Rat brauchte. Über das Scheitern seiner Ehe hatte ich meiner Meinung nach nicht zu urteilen, wer blickt schon hinter die Kulissen? Auch wollte ich ihm das Recht auf ein Privatleben einräumen, sein Einsatz für uns blieb davon schließlich unberührt.

Mich erinnerte die Situation an das Leben von Jesu, als er in Jerusalem einzog. Wie sehr wurde ihm von den Menschen zugejubelt und nur wenige Tage später riefen die gleichen Leute: „Kreuzigt ihn."

Hatten sich die Menschen in der langen Zeit nicht geändert? Hatten wir nichts gelernt?

Nein, ich wollte nicht zu jenen gehören, die einen Menschen verurteilen, nur weil sie sein Handeln nicht verstehen oder - weitaus schlimmer – nur weil sie Ungutes über ihn hören.

Wenn Horst jedoch tatsächlich nicht der war, für den ich ihn hielt? Wenn er uns nur geschickt getäuscht hatte?

Da erinnerte ich mich an die Geschichte eines indischen Heiligen, die ich vor längerer Zeit gelesen hatte. Darin ging es um einen Bettler, der sich als Mönch verkleidete. Eines Tages kam ein junger Mann des Weges, der wahrhaftig nach Gott strebte. Er fragte den Bettler, den er für einen verwirklichten Mönch hielt, wie er denn seinen hohen Zustand erreicht hätte. Um keine Antwort verlegen, deutete der Bettler auf eine Kuh und sprach: „Durch die Kuh. Wenn du die Kuh verherrlichst, wirst du Gott erreichen." Der junge Mann vertraute dem Bettler und verehrte fortan die Kuh. Viele Jahre später begegneten sich die beiden wieder. Dieses Mal war es der junge Mann, der Mönchskleidung trug und tatsächlich sein Ziel erreicht hatte. Der Bettler war sehr erstaunt und fragte ihn, wie er das geschafft hätte. Der junge Mann antwortete ihm:

„Durch die Verherrlichung der Kuh habe ich es erreicht - so, wie du mir geraten hast!"

Da ich Horst völlig vertraute, konnte ich nicht fehlgehen. Selbst wenn sich etwas zu seinen Ungunsten herausstellen sollte, würde ich durch meinen Glauben an ihn trotzdem zum Ziel geführt werden.

Damit war das Thema für mich abgeschlossen.

Nach wie vor besuchten etliche Leute Horst an den Wochenenden. Er wusste natürlich um die Geschehnisse, jedoch war ihm an seiner Gemütsverfassung nichts anzumerken. Als ich ihn eine Zeit lang betrachtete, fiel mir auf, dass der himmlische Glanz in seinen Augen, der mich bei meinem ersten Besuch an ihm so beeindruckt hatte, nicht mehr so deutlich zu erkennen war. Wie lange wohl schon? Ich hatte bisher nicht darauf geachtet. Mit oder ohne Glanz, für mich war er der große Meister, ungeachtet seines Äußeren.

In dieser Zeit fragte Horst ab und zu einen der Besucher, ob er ebenfalls vorhätte ihn zu verlassen. Eine Frau erklärte lautstark, sie würde sich niemals von ihm abwenden. Doch schon nach etwa einer Woche wollte sie mit ihm nichts mehr zu tun haben. Eines Tages stellte Horst mir diese Frage. Ich überlegte eine ganze Weile, denn ich wollte keine so überschwängliche Antwort geben, die sich dann vielleicht ins Gegenteil kehren würde. Deshalb versicherte ich ihm relativ nüchtern, dass ich immer zu ihm halten wolle, wenn das Schicksal es zuließe.

*

Seit einiger Zeit hatte ich zwei Fragen auf dem Herzen und ich wollte die nächste Möglichkeit nutzen, sie Horst zu stellen. Für die erste Frage gab es eine Vorgeschichte:

Eines Abends lud ich P. und seine Freundin sowie ein weiteres junges Paar zu mir zum Abendessen ein. Es war eine gemütliche Runde und ich erzählte ein heiteres Erlebnis, das ich, um meine Gäste gut zu unterhalten, reichlich ausschmückte. Unter anderem ging es dabei um viele Kühe auf einer Weide und ich formulierte dies folgendermaßen:

„... Während ich ganz allein auf der Wiese stand, kamen hundert Kühe auf mich zu ..."

Die Geschichte kam gut an - außer bei P.s Freundin. Sie hatte manchmal eine etwas spitze Art, die auch nun zum Vorschein kam. Statt wie die anderen nach der Erzählung zu lachen, fragte sie mich ganz ungerührt:

„Waren es wirklich einhundert Kühe?"

Ich sah sie entgeistert an und antwortete:

„Natürlich waren es keine hundert Kühe. In so einer Situation, wie ich damals war, zählt man schließlich nicht, wie viel Tiere es sind. Außerdem ist doch klar, dass ich damit ausdrücken wollte, dass es sehr viele waren."

„Wenn du die Anzahl nicht weißt, dann hättest du sagen müssen, dass es viele Kühe waren. So hast du nicht die Wahrheit gesprochen. Wahrheit ist aber eines der wichtigsten Gebote auf dem geistigen Weg."

Das war ihr Kommentar dazu. Ich empfand es als spitzfindig, was sie äußerte. Schließlich wussten ja alle, was ich meinte, demzufolge war meine Äußerung meiner Meinung nach nicht als Lüge zu werten.

Die nächsten Tage dachte ich immer wieder über diesen Vorfall nach. Irgendwie wurde ich das Gefühl nicht los, dass P. s Freundin vielleicht doch recht gehabt haben könnte. Bei nächster Gelegenheit stellte ich an einem Sonntagstreffen eine entsprechende Frage und Horst sagte dazu:

„Sprich immer die Wahrheit und alles, was du aussprichst, wird wahr werden!

Diese Gesetzmäßigkeit kann sich nur erfüllen, wenn man in jeder Situation immer bei der Wahrheit bleibt. Zweideutige Aussagen, Übertreibungen und viele Ausschmückungen entsprechen nicht der Wahrheit.

Sagt jemand zum Beispiel ‚Nur mal eine Sekunde' und braucht 47 Sekunden, dann hat er nicht die Wahrheit gesprochen. Er sollte sich besser angewöhnen ‚Einen Moment bitte' oder etwas Ähnliches zu sagen.

Die Aussage ‚Ich habe kein Geld' entspricht in den allermeisten Fällen nicht den Tatsachen. Befindet sich auch nur eine Münze im Geldbeutel, so ist Geld vorhanden. Wiederholt jemand immer wieder diesen Satz, braucht er sich nicht zu wundern, wenn er eines Tages tatsächlich kein Geld mehr besitzt."

Eine Frau aus der Runde fragte:

„Ich arbeite als Sekretärin und mein Vorgesetzter verlangt von mir oft, dass ich am Telefon sage, er sei nicht da. Währenddessen hält er sich aber im Nebenzimmer auf."

Sie erhielt von Horst folgende Antwort:

„Man kann andere Formulierungen verwenden, wie zum Beispiel ‚Er möchte momentan nicht gestört werden' oder Ähnliches. Falls der Vorgesetzte unbedingt auf einer Aussage beharrt, die nicht der Wahrheit entspricht, ist es besser, sich eine andere Anstellung zu suchen."

In dieser Beziehung war Horst sehr konsequent. Was den Menschen an der Entfaltung des Göttlichen hinderte, war zu ändern. Die Wahrheit ist ein Attribut Gottes. Wollen wir uns Gott nähern, so müssen wir auch der Wahrheit immer näherkommen.

Horst erklärte weiter:

„‚Ich komme morgen um acht Uhr' ist eine sehr gewagte Aussage. Mit großer Wahrscheinlichkeit wird sie nicht einzuhalten sein, denn man müsste dann exakt um acht Uhr erscheinen. Was kann aber alles dazwischenkommen. Alternativen sind: ‚Ich komme morgen gegen acht Uhr' oder ‚Ich versuche um acht Uhr bei dir zu sein' oder ‚Bis morgen um acht, wenn nichts dazwischenkommt'.

Wenn man etwas nachdenkt, werden einem sicher viele weitere Beispiele dazu einfallen."

Von der Wahrheit in der Sprache kam das Thema auf die Gedanken. Dazu erfuhren wir Folgendes:

„Alles, was wir denken, hat eine Wirkung. Deshalb ist es notwendig, stets wahrhafte und positive Gedanken zu haben. Unsere Worte sind eine Bekräftigung unserer Gedanken. Die Wirkung wird dadurch um ein Vielfaches verstärkt. Daher sollten wir sehr bewusst mit der Sprache umgehen."

Wir unterhielten uns noch eine Weile über dieses Thema. Fast jedem fiel dazu ein Beispiel ein. Auch ich erinnerte mich an Erlebnisse, wo durch unbedachte Äußerungen das Entsprechende tatsächlich eingetreten war.

In meiner Kindheit verbot unsere Nachbarin ihren Töchtern, mit nassen Haaren nach draußen zu gehen, selbst wenn es sehr warm war. Sie pflegte ihnen zu sagen:

„Wenn ihr mit nassen Haaren nach draußen geht, dann erkältet ihr euch."

Die Kinder blieben meist nicht so lange in der Wohnung und erkälteten sich dann oft tatsächlich. Meine Geschwister und ich dagegen hatten diesen Satz von unseren Eltern nie gehört. Draußen mit nassen Haaren herumzulaufen war daher zu keiner Zeit ein Problem für unsere Gesundheit.

Manche Menschen wünschen sich „Hals- und Beinbruch" und wundern sich, wenn sie sich wirklich etwas brechen.

Das sind nur wenige Beispiele, von denen man leicht darauf schließen kann, wie sehr man auf seine Worte achtgeben sollte. Die Wahrheit ist ein Thema, über das es sich lohnt, lange nachzudenken.

*

Die zweite Frage, die mich brennend interessierte, beschäftigte mich seit der Indienreise, oder genauer gesagt, seit der Begegnung mit Shah Sahib. Warum kann ein Seher oder ein Astrologe die Zukunft sehen?

Horst war ein hervorragender Astrologe, wenngleich er von den Kenntnissen nur äußerst selten Gebrauch machte. Er studierte die Astrologie überwiegend, um sich von ihrer Wirksamkeit zu überzeugen. Von ihm hatte ich erfahren, dass ein wirklich guter Astrologe bereits kurz nach der Geburt eines Menschen den gesamten Verlauf seines Lebens ausrechnen kann. Nicht nur dessen Eigenschaften und Anlagen sind zu erkennen, sondern auch viele Ereignisse und Begebenheiten, die karmische Ursachen haben. Wenn es sich um einen Menschen handelt, der noch ganz der Materie verhaftet ist, kann sogar errechnet werden, was er beispielsweise an seinem fünfzigsten Geburtstag tun wird. Ich folgerte, dass das gesamte Leben vorgezeichnet ist und wir lediglich eine vorgegebene Schiene entlanglaufen. Das konnte ich jedoch nicht glauben. Der Mensch hat einen eigenen Willen. Was war mit den Entscheidungen, die man sich manchmal so mühsam abrang?

Die Antwort, die ich und alle Anwesenden von Horst erhielten, übertraf bei Weitem alles, was ich erwartet hatte. Viele Lebensrätsel wurden damit auf einmal gelöst:

„Um diese Frage zu beantworten, wollen wir zuerst unsere Entwicklung in ihrer Gesamtheit betrachten. Unser Ursprung liegt in Gott. Als ein Teil von ihm gehen wir auf Wanderschaft und erleben seine Schöpfung als Mineral, als Pflanzen, dann durchleben wir die Tierwelt und schließlich entwickeln wir uns so weit, dass wir als Mensch wiedergeboren werden können. Mit wenig Wissen ausgestattet fangen wir an zu lernen und mit jedem Leben geht es ein Stückchen weiter. Um zu veranschaulichen, wie unsere Entwicklung in Beziehung zum freien Willen zu sehen ist, sei hier ein erfundenes Beispiel erzählt:

Dazu dient uns ein Mann, der schon viele Verkörperungen hinter sich hat und in seinem vergangenen Leben ein erfolgreicher, gerechter und hochgeehrter Herrscher war. Nachdem sein Leben beendet war, ergab es sich, dass er als nächste Erfahrung Bescheidenheit zu lernen hatte.

Es wurde ein günstiger Zeitpunkt abgewartet und Eltern in ärmlich lebenden Verhältnissen ausgewählt. Nach der Geburt könnte ein Astrologe aus seinem Horoskop in groben Zügen Folgendes sehen:

‚Er ist ein hochbegabtes Kind, das aber später als einfacher Arbeiter seinen Lebensunterhalt verdienen wird. Mit 18 Jahren wird er einem heiligen Menschen begegnen, der sein Inneres stark bewegen wird. Mit 25 Jahren Heirat, drei Kinder. Mit 50 Jahren ein schwerer Unfall. Er wird immer ein unbedeutender Arbeiter bleiben und seine vielen Talente nie beruflich verwerten können. Lebensende mit 52, 65 oder 90 Jahren.'

Für den Todeszeitpunkt finden sich im Horoskop meist mehrere Konstellationen. Dazu sei erwähnt, dass kein Seher oder Astrologe ungünstige Konstellationen, wie jene für einen schweren Unfall oder das Lebensende, den Ratsuchenden mitteilen würde. Das soll hier nur zur einfacheren Veranschaulichung dienen.

Das Hauptziel dieses Lebens wird sein, Bescheidenheit zu lernen. Alle Umstände sind so angelegt, dass der Mann dazu die maximale Möglichkeit hat.

Trotz dieses fest umrissenen Lebenslaufes gibt es für den Mann mehrere Wege, dieses Leben zu beschreiten.

Wenn er sich wie ein Durchschnittsbürger verhält, wird er ganz langsam mit seinen neuen Erfahrungen beginnen. Durch das festgelegte Schicksal getrieben, wird er nicht umhinkönnen die für ihn neue Eigenschaft – Bescheidenheit – nach und nach zu lernen. Bis zu seinem Lebensende mit wahrscheinlich 65 Jahren hat er einen guten Grundstock gelegt, um darauf in der nächsten Inkarnation aufbauen zu können. Er wird so lange ähnlichen Lebensbedingungen ausgesetzt sein, bis er Herr dieser und anderer Eigenschaften geworden ist.

Es kann sein, dass der Mann diesen Weg auf eine andere Weise beschreitet.

Möglicherweise sträubt er sich dagegen, Bescheidenheit zu lernen. Er kennt diese Eigenschaft nicht, da er sich in seinen vorangegangenen Leben vor allen Dingen um Gerechtigkeit bemüht hatte. Den Heiligen, den er mit 18 Jahren kennenlernt, wird er ablehnen, über den Grund für den Unfall mit 50 nicht nachdenken. Ständig unzufrieden und vergrämt über sein Schicksal, das ihm Ruhm und Ehre verweigert, kann es im ungünstigsten Fall geschehen, dass er sein weiteres Leben als Verbrecher fortführt. Wenn er sich nicht vollends auf die dunkle Seite wirft, könnte es die göttliche Fügung einrichten, dass sein Lebensende zum ersten astrologisch möglichen Zeitpunkt, in diesem Fall mit 52 Jahren, eintritt. Dadurch entsteht nicht zu viel Unheil beziehungsweise schlechtes Karma. In seiner nächsten Verkörperung wird er zuerst einmal sein Karma ausgleichen müssen und dann fängt die Schulung von Neuem an, immer und immer wieder, bis das Ziel erreicht ist.

Nun zu einer weiteren Möglichkeit.

Der Mann zeigt sich sehr beeindruckt von seiner Begegnung mit dem Heiligen. Er spürt, dass dieser eine besondere Eigenschaft besitzt, die ihm unbekannt ist. Er fängt an, sich nicht gegen die Widrigkeiten des Lebens zu sträuben, sondern versucht sie zu ergründen. Mit der Zeit wird aus ihm ein gläubiger Mann, der darum bittet, erkennen zu dürfen, was er zu lernen hat. Eines Tages wird ihm dieser Wunsch erfüllt und er erfährt, was Bescheidenheit bedeutet. Der vorgesehene Unfall mit 50 Jahren ist für ihn nun nicht mehr notwendig, denn er hat seine Lektion bereits gelernt. Er hat sozusagen sein Schicksal – sein Horoskop - überwunden. Der Unfall wird nur noch symbolisch ablaufen, vielleicht wird er sich während einer Autofahrt über etwas erschrecken und sich dabei denken, dass es auch anders hätte ablaufen können. Das Lebensende hängt davon ab, wie er sich weiterhin verhält. Besteht die Möglichkeit, dass er weiterlernt oder anderen Menschen hilfreich zur Seite steht, dann wird er möglicherweise 90 Jahre alt.

In Wirklichkeit ist der gesamte Ablauf wesentlich komplizierter und verwobener. Die Möglichkeiten, die der Mensch wählt, sind nicht so abgegrenzt wie in diesen Beispielen, meist wählt man mal den einen, mal den anderen Weg. Auch lernt man nicht nur eine einzelne Lektion in einem Leben, es gibt allerdings immer einen Schwerpunkt. Unser aller Ziel – das Göttliche in uns zu verwirklichen - ist ein langer, langer Weg. Irgendwann erreicht es jeder Mensch, früher oder später. Es kommt darauf an, wann wir unseren Weg begonnen haben, wie lange uns Zeit für die Etappen gegeben wird und was göttliche Gnade an uns bewirkt.

Grundsätzlich ist der ganz nach Materie strebende und in der Materie lebende Mensch dem Schicksal so unterworfen, dass es auf astrologischem Weg errechenbar ist. Beim geistig strebenden Menschen werden die astrologischen Konturen verschwommen, weil er seine Lektionen lernt und gewisse Umstände daher nicht erforderlich sind. Hierin spiegelt sich der freie Wille des Menschen."

Damit beendete Horst das Gespräch. Wir waren alle sehr still und beeindruckt. Mit einem Mal verloren die Worte „Strafe" oder „ungerechtes Schicksal" jegliche Bedeutung. Wie oft dachten wir viel zu kurz. Je mehr wir uns Gott zuwenden, umso mehr verliert unser Horoskop, unser vorgezeigter Lebensweg, an Gültigkeit. Mit dieser Erklärung von Horst wurde mir wieder einmal klar, wie liebevoll und gerecht unsere Führung ist – unser Ziel –

Gott!

## *Die große Liebe*

Es war der erste Frühling, den ich in der herrlichen Bodenseelandschaft verbrachte. Die Apfelblüte verzauberte ganze Landstriche und hüllte sie in ein weißes und roséfarbenes Hochzeitsgewand. Bereits im Mai war es so warm, dass man in den kleineren umliegenden Seen baden konnte. Anfang Juni lockte der Bodensee mit angenehmen Wassertemperaturen. Innerhalb kurzer Zeit lernte ich die schönsten Badeplätze rund um Überlingen kennen.

Mein Arbeitsplatz lag nicht weit vom See entfernt. Die Mittagspausen verbrachte ich meist an einer kleinen, relativ unbekannten Badebucht. Schon immer liebte ich die Natur und hier erlebte ich sie von einer ihrer schönsten Seiten. Wie zart und lieblich alles gedieh, ganz anders als im rauen, bergigen Klima meiner alten Heimat. Ich fühlte mich leicht und frei, als sei ich ein Schmetterling, der aus seinem engen Kokon geschlüpft ist und Gottes herrliche Schöpfung zum ersten Mal betrachtet.

Die schöne Umgebung von Überlingen erkundete ich mit dem Fahrrad, mit dem ich auch zu meiner Arbeit fuhr. Da ich am anderen Ende der Stadt wohnte, durchquerte ich sie nahezu täglich. Wo es ging, suchte ich mir dazu einen schönen Weg am See entlang.

Eines Tages, es war der 5. Juni 1985, ereignete sich etwas, was mein ganzes weiteres Leben verändern sollte. Es war ein herrlicher sonniger Tag, ich hatte gerade Feierabend und fuhr mit dem Rad gemächlich am See entlang. Eigentlich wollte ich nach Hause, wegen des angenehmen Wetters ließ ich mir aber reichlich Zeit dafür. Bevor ich das Stadtzentrum erreichte, hielt ich plötzlich überrascht an. War das nicht Horst, der dort neben seinem Fahrrad stand? Noch nie zuvor war ich ihm in seiner Freizeit begegnet. Er schien sich zu freuen mich zu sehen und machte einen so normalen und natürlichen Eindruck, dass ich meine sonstige Verlegenheit ihm gegenüber völlig vergaß.

Horst lud mich ein mit ihm ein Stück am Bodensee entlangzufahren. Ich freute mich darüber und wir fuhren bis zu einer Stelle, an der man weit in das relativ klare Wasser hinuntersehen konnte. Hunderte von Fischen hatten sich hier zur Laichzeit versammelt und es war herrlich, sie zu beobachten.

Als wir nebeneinanderstanden, wurde mir zum ersten Mal bewusst, dass Horst nicht nur der von mir hochverehrte Meister war, sondern sich auch eine höchst empfindsame Seele in seinem Körper verbarg. In diesem Moment ließ Horst mich einen Teil seines innersten Wesens schauen. Was ich wahrnahm, veranlasste mich, mein ganzes Sein vor ihm offen darzulegen. Es war ein Gefühl des Wiedererkennens, als ob wir nach langer, langer Zeit endlich wieder zusammengeführt worden wären. Wir sahen uns an und ohne Worte war uns sogleich klar, dass wir von nun an für immer zusammenbleiben wollten.

Es war der Beginn einer Liebe, die alles übertraf, was man mit Worten ausdrücken kann. Wenn ich ihn berührte, hatte ich das Empfinden, mich selbst zu berühren. Nichts Fremdes war an ihm, alles war so vertraut, als kenne man sich schon Ewigkeiten.

Von nun an sahen wir uns täglich. Horst erhob mich in einen überirdisch lichtvollen Zustand, der fast einer ständigen Meditation gleichkam. Mein Körper wurde so von diesem Licht durchstrahlt, dass es sogar von anderen wahrgenommen werden konnte.

Mein Empfinden war, durch ihn das heiligste und höchste Gefühl der Liebe kennengelernt zu haben. Dazu sagte er:

„‚Ich liebe dich' ist die Aussage, die wohl am häufigsten ausgesprochen wird, ohne sich Gedanken darüber zu machen, was es wirklich bedeutet. Die meisten Menschen drücken damit aus, dass der andere gut in ihre Vorstellung von einem Partner passt. Ändert sich das, vergeht diese Art von Liebe oft schnell. Manche äußern diesen Satz, wenn sie von einem starken inneren Gefühl überkommen werden, die Liebe verschwindet danach manchmal ebenso schnell wie das Gefühl. Wahre Liebe hat nicht viel mit dem Äußeren zu tun, nichts mit einer momentanen persönlichen Vorstellung und die reine, hohe Form der Liebe hat noch nicht einmal viel mit Gefühl zu tun. Wenn man göttliche Liebe erlebt, wird man feststellen, dass jede irdische Liebe nur ein kleiner Teil davon ist."

Damals konnte ich mir nicht vorstellen, dass es etwas geben sollte, was über unsere starke Zuneigung hinausgehen konnte. Doch Horst hatte bereits diese göttliche Liebe erlebt und wusste durchaus, wovon er sprach. Erst nach vielen Jahren geistiger Schulung bekam ich nach und nach eine Ahnung davon, was er gemeint haben könnte.

Am Anfang hielten wir unsere Beziehung geheim. Meine Mutter wurde bereits unruhig, denn ich war häufig unterwegs, ohne ihr zu sagen, wohin ich ging. In ihrer Sorge wandte sie sich ausgerechnet an Horst. Er sagte zu ihr:

„Sie ist in guten Händen."

Erstaunlicherweise war Erika damit zufrieden und sorgte sich nicht mehr.

Bevor Horst sich öffentlich zu mir bekennen konnte, wollte er erst eine Gerichtsverhandlung abwarten, bei der er seine bisherige Ehefrau sehen würde. Nach wie vor kannte er ihre Anschrift nicht und konnte so keinen Kontakt mit ihr aufnehmen. Wie ein drohender Schatten lastete dieser Termin auf meiner Seele, denn Horst hatte mir bereits zu Beginn unserer Beziehung gesagt, dass er diese Ehe weiterführen würde, wenn es ihm von Shree gezeigt werde und die Frau es wollte. Er wusste, dass er in dieser Situation nicht der Antragsteller für eine Scheidung sein sollte. Es lag an ihr.

Ich überlegte, wie ich mit dieser Situation am besten fertig werden sollte, und kam zu dem Schluss, jeden einzelnen Tag mit Horst als ein Geschenk anzusehen. Diese Einstellung erwies sich als ideal für eine Partnerschaft und ich halte sie bis heute ein.

Nach der Gerichtsverhandlung gab es eine große Erleichterung: Horst und ich konnten zusammenbleiben. Wir erzählten es allen unseren lieben Bekannten. Zuerst meiner Mutter, der Horst einen großen Blumenstrauß mitbrachte. Danach besuchten wir M. und seine Frau, die sich überraschenderweise so darüber freuten, dass sie spontan eine Flasche Champagner öffneten, die sie ein paar Tage zuvor von ihrem französischen Au-pair-Mädchen geschenkt bekommen hatten. Obwohl wir sonst Alkohol mieden, machten wir hier eine Ausnahme. M. und seine Frau gehörten zu den treuesten Bekannten von Horst, auch in späteren Jahren.

Es war für mich erstaunlich, wie sich so viele mit uns freuten, obgleich unsere Verbindung doch eigentlich ungewöhnlich war. Horst der „große Lehrer" und vom Alter her bereits Ende 40 - und ich ein junger Neuling, der bisher kaum aufgefallen war. Wahrscheinlich spürten sie jedoch unsere starke Zuneigung und die Seelenverwandtschaft, für die es keine Grenzen gibt.

Wir beschlossen unsere Verbindung auch jenen mitzuteilen, die Horst inzwischen mieden. Es war ganz einfach. Ich stellte mein Fahrrad drei Tage vor seine Haustür und schon war es bekannt.

Bald darauf erhielt ich einen Brief von einem mir eigentlich nahestehenden Menschen. Er schrieb, dass er von meiner Bekanntschaft erfahren habe. Dann spielte er auf mein Leben an, dem er offensichtlich ein Ende zu setzen beabsichtigte, und erwähnte im darauffolgenden Satz, dass es nur zum Besten für mich sei.

Der Brief erschien mir widersinnig und ich nahm ihn nicht allzu ernst. Allerdings war ich etwas erschüttert, dass sich der Absender zu so einem Brief hinreißen ließ. Er nannte sich selbst einen guten Christen, der sonntags regelmäßig die Kirche besuchte. Und jetzt wollte er mir schaden, weil er Horst für einen gefährlichen Sektenführer hielt und wusste, dass ich dem christlichen Glauben angehörte. Wie viel Unheil ist in der Welt schon durch religiöse Engstirnigkeit entstanden.

Dem Absender des Briefes sandte ich Liebe zu, in der Hoffnung, dass er erkennen möge, wie unsinnig sein Vorhaben war. In der folgenden Nacht durfte ich - nun bereits zum dritten Mal - erleben unter einem besonderen, lichtvollen Schutz zu stehen.

Wieder sah ich mich von einer undurchdringlichen Lichthülle umgeben und auch ich selbst schien völlig aus Licht zu bestehen. Größtes Glück erfüllte mich gepaart mit dem sicheren Wissen, dass mir kein Mensch etwas anhaben konnte.

Sicherheitshalber sah Horst mein Horoskop an und meinte, dass hier ebenfalls zurzeit keine ungünstige Konstellation zu finden sei. Es war lediglich mein momentaner Glückszustand zu sehen. Später stellte sich heraus, dass der Absender des Briefes nicht nach meinem, sondern nach dem Leben von Horst getrachtet hatte. Dieses Unterfangen konnte aber niemals gelingen, denn Horst stand unter dem sichersten Schutz, den es gibt – sein Leben war ganz Shrees Werk und dem Willen Gottes unterstellt.

*

In den Sommerferien plante Horst mit einigen aus der Gruppe nach Sardinien zu reisen. Als Hobby-Pilot war es sein Traum, mit seinem kleinen, einmotorigen Flugzeug dorthin zu fliegen. Leider konnte ich nicht mit, denn ich arbeitete nach wie vor und meinen Urlaub hatte ich bereits für die letzte Indienreise verbraucht. Eines Tages fragte Horst mich, ob ich meine Arbeitsstelle kündigen würde. Ohne lange zu überlegen, tat ich es sogleich. Erst viel später wurde mir bewusst, dass sich hiermit Shah Sahibs Voraussage erfüllte, dass ich meinen Beruf nur noch für kurze Zeit ausüben und dann etwas anderes tun würde.

Bis eine Nachfolgerin gefunden und eingearbeitet war, hatte ich noch einige Wochen zu arbeiten. Als ich mein Arbeitsverhältnis schließlich beendete, kam Horst bereits wieder aus Sardinien zurück. Einige der Leute hielten sich jedoch weiterhin dort auf, da sie erst später Urlaub erhalten hatten. So reiste Horst nun ein weiteres Mal dorthin, diesmal mit dem Auto und mit mir.

Von Livorno ging es mit der Fähre nach Arbatax, das etwa in der Mitte der Ostküste Sardiniens liegt. Ganz in der Nähe hatte die Gruppe ein großes Ferienhaus gemietet, in dem alle genügend Platz fanden. Jetzt waren nur noch wenige da, die uns aber herzlich begrüßten. Das Haus lag wunderschön an einem Hang, mit hervorragender Aussicht über das klare Meer. Allerdings besaß es auch einen kleinen Nachteil. Ein Geist trieb darin sein Unwesen. Als wir ankamen, hatte P. gerade versucht ihn loszuwerden. Er hatte ihm mit etwas Schlimmem gedroht, wenn er nicht augenblicklich das Haus verlassen würde. Darauf zog er einen gedanklichen magischen Kreis, in den er den Geist bei Nichtbefolgung einschließen wollte. Leider war P. mit dem Kreis ein wenig zu schnell und versperrte ihm damit den Ausweg. P. erzählte, dass der Geist die ganze Nacht herumgetobt habe, laute Geräusche seien zu hören gewesen, als wenn jemand etwas zu Boden geworfen hätte oder Gläser zersprungen wären.

Horst lachte herzhaft über P.s Geisterbezwingungs-Unternehmen und machte ihn auf seinen Fehler aufmerksam. Rasch wurde der Geist aus seinem kreisförmigen Gefängnis befreit. Mir tat das arme Wesen leid. Trotzdem war mir nicht sehr wohl zumute, als wir uns abends schlafen legten. Wer wusste schon, was sich das Unwesen diese Nacht einfallen lassen würde.

Wie sich herausstellte, war meine Sorge nicht ganz unbegründet. Mitten in der Nacht wachte ich auf. Eine seltsame Starre erfasste meinen Körper. Ich kannte diesen Zustand von früher, er trat immer dann auf, wenn sich unliebsame Wesen aus dem unsichtbaren Bereich im Raum aufhielten. So war es auch heute. Obwohl es finster war, sah ich vom Fenster her eine noch dunklere Gestalt auf mich zuschreiten. Sie kam bis an mein Bett heran und ergriff meine Hand. Ich wollte mich dagegen wehren, aber der Körper gehorchte meinem Willen nicht. Nun zog das Wesen auch noch an meiner Hand und wollte mich aus dem Bett zerren. Voller Panik rief ich Horst, der in der Nähe war, beim Namen. Das konnte leider nur lautlos geschehen, weil meine Stimmbänder gleichfalls der Starre unterworfen waren. Trotzdem hörte er mein Rufen und schaltete augenblicklich das Licht an. Das Wesen war im selben Moment verschwunden.

Erst jetzt erzählte ich Horst, dass ich solche Erlebnisse bereits kannte. Besonders schlimm war dies während meiner Ausbildungszeit gewesen, als ich oft allein die Nacht in meiner kleinen Wohnung zubrachte. In dem Hochhaus wütete ein Wesen so sehr, dass mir ein Bekannter, der zwei Stockwerke über mir wohnte, erzählte, dass ihm häufig über Nacht die Bilder von der Wand geworfen würden. Ich dagegen sah die Gestalten meist und stets ergriff mich dabei diese schreckliche Starre. Leider wusste ich nicht, was diese Wesen wollten, und konnte ihnen daher nicht helfen. Ab diesem Tag auf Sardinien hatte ich keinen unliebsamen nächtlichen Besuch mehr, wofür ich Horst sehr dankbar bin.

Glücklicherweise wohnten wir nur wenige Tage in dem Geisterhaus. Horst wollte mir den Norden Sardiniens zeigen, den er aufgrund seiner außerordentlichen Schönheit bereits seit 1964 immer wieder besuchte. Auch ich war sofort fasziniert, als ich die wohlgerundeten Felsformationen im Kontrast zum smaragdgrünen Meer das erste Mal sah. Die Felsen am Capo Testa erweckten den Eindruck von Weichheit und Geborgenheit und eines Zeiten überdauernden Friedens.

Wir waren nun noch zu viert. P. und seine Freundin bezogen ein kleines Apartment, das ein kleines Stück neben unserem lag. Am Tag nach unserer Ankunft zeigte Horst mir die „Bucht der Mönche" (Porto Sino). Er hatte die Bucht so getauft, weil eine Felsgruppe exakt die Form von zwei Mönchen mit Kapuze aufwies. Horst veröffentlichte später einen Bildband über die „Lebenden Steine" von Sardinien[15], in dem unter anderem auch diese Bucht abgebildet ist.

Eine kleine von Felsen umgebene Fläche bot gerade genügend Platz, dass wir unsere Decken ausbreiten konnten. Begeistert erzählten mir die anderen vom Schnorcheln und den idealen Bedingungen in diesem klaren Wasser. Ich konnte ihre Freude nicht recht teilen. Da ich im Alpenvorland aufgewachsen war, hatte ich nur selten Gelegenheit, mich mit dem nassen Element anzufreunden. Unsere Ausflüge endeten fast immer auf einem Berggipfel. Daher kam es, dass ich lediglich eine mäßige Schwimmerin war. Salziges Wasser bedeutete für mich etwas völlig Unbekanntes.

Viel Zeit zum Nachdenken blieb mir nicht. Horst zeigte mir den sichersten Einstieg in das Wasser und ehe ich michs versah, prangten zwei blaue Flossen an meinen Füßen. Jetzt noch die Taucherbrille und den Schnorchel, schon war ich perfekt ausgestattet. Kurz, aber verständlich erhielt ich eine Einweisung, wie alles richtig vorbereitet und angelegt wurde. Es fiel mir nicht schwer, dass ich die normalen Schwimmbewegungen nicht ausführen sollte, weil ich darin ohnehin über keine große Übung verfügte. Die neue Bewegung der Beine war schnell gelernt. Horst strahlte eine absolute Sicherheit aus, dass Schnorcheln das Normalste auf der Welt sei. So kam ich gar nicht erst auf den Gedanken, es nicht zu können.

Bereits der erste Blick durch die Taucherbrille entzückte mich. Selbst im flachen Wasser konnte man kleine, in einem herrlichen Blau schimmernde Fische beobachten. Als es tiefer wurde, erklärte Horst mir, dass mich das salzige Wasser auch ohne jegliche Schwimmbewegung auf der Oberfläche tragen würde. Es war ein herrliches Gefühl, dies das erste Mal zu erleben. Meine Begeisterung stieg und Horst, der sich im Wasser bewegte wie ein besonders wendiger Fisch, lehrte mich nun noch das Tauchen. Er liebte es, sich dem Meeresboden ohne Hilfsmittel wie Atemgerät oder Blei zu nähern, und 25 Meter Tiefe bildeten für ihn kein Problem.

Doch bei mir musste er zuerst einmal ganz von vorn anfangen. Zunächst erklärte er, wie der Druckausgleich hergestellt wird. Dann zeigte er mir, wie man so geräuschlos abtaucht, dass selbst ein Fisch Mühe hat, es zu bemerken. Dadurch kamen wir unbemerkt sehr nahe an die Meeresbewohner heran. Im Folgenden ließ Horst mich leere Seeigel- oder Muschelgehäuse vom Sandboden holen. Er wusste genau, wie tief es an den verschiedenen Stellen dieser Bucht war. Auf diese Weise konnte er langsam den Schwierigkeitsgrad steigern. Horst hatte seine eigene Art, mich zu immer größeren Leistungen anzuspornen. Nach etwa einer Woche Übung sagte er beispielsweise:

„Wenn du hier Sand heraufholst, hast du etwas Besonderes geleistet."

Damit sprach er meinen Ehrgeiz an, was bei mir stets sehr gut wirkte. Wenn ich ihm danach voller Freude den geholten Sand zeigte, verriet er mir, wie tief ich getaucht war. Im Lauf des Urlaubs kam ich bis auf 17 Meter!

Horsts Methoden, jemandem etwas Neues zu vermitteln, begeisterten mich seither immer wieder. Sein Bewusstsein duldete keinen Gedanken als den, dass der andere es bereits beherrschte. Er muss nur daran erinnert werden. Es ist erstaunlich, was Horst mir auf diese Weise alles im Schnelltempo vermittelte, ohne dass ich dabei jemals das Gefühl hatte, etwas langwierig lernen zu müssen. Da ein Teil des allumfassenden Schöpfers in uns ist, tragen wir auch alles Wissen in uns. Wir sind uns dessen lediglich nicht bewusst. Durch Horsts selbstverständliche Überzeugung, dass wir uns nur an dieses Wissen zu erinnern brauchen, wurde es uns oft ermöglicht, vieles in kürzester Zeit zu beherrschen.

Der Urlaub neigte sich langsam dem Ende zu. An einem der letzten Tage luden uns P. und seine Partnerin zu einem ausgedehnten Frühstück in ihr Apartment ein. Dabei ereignete sich eine nette Begebenheit, mit der Horst langsam meinen geistigen Unterricht begann. Er war ganz anders, als man es sich vorstellt.

P. hatte frische Brötchen besorgt und als etwas Besonderes auf Sardinien stand vor jedem von uns ein warmes, weich gekochtes Ei. Voller Freude ruhten meine Augen auf dem Ei; ich hatte schon länger keines mehr gegessen und es erschien mir heute als das Leckerste, was es je zum Verspeisen gab. Horst und P. vertieften sich, kaum dass wir saßen, in ein angeregtes Gespräch. Ich konnte der Unterhaltung nicht recht folgen, weil sich meine ganze Aufmerksamkeit auf den Moment richtete, wo wir mit dem Speisen anfangen würden. Als die Jüngste am Tisch wollte ich nicht vor den anderen beginnen. Die beiden schienen inzwischen das Frühstück vollkommen vergessen zu haben und mir wurde bange, ob das Ei so lange warm bleiben würde. Schließlich wollte ich nicht mehr warten und beschloss einfach anzufangen. Doch da gab es ein Problem. Es war nämlich noch nicht lange her, dass Horst mich in die gehobenen Tischsitten eingeführt hatte. Dabei hatte er auch erwähnt, wie man ein Ei korrekt öffnet. Jetzt wusste ich leider nicht mehr, ob man das Ei mit dem Löffel aufklopfen oder mit dem Messer köpfen sollte? Krampfhaft überlegte ich, aber es fiel mir nicht mehr ein. Nun hielt ich es endgültig nicht länger aus. Kurz entschlossen fragte ich Horst, ob er mir noch einmal erklären könne, wie das Ei korrekt zu öffnen sei.

„Ach ja, das Ei",

sagte er, als würde ich ihn an etwas völlig Unwichtiges erinnern, was ihm längst entfallen war. Er nahm das Ei in die Hand, schlug es blitzschnell auf sein Oberhaupt, um es anschließend mit gekonnt gelangweilter Miene in den Eierbecher zurückzustellen.

Völlig entsetzt sah ich ihn an. Erst unterrichtete er mich mühevoll in allen guten Benimmregeln, und als ich nun von deren Notwendigkeit absolut überzeugt war, verhielt er sich genau gegensätzlich. Das brachte mich so durcheinander, dass mir mein Ei plötzlich nicht mehr wichtig erschien.

Es ist so – ist es so?

So könnte man das bezeichnen, was Horst mich damit an jenem Tag und noch viele weitere Jahre lehrte. In diesem Fall zeigte er mir, dass es Dinge gibt (die Benimmregeln), die zu kennen gut ist, die im Grunde genommen jedoch völlig bedeutungslos sind.

Auch für P. wurde dieses Frühstück zu etwas Außergewöhnlichem. Im Gegensatz zu mir zeigte er sich von der neuen Art, Eier zu öffnen, begeistert. Ihn faszinierte die technische Seite daran: Der weiche Inhalt blieb beim Aufschlagen trotz umgekehrter Stellung in der Schale: die Überwindung der Schwerkraft mittels Geschwindigkeit unter Bezugnahme der Trägheit der Masse.

„Das will ich auch ausprobieren",

äußerte er voller Tatendrang. Horst warnte ihn:

„Du musst sehr schnell sein, denn das Innere vom Ei ist noch fast flüssig. Nimm das runde Ende vom Ei und sei nicht zu zaghaft, sonst tut es weh."

P. nickte mehrmals zustimmend und nahm darauf ein Ei in die Hand. Er schlug es gegen den oberen Teil seiner Stirn und – er war zu langsam. Gemächlich bahnte sich der Eidotter den Weg über die Stirn auf seine Brille, wo er schließlich gerinnend zum Stillstand kam. Das sah so komisch aus, dass wir uns alle den Bauch hielten vor Lachen. P. besaß glücklicherweise die Gabe, über sich selbst lachen zu können, und daher sorgte dieses Frühstück noch lange für eine heitere Stimmung.

Die Sommerferien gingen zu Ende und für mich begann ein neuer Lebensabschnitt. Ich wurde Hausfrau. Leider hatte ich im Kochen bisher keine große Erfahrung. Als ich noch bei meinen Eltern wohnte, gab es häufig Fleischgerichte. Ab meinem achtzehnten Lebensjahr sorgte ich für mich selbst und von da an wechselte mein vegetarischer Menüplan hauptsächlich zwischen Spaghetti, Reis mit Soße und Apfelkuchen.

Für das erste Mittagessen, das ich für Horst zubereitete, benötigte ich fast zwei Stunden. Es gab Lauch und Kartoffeln, beides Gemüsesorten, die Horst besonders gerne aß. Neben mir lag ein dickes Kochbuch, in dem genau beschrieben stand, wie der Lauch zu waschen sei und wie lange er kochen sollte. Ich schnitt alles sehr klein, übergoss es, nachdem es gar war, mit reichlich Sahne und servierte Horst voller Freude dieses, wie ich dachte, Lieblingsgericht.

„Schmeckt ganz gut",

lobte er das Essen, um mir darauf vorsichtig beizubringen, dass dies keine vollständige Mahlzeit wäre und Lauch in Sahne schwimmend auch nicht gerade das sei, was seinem leicht überhöhten Gewicht Abhilfe schaffen würde. Darüber hinaus erfuhr ich, dass Lauch nur dann seinen feinen Eigengeschmack behält, wenn man ihn nicht zu klein schneidet.

Die nächsten Wochen betätigte sich Horst nun als Kochlehrmeister. Er beherrschte einige vorzügliche Gerichte wie zum Beispiel selbst gemachte Kartoffelklöße mit Rotkohl, beides nach Rezept seiner Mutter. Dann gab es eine dicke Bohnensuppe, von der er so reichlich zubereitete, dass wir drei Tage lang davon satt wurden. Linseneintopf mit Spätzle und Erbsensuppe waren weitere Spezialitäten von ihm. Als italienisches Gericht gab es Spaghetti mit einer Soße aus Olivenöl, Knoblauch, Peperoni und Petersilie. Aus rohen Kartoffeln hergestellte Bratkartoffeln waren mir etwas ganz Neues. Ein andermal rührte Horst eine Salatsoße an, die aus 24 verschiedenen Zutaten bestand und einzigartig schmeckte. Erst viel später erfuhr ich von seinem Lieblingsgericht als Kind: selbst gemachter Kartoffelbrei mit Zwiebelringen und dunkler, süßsaurer Soße. Bis dahin war mir nur bekannt, dass es Bratkartoffeln waren, die er schon in seiner Kindheit besonders gerne aß.

Horst fand in mir einen begeisterten Kochlehrling. Seine Spezialrezepte notierte ich mit. Die reichlich vorhandenen Gewürze probierte ich alle durch, um mir ihren Geschmack einzuprägen. Erst nach einiger Zeit verstand ich, wie ein vollständiges vegetarisches Gericht zusammengestellt sein sollte. Womit lässt sich das sonst übliche Fleisch ersetzen? Ich probierte alles aus, was an Fleischersatz zu bekommen war. Es gab jedoch nicht viel, was wirklich schmeckte. Aber ich fand doch einiges, mit dem man etwas anfangen konnte. Zum Beispiel ist Räuchertofu ein guter Ersatz für Speck. Aus Sojagranulat lassen sich Frikadellen herstellen, die mindestens ebenso lecker schmecken wie ihre fleischhaltigen Verwandten. Hülsenfrüchte und Nüsse sind gute Eiweißlieferanten, mit denen sich viele Gerichte ergänzen lassen. Gab es Blumenkohl mit Kartoffeln, dann genügte es, wenn man dazu Semmelbrösel, die man mit Butter in der Pfanne braun werden ließ, reichte. Eine gute Möglichkeit waren auch Aufläufe, die man mit reichlich Käse überbacken konnte.

Mit der Zeit wurde ich eine begeisterte Köchin. Hier in der Küche konnte ich meiner reichlichen Fantasie freien Lauf lassen. Nach und nach erfand ich immer interessantere und vielfältigere neue Gerichte. Es gab bald kaum mehr ein Gewürz, das in meiner Küche gefehlt hätte. Durch vorsichtiges Dosieren, sodass nichts durchschmeckte, konnte man die ausgefallensten Kräuter kombinieren. Nur ein Gewürz war stets herauszuschmecken, das Horst über alles liebte: die Mantras, die ich beim Waschen und Schälen der Gemüse hingebungsvoll sang, und die unbeschreibliche Freude und Liebe, die ich empfand, für einen so besonderen Menschen wie Horst kochen zu dürfen. Wenn dieses „Gewürz" ausnahmsweise fehlte, dann blieb es ihm nicht verborgen. Er schmeckte sofort den Unterschied.

Nicht nur meine Freude nahm beim Kochen immer mehr zu, sondern auch mein Körpergewicht. Innerhalb von knapp zwei Monaten wog ich zehn Kilogramm mehr! Auf der einen Seite war ich das regelmäßige Essen nicht gewohnt, auf der anderen Seite bewegte ich mich wesentlich weniger. Der Hauptgrund lag jedoch sicherlich ganz woanders.

Von je her war ich ein sehr aufrichtiger Mensch, der seine Meinung nicht verheimlichte, sondern dem anderen offen mitteilte. Daher hatte ich Horst gleich zu Beginn unserer Beziehung gesagt, dass ich seinen kraftvollen Körperbau sehr bewundere, sein Bauch aber etwas zu dick sei. In seiner Liebe reagierte er sofort darauf und nahm die nächsten zehn Tage keine feste Nahrung mehr zu sich. Dabei verlor er aber lediglich ein einziges Kilo. Danach versuchte ich, ihm nur sehr wenig zum Essen zu kochen. Der Erfolg blieb wiederum aus, es war nichts zu machen. Schließlich fragte ich mich, ob er vielleicht gar nicht abnehmen wollte?

Da ich Dingen, die anders verliefen, als ich es mir vorstellte, stets auf den Grund ging, wollte ich unbedingt wissen, weshalb manche Menschen einfach nicht abnehmen. Prompt wurde mir dafür Gelegenheit gegeben, indem ich selbst an Gewicht zunahm. Damit hatte ich nicht gerechnet. Wie wurde ich nun meine eigenen zehn Kilogramm wieder los?

Mein dringender Wunsch war, wieder abzunehmen. Ich erzählte dies Horst und erstaunlicherweise verschwanden die Pfunde jetzt genauso schnell, wie sie gekommen waren. Bei Horst selbst wurde mir bald klar, dass sein kleines Energiepolster einen Grund hatte; es lag tatsächlich nicht in seiner Absicht, es im Moment loszuwerden.

Schon wartete die nächste erstaunliche Begebenheit auf mich. Wieder hatte sie etwas mit meinen Wünschen zu tun, mit denen vorsichtiger umzugehen ich langsam lernen sollte.

Als ich eines Tages das Mittagessen zubereitete, kam Horst in die Küche und fragte, ob er mir helfen könne. Eine Zwiebel war in Würfel zu schneiden und er ging sofort ans Werk. Kaum hatte er jedoch mit dem Schneiden begonnen, da rutschte er mit dem stumpfen Messer ab und schnitt sich in den Finger.

„Aua!",

rief er aus und erschrocken sah ich den tiefen Schnitt. Sofort hielt er die Wunde mit dem Daumen seiner anderen Hand zu. Als er mir kurz darauf den gerade noch verwundeten Finger zeigte, war nicht einmal mehr die Andeutung eines Schnitts zu sehen.

„Wie hast du das gemacht?",

fragte ich ihn völlig erstaunt.

„Ganz einfach. Ich konzentrierte mich auf das Erd-Element, welches alles zusammenschweißt, und stellte mir dann den vollkommen gesunden Finger vor."

Begeistert rief ich aus:

„Das will ich auch lernen!"

Es vergingen fünf Tage, da nahm ich meinen übereilt ausgesprochenen Wunsch zurück. An den fünf Fingern meiner linken Hand klebten fünf Pflaster. Irgendetwas machte ich falsch. Seit meiner Bitte wurde mir täglich Gelegenheit gegeben, das Gewünschte zu lernen. Vielleicht hätte ich damit beginnen sollen zu fragen, was denn ein Erd-Element ist? Horst hatte die Pflaster bereits bemerkt, und als ich meine Frage stellte, gab er mir folgende Antwort:

„Natürlich sollte man das Wesen des Erd-Elements verstanden haben, um es sich vorstellen zu können."

Er erklärte mir einiges darüber, wovon auf Seite 124 zu lesen ist. Das nun Folgende war sehr aufschlussreich:

„Bittet, so wird euch gegeben ..." Lukas 11.9 und Matthäus 7.7

„Man sollte dabei beachten, dass exakt auf die Bitte geantwortet wird. Du wolltest etwas lernen, also gab man dir Gelegenheit dazu. Sicher hättest du dir diese schmerzhafte Erfahrung sparen können, wenn du gesagt hättest: ‚Das will ich auch k ö n n e n.'"

Wer nicht wagt, der nicht gewinnt. Ich änderte meinen Wunsch entsprechend und überlegte mir die Formulierung dieses Mal ganz genau. Einige Zeit geschah überhaupt nichts, doch dann - es war ebenfalls ein stumpfes Messer, mit dem ich mich in den Finger schnitt, und das Zusammenschweißen funktionierte auf Anhieb! Wie bei Horst, so war auch bei mir nicht die Spur einer Wunde zu sehen. Überglücklich streckte ich Horst meinen gesunden Finger entgegen und erzählte ihm begeistert, dass es funktioniert habe. Er freute sich mit mir.

Später stellte ich fest, dass Horst geistige Kräfte äußerst selten in Anspruch nahm und auch dann nur, wenn er dafür ein eindeutiges Signal von oben erhielt. Er hatte sich vollkommen dem göttlichen Willen unterstellt. Das Geschehnis diente wohl hauptsächlich dazu, dass ich über verschiedene Dinge nachzudenken begann, und um mein Interesse für die vier Elemente zu wecken - was durchaus gelang.

Mit der Zeit bemerkte ich, dass Horst wie ein Wünsche-Erfüller wirkte. Meist reichte es aus, daran zu denken; wurde der Wunsch ausgesprochen, erfüllte er sich jedoch noch schneller.

Eines Tages klagte ich ihm ein kleines Problem. Seit meiner frühesten Kindheit wünschte ich mir sehnlichst langes Haar, aber das meine war so fein, dass es den feinsten Daunen Konkurrenz machte. Um zumindest etwas Fülle vorzutäuschen, erhielt ich bereits mit vierzehn Jahren meine erste Dauerwelle. Mit viel Ehrgeiz brachte ich das Haar bis auf Schulterlänge, sehr vorteilhaft sah das jedoch keineswegs aus.

Das Gespräch darüber vergaß ich bald wieder, eigentlich hatte ich nur vorgehabt Horst mitzuteilen, weshalb ich immer einen relativ kurzen Haarschnitt trug. Wie erstaunt war ich, als mein Haar von da an fülliger wurde und auch bei längerem Wachstum die Spitzen nicht ausfransten. Dies war keine kurzzeitige Änderung, sondern ich brauchte es auch in späteren Jahren nicht mehr so kurz zu schneiden.

Wenn ich einen materiellen Wunsch hatte (was sehr selten vorkam), gab Horst keine Ruhe, ehe er ihn mir erfüllen konnte. War das, worum ich bat, nicht vorteilhaft für mich, so machte er mich darauf aufmerksam. Manchmal erfüllte er es aber trotzdem, damit ich selbst erkennen konnte, was gut für mich ist.

Nicht anders erging es mir bei Fragen über geistige Themen (was sehr häufig vorkam). Hier durften viele die Erfahrung machen, dass sie ihre Fragen noch nicht einmal auszusprechen brauchten. Sie kamen mit einem Problem und Horst begann von allein über diese Sache zu sprechen. Meist verliefen die Antworten so, dass man selbst die Möglichkeit hatte, die Richtigkeit des Gehörten auszuprobieren. Auf diese Weise konnte man sich neues Wissen aufgrund eigener Erfahrung aneignen – nur dieses Wissen ist von bleibendem Wert.

Wurde von jemandem eine Frage ausgesprochen, so antwortete Horst exakt auf diese. Es kam manches Mal vor, dass jemand etwas unkorrekt formulierte und sich dann über die Antwort wunderte. Horst, der genau wusste, was der Fragesteller wirklich wissen wollte, tat dies mit Absicht. Er klärte uns darüber auf, dass auch vor Gott das gesprochene Wort zählt. Wir sollten uns stets die Mühe geben, die Formulierung genau zu überlegen, und nicht denken, dass der andere ja weiß, wie es gemeint ist.

Was die deutsche Sprache anbelangt, hatte er ein kleines Problem mit mir. Stolz berichtete ich, mehrsprachig aufgewachsen zu sein. Ich beherrschte fließend Oberbayrisch, wie man es in der ländlichen Umgebung von München spricht. Der Dialekt änderte sich sehr stark, als wir ins Allgäu, etwa 200 km südwestlich von München und ebenfalls im Bundesland Bayern, umzogen. Nun lernte ich - eine meiner besten Freundinnen wohnte auf einem abgelegenen Einöd-Bauernhof - breitesten Allgäuer Dialekt. Da ich in einer Familie mit mehreren Kindern aufgewachsen war, die möglichst gleichzeitig zu Wort kommen wollten, sprach ich auch noch sehr schnell. So geprägt stieß ich auf Horst, der, obgleich sprachgewandt, manches Mal Mühe hatte, mich zu verstehen. Er überlegte bereits zum Ohrenarzt zu gehen, aber das hätte sicher keine Abhilfe geschaffen.

Obwohl ich der Meinung war, auch gepflegtes Hochdeutsch sprechen zu können, hörte man mir doch meine bayrische Abstammung an. Redlich bemühte ich mich nun so zu reden, dass man mich gut verstehen konnte. Später sagte Horst, dass ich gutes Hochdeutsch spreche. Bald fiel mir auf, dass geistige Gespräche umso erhebender wirkten, je klarer und gewählter die Sprache war.

Entschieden stellte Horst sich gegen jede Form des Dialektes:

„Die volle Schwingung jeder Sprache liegt in ihrer reinen Form. Dialekte setzen diese stark herab."

„Der Turm von Babel wächst leider immer noch weiter",

äußerte er manches Mal, wenn sich Menschen krampfhaft bemühten einen alten Dialekt zu erhalten oder versuchten die deutsche Sprache mit möglichst vielen neuen Modewörtern zu durchsetzen. Wie soll die Welt zu einer Einheit heranwachsen, wenn nicht einmal die Sprache im eigenen Land einheitlich ist! Die Rückführung jedes Landes zu seiner eigenen Sprache ohne jeglichen Dialekt betrachtete Horst als ein Anliegen. Dann könne sich auch eines Tages eine reine Weltsprache durchsetzen.

## *Der Diamant*

Braucht jeder nach Gott strebende Mensch einen persönlichen Meister?

Diese Frage, die öfter gestellt wird, wenn sich wieder einmal jemand auf die Suche nach einem Guru (spirituellen Meister) begibt, bildete für mich kein Thema. Mir war klar, dass ich dringend eine Führung benötigte, die mich vorwärtsbringen und mir die göttliche Wahrheit vermitteln würde. Ich hatte das große Glück, Horst bereits in jungen Jahren zu begegnen, und wusste sofort, dass meine Suche nach einem Lehrer damit beendet war.

Manche meinen, dass man spirituelle Meister vor allem in Indien findet, es gibt sie jedoch weltweit. In Indien ist lediglich die Offenheit und der Respekt ihnen gegenüber sehr groß. Im Hinduismus und Buddhismus ist das Wissen um die Wiedergeburt verankert und damit ist bekannt, dass auch hohe Meister und Heilige immer wieder inkarnieren, um den Suchenden weiterzuhelfen. Man freut sich dort über jeden, der Hohes verwirklicht, weiß man doch, welcher Segen er für seine Umgebung ist. In den westlichen Ländern mit ihren andersartigen Religionen werden diese begnadeten Menschen oft als Bedrohung oder Konkurrenz angesehen. Sie haben es hier viel schwerer und so mancher wirkt deshalb im Stillen.

Bei dieser Gelegenheit möchte ich erwähnen, dass Horst sich niemals als Meister ausgab. Er sagte lediglich, dass er eine Aufgabe zu erfüllen habe. Gott hätte dafür sicherlich auch einen Stein zum Leben erwecken können, die Mission wäre von ihm genauso erfüllt worden.

Trotz dieser Erklärung von Horst ließ ich mich nicht abhalten in ihm einen Meister zu sehen. Mein Inneres sagte deutlich, dass ich damit richtig lag.

Eines Tages, es war im Spätherbst 1985, sahen Horst, einige Bekannte und ich gemeinsam einen Fernsehfilm. Er handelte von einem jungen Mann, der in einem Kloster eine harte Ausbildung in Kung-Fu erhielt. Als Bester von allen sah er sich stets den stärksten Gegnern gegenüberstehen. Mit viel Ausdauer brachte er es schließlich zur Meisterschaft.

Nach diesem Film sprachen wir über den Inhalt. In einigen Nebensätzen erwähnte Horst, wie glücklich ein Meister sein könne, einen solch ernsthaften und ausdauernden Schüler ausbilden zu dürfen. Im Westen sei das wohl kaum möglich, denn die meisten Menschen wollten sich niemandem unterordnen und ergriffen bei den ersten Prüfungen die Flucht.

In dieser Beziehung besaß Horst schon viele unangenehme Erfahrungen. Er hatte bereits einige Personen geschult, doch kaum bemerkten diese die ersten eigenen Fähigkeiten an sich, meinten sie den „kleinen Yoga-Lehrer" nicht mehr zu benötigen.

Wie sehr wünschte ich Horst, einmal andere Erfahrungen machen zu dürfen. Wie schön, wenn es auch für ihn jemanden gäbe, der ausdauernd und ernsthaft bis zum Ziel durchhalten würde. Da kam mir ein Gedanke: Warum eigentlich nicht ich? Mein größter Wunsch war, Gott näherzukommen, und das ging sicherlich nicht ohne geistige Ausbildung. Bei dem Gedanken, den stärksten Gegnern gegenübertreten zu müssen, wurde mir allerdings schon etwas unwohl. Vielleicht war es besser, als Mitläufer vorwärtszukommen, dann stand man im Schutz der Masse. Aber ein richtiger Könner kam dabei nicht heraus. Lange prüfte ich mich, ob ich es wagen sollte, Horst um eine Ausbildung zu bitten.

Einige Wochen später war ich mir absolut sicher. Bei einer günstigen Gelegenheit bat ich ihn:

„Lieber Horst, ich wünsche mir nichts sehnlicher, als Gott näherkommen zu dürfen. Ich weiß, dass du mich zu ihm führen kannst. Bitte sei mein Meister."

Horst zögerte etwas mit der Antwort und beschwichtigte dann meinen Eifer:

„Es ist nicht so einfach, wenn in einer Partnerschaft einer der Meister des anderen ist. Wünsche dir das lieber nicht."

Im ersten Moment war ich sehr enttäuscht. Wahrscheinlich brachte ich jedoch durch diesen Wunsch unsere Verbindung in Gefahr. Das wollte ich auf keinen Fall. Schließlich sagte ich mir, dass es eine ganz besondere Auszeichnung ist, für jemanden wie Horst in einer Partnerschaft da sein zu dürfen. Wem wird so etwas schon zuteil! Meine Bitte wiederholte ich daher nicht, ich nahm sie allerdings auch nicht zurück. Das Weiterentwickeln wollte ich nun auf mein nächstes Leben verschieben.

Erst viel später erfuhr ich von Shreekant, dem Sohn von Shree, dass er sich einmal in einer ähnlichen Situation befand. Shree fragte ihn eines Tages, ob er in ihm einen Vater oder einen Guru haben möchte. Shreekant entschied sich für den Vater. Er meinte dazu:

„Einen Guru stets an seiner Seite hält man kaum aus. Indem ich mich so entschied, hatte ich einen Vater und einen Guru."

Mir war damals nicht bewusst, dass es sich bei mir ähnlich verhielt. In Horst hatte ich einen Partner und zugleich einen Lehrer. Durch seine Bemerkung glaubte ich allerdings mich nur noch unwesentlich weiterentwickeln zu können. In Wirklichkeit hatte die Schulung bereits angefangen. In einer Form allerdings, dass ich langsam, aber sicher nichts mehr verstand.

Damit es dem Leser nicht genauso ergeht, möchte ich eine symbolhafte Geschichte vorwegnehmen, die Horst mir etwa 15 Jahre später erzählte. Sie veranschaulicht unsere Entwicklung und zeigt, wann ein Meister notwendig wird.

Es war einmal ein Diamant unter vielen anderen Diamanten. Tief unter der Erde bahnten sie sich im Lauf von ewigen Zeiten den Weg nach oben. Für die Fortbewegung sorgte die Erdrotation, die mit der Zeit alles Schwere nach oben bringt. Manchmal gab es starke Bodenerschütterungen. Je heftiger sie ausfielen, desto größer war die Möglichkeit, ein gutes Stück nach oben zu kommen. Als sich die Diamanten immer mehr der Erdoberfläche näherten, hörten sie von der Sonne und ihrem Licht und wie herrlich es oben sei. Ihr ganzes Streben galt nun dem Ziel, das letzte Stück schnell hinter sich zu bringen. Jede kleine Erdbewegung wurde ausgenutzt und eines Tages erreichte unser Diamant die Oberfläche.

Zum ersten Mal sah er die Sonne und war von ihrem hellen Licht geblendet. Sie übertraf an Schönheit alles, was er sich je vorgestellt hatte. Nachdem er längere Zeit ihr Licht genossen hatte, blickte er umher. Es gab noch mehr Diamanten, die ihr Ziel erreicht hatten und sich im hellen Lichte sonnten. Einige von ihnen sorgten dafür, dass die Diamanten, die sich noch unter der Erde aufhielten, von der Herrlichkeit hier oben erfuhren.

Eines Tages geschah für unseren kleinen Diamanten etwas, was seine Vorstellung vom vermeintlichen Ziel jäh zerriss. Er erblickte einen blinkenden Stein, in dem sich die Sonne hundertfach spiegelte. Überrascht und fasziniert fragte er ihn:

„Wer bist du, dass sich in dir die Sonne so vielfach spiegeln kann?"

„Ich bin ein Diamant wie du",

antwortete der blinkende Stein. Der kleine Diamant sah sich an, matt und staubig lag er im Sand, nichts spiegelte sich in ihm.

„Wie kann das sein? Sieh den Unterschied zwischen uns. Wie könnte ich mich je mit dir vergleichen?"

Der glänzende Edelstein erklärte:

„Der einzige Unterschied besteht darin, dass ich im Gegensatz zu dir geschliffen bin."

„Oh, wie sehr möchte ich auch geschliffen sein! Das soll mein einziges Ziel werden. Erzähle mir, wie ich so werden kann wie du",

bat inbrünstig der kleine, staubige Diamant und er erhielt zur Antwort:

„Dafür gibt es nur einen Weg: Du brauchst einen Schleifer! Doch ich möchte dich warnen. Nichts ist schmerzhafter als der Schleifstein eines Schleifers. Überlege dir gut, ob du dich stark genug dafür fühlst."

Der kleine Diamant sah den Glanz und das Funkeln seines Gegenübers und antwortete:

„Nun wird mich nichts mehr von meinem Wunsch abhalten können, da ich gesehen habe, was ein Schleifer bewirken kann."

*

Mein Schleifer befand sich bereits an meiner Seite. Zuerst blies er mir den Staub vom Leib. Das war ein äußerst angenehmer Vorgang, denn nun konnte ich das Licht wesentlich besser erkennen als zuvor. Doch dann hob der Schleifer den Diamanten vom Boden auf und hielt ihn fest. Dieser Vorgang war schon wesentlich weniger angenehm. Wenn ein Stein aufgehoben wird, dann muss er loslassen, von allem, was er bisher kannte. Die warme Erde, seine Begleiter und selbst die Sonne waren nicht mehr so zu sehen, wie er es gewohnt war.

Mein Problem war, dass ich dachte, mich innerlich bereits von allem gelöst zu haben, an dem man oftmals hängt: von Freunden und Besitz, verschiedenen Nahrungsmitteln und Getränken sowie weltlichen Vergnügungen, die, wie ich herausfand, ohnehin nicht auf Dauer glücklich machten. Doch ich hatte mich damit auf Gegebenheiten beschränkt, von denen ich meinte, dass sie vielleicht nicht dem Göttlichen entsprächen oder sehr weltlich seien. Horst leitete bei mir nun einen Lösungsprozess von Dingen ein, die ich eigentlich als gut oder erstrebenswert betrachtete.

Zunächst feierten wir das erste gemeinsame Weihnachten. Den Heiligen Abend verbrachten wir zusammen mit vielen aus der Gruppe, und obwohl es anders war als gewohnt, wurde es ein schönes Fest. Am folgenden Tag trafen sich meine Geschwister mit Partnern bei unserer Mutter. Da Horst und ich jetzt zusammengehörten, begleitete er mich. Meine Geschwister waren aber ganz anders als ich. Sie erkannten nicht, dass ihnen so ein besonderer Mensch gegenübersaß und obgleich Horst sonst nie um ein Gesprächsthema verlegen war, kam kein näherer Kontakt zustande. Mir war sofort klar, dass er sich hier nicht wohlfühlen konnte und dass es an der Zeit war, mich von meinen Geschwistern zu lösen. Später sagte Horst:

„Meine Familie sind alle Menschen, die zu Gott wollen."

Tatsächlich merkte auch ich bald, dass es Menschen gab, die mir innerlich um einiges näherstanden als meine Familienangehörigen. Es war eine Verwandtschaft des Geistes, das gleiche Wollen, das gleiche Ziel, die gleiche Sehnsucht nach Gott.

An diese Menschen durfte ich mich innerlich allerdings genauso wenig binden. Alles auf Erden ist nur geliehen. Einen kleinen Vorgeschmack, wie es ist, wenn man an nichts hängt, erhielt ich durch folgendes Erlebnis.

In Gedanken versonnen stand ich allein in Horsts großem Wohnzimmer und blickte um mich. Ein Schrank, Stühle, Tisch, Ziergegenstände, Bücher – all diese Dinge gehörten Horst. Im Geist durchforschte ich die ganze Wohnung und stellte fest, dass hier nichts mir gehörte. Meine wenigen Habseligkeiten befanden sich in der Wohnung meiner Mutter und waren dort längst in ihren Haushalt eingeflossen. Gehörte mir denn gar nichts? Ich merkte, wie ich sehr traurig wurde und eine erste Träne gerade versuchte ein Auge zu verlassen. Doch halt – war das wirklich so schlimm? Noch einmal sah ich mich um. Keine Verantwortung lastete auf mir, eigentlich musste ich mich um nichts kümmern, trotzdem war ich gut versorgt! In mir breitete sich ein ungeahntes Gefühl der Freiheit aus. Die Kummerträne verwandelte sich in eine Freudenträne und ich hätte umherhüpfen können vor Freude über meine Besitzlosigkeit.

Es gab jedoch Dinge, die ich gar nicht freudigen Herzens losließ. Horst konfrontierte mich mit vielem, an dem ich innerlich hing und es selbst nicht erkannte. Das Schlimmste für mich war, dass ich kaum noch Gelegenheit hatte, mich in der Natur aufzuhalten. Für mich war Gott dort am deutlichsten wahrzunehmen. Und nun ließ sich Horst jedes Mal etwas Neues einfallen, wenn ich ihn von der Notwendigkeit eines Spaziergangs überzeugen wollte. Zuerst rebellierte ich sehr dagegen, denn Sonnenschein und frische Luft sind erwiesenermaßen sehr gesund. Was sollte es für einen Nutzen haben, darauf zu verzichten? Aber Horst klärte mich nicht auf. Lediglich seine Fantasie wurde immer ausgeprägter, wenn es darum ging, was alles dazwischenkommen konnte. Nicht ganz überzeugt fügte ich mich nach und nach. Schließlich durfte ich eines Tages erkennen, wie stark mein inneres Wohlbefinden von den äußeren Begebenheiten abhängig war. Es gelang mir nicht, glücklich im Wohnzimmer zu sitzen, wenn draußen die Sonne schien.

Ich musste einfach hinaus. Obwohl ich nun meine Abhängigkeit einsah, dauerte es noch viele Jahre, bis ich mich endgültig davon befreien konnte.

Eine ähnliche Schwierigkeit bereitete mir mein enormer Bewegungsdrang. Bislang war mir dieser gar nicht aufgefallen, doch da ich nun keine Gelegenheit mehr dazu hatte, wurde er mir sehr bewusst. Durch das Fehlen jeglicher sportlichen Betätigung geriet ich manchmal in eine enorme Innenspannung. Den einzigen Lichtblick bildeten die Hatha-Yoga-Kurse, ein bis drei Stunden täglich. Doch was für eine Bewegung war das! Schon wieder konnte ich mich nicht austoben – ganz im Gegenteil. Gleichmäßige, ruhige, langsame, konzentriert auszuführende Körperdrehungen über so lange Zeit. Damals erkannte ich noch nicht, wie ich gerade dadurch meinen Körper immer mehr unter Kontrolle bekam. Ich sah nur meinen Mangel an schneller Bewegung und fand, dass von mir jungem Menschen recht viel verlangt wurde.

Da gab mir eine Bekannte ein Buch, das ich unbedingt lesen sollte. Es handelte von einem jungen Mönch, der bereits mit sechs Jahren in ein buddhistisches Kloster eintrat. Seine Aufnahmeprüfung bestand darin, dass er drei Tage unbeweglich im Hof des Klosters sitzend zubringen musste. Nur nachts durfte er ein wenig Nahrung zu sich nehmen und sich schlafen legen.

Als ich das las, wurde ich plötzlich ganz zufrieden. Durch solch eine Aufnahmeprüfung wäre ich schon nach 15 Minuten durchgefallen. Wie gut war es doch, so einen humanen Lehrmeister wie Horst zu haben! Trotzdem war es keine leichte Sache, den Körper unter Kontrolle zu bekommen.

Bereits zu jener Zeit wusste Horst, dass ich einmal eine Tätigkeit ausüben würde, in der ich fast den ganzen Tag sitzend zubringen würde. Heute ist dies der Fall. Dadurch, dass er schon damals langsam darauf hinarbeitete, hatte ich viele Jahre Zeit, um mich an den neuen Lebensstil zu gewöhnen. Ein wirklicher Lehrer, der die Zukunft seines Schützlings sehr wohl kennt, wird oft nicht verstanden. Der Grund, weshalb er so und nicht anders führt, ist für den Schüler meist nicht zu durchschauen, er sträubt sich dagegen und empfindet die Maßnahmen als hart. Erst im Nachhinein darf er erkennen, welche Liebe und Fürsorge sich hinter all dem verbirgt.

Leider sträubte ich mich manchmal sehr, sodass ich es meinem Lehrer nicht gerade leicht machte. So vieles konnte ich einfach noch nicht verstehen. Einige Male dachte ich dann nicht besonders gut über Horst. Er wusste stets, wie es in mir aussah, wollte mir jedoch den Grund seines Handelns nicht nennen. Die Hürden müssen selbst übersprungen werden, sonst sind sie nicht wirklich überwunden. Aber er half mir, wo immer es möglich war. Es verging kein Tag, den wir nicht in Harmonie beendet hätten, und unsere Liebe nahm nie irgendeinen Schaden.

Mit der Zeit gab es immer mehr, von dem ich innerlich loslassen konnte, doch noch brauchte ich einen festen Halt. So fing ich an mich ganz von Horst, seinen Ratschlägen und Tipps abhängig zu machen. Damit kam ich allerdings nicht weit. Häufig tat Horst plötzlich das Gegenteil von dem, was ich für richtig hielt. Auf einmal blieben auch seine Ratschläge aus. Er sagte meist nur noch:

„Wenn du nach innen fühlst, wirst du die richtige Antwort erhalten."

Letztendlich musste ich erkennen, dass man, will man weiterkommen, sich an nichts, nicht einmal am eigenen Partner oder Lehrer, festklammern darf. Es blieb mir nichts weiter übrig, als auch von ihm innerlich loszulassen.

Noch eine weitere äußere Abhängigkeit kristallisierte sich heraus. Dadurch, dass ich mich viel in der Wohnung aufhielt, hatte ich Zeit, mein liebstes Hobby auszuüben – das Malen. Schon während der Schulzeit konnte ich meiner Neigung zur künstlerischen Tätigkeit nachgehen. Kunsterziehung wurde mein Wahlprüfungsfach. Meine Überlegungen, Kunst zu studieren, beendete ich in dem Moment, als ich eines Tages die für meine weitere Ausbildung in Frage kommende Schule besuchte. Der Betonbau, der das Schulhaus bildete, war ebenso wenig einladend wie die seltsamen, undefinierbaren Gebilde im Innenhof, die man mir als moderne Kunstwerke vorstellte. So etwas wollte ich auf keinen Fall lernen.

In einem Abendkurs erlernte ich den Umgang mit Ölfarben und von da an wurde mir das Malen zum Hobby. Horst war ein sehr kritischer Kunstliebhaber. Er erklärte mir, welche Verantwortung ich durch das Malen auf mich nahm:

„Ein Gemälde ist dann wertvoll, wenn es das Bewusstsein anhebt und Freude oder positive Gedanken im Betrachter auslöst. Spiegelt es das Göttliche wider, so ist der Sinn der Malerei erfüllt. Halte dir das stets vor Augen, bevor du deiner Umgebung ein neues Gemälde zeigst. Löst es im Betrachter ungute Gefühle aus, so liegt die Verantwortung bei dir und diese Stimmung wird auf dich zurückfallen."

Meine Bemühungen waren groß, aber Horst hatte einen unglaublich exakten Blick. Einmal bezeichnete er den Kirchturm einer kleinen Kapelle, die ich malte, als schief. Das löse Disharmonie im Betrachter aus, erklärte er mir. Für mich war der Turm gerade, ich konnte seine Empfindung nicht teilen. Horst sagte mir, ich solle nachmessen, der Turm sei schief. Mit einem Geodreieck ließ sich das schnell überprüfen. Er hatte recht, die Spitze des Turms war von der Mittelsenkrechten um einen Millimeter versetzt. Wie ich später feststellte, konnte Horst bei technischen Zeichnungen mit einem Lineal auf einen zehntel Millimeter genau zeichnen.

Einmal erklärte ich ihm, dass man durch Malen seine Empfindungen sehr gut ausdrücken kann, ein inneres Tief kann leichter überwunden und innere Spannungen können aufgelöst werden. Aus dieser Einstellung heraus zu malen löste bei ihm keine Begeisterung aus, denn er meinte dazu:

„Das ist sehr schön, solange du so viel Verantwortungsgefühl besitzt, das Gemälde anschließend in den Ofen zu werfen, damit niemand die Stimmung teilen muss."

Mit der Zeit schwand meine Freude am Malen etwas. Solch hohe Anforderungen konnte ich nicht erfüllen. Ich kam zur Überzeugung, dass Horst mein Hobby nicht gerne sah, und ließ schweren Herzens davon los. Umso mehr überraschte es mich, als er mir eines Tages eine nagelneue Staffelei überreichte und dazu eine große Leinwand schenkte. Für meine Bilder, die, wie ich inzwischen dachte, alles andere als perfekt waren, ließ er für jedes einzelne einen passenden, speziellen Rahmen anfertigen. Obwohl ich mich sehr darüber freute, brachte mich diese Handlungsweise durcheinander. War mein Malen nun etwa doch in Ordnung? Wie ich später erkannte, war diese Vorgehensweise typisch für Horst. Hatte ich von etwas innerlich losgelassen, überschüttete er mich mit entsprechenden Geschenken. Wenn man an nichts hängt, dann kann man alles besitzen.

Die nächsten Bilder wurden mit einer neuen inneren Einstellung gemalt. Die Freude daran kehrte nicht nur wieder zurück, sondern sie steigerte sich um ein Vielfaches.

Einmal malte ich eine indische Tänzerin und entdeckte dabei eine Gesetzmäßigkeit, die mich innerlich stark beschäftigte. Dem Gesicht der Tänzerin wollte ich ein strahlendes Aussehen geben, es sollte göttliche Freude ausdrücken. Es gelang mir jedoch nicht, dieses Strahlen darzustellen. Da ich immer lichtere Töne auftrug, wurde das Gesicht ständig heller, doch das beabsichtigte Leuchten entstand nicht. Nachdem ich mich einige Zeit abgemüht hatte, kam ich auf die Idee, die Schatten dunkler zu malen, und siehe da – die helleren Töne begannen zu strahlen. Jeder Künstler weiß normalerweise von diesem Effekt, ich lernte ihn erst durch Ausprobieren kennen. Was mich dabei bewegte, war, dass es sich nicht nur in der Malerei so verhält. Auf unserer Erde herrscht das Gesetz der Polarität. Der Schatten - das Dunkel - sorgt dafür, dass Licht leuchtend wahrgenommen werden kann. Dieses Wissen sollte ich bald praktisch erfahren.

*

Als besonderes Geschenk überreichte Horst mir eines Tages das Manuskript seiner Autobiografie „Erfüllte Verheißungen“[5,6]. Ich durfte sie lesen. Obwohl noch in der Entstehungsphase, enthielt sie bereits seine großen Erlebnisse und die Worte von Shree, die auf seine besondere Aufgabe Bezug nehmen. Durch das Lesen wurde mir bestätigt, was ich all die Jahre gefühlt und vermutet hatte. Dieses Wissen trug mich über die nun kommende, nicht ganz einfache Zeit.

Kurz nach Weihnachten geschah etwas, was mich ganz und gar aus meinem inneren Gleichgewicht brachte: Erst träumte ich, dass P. Verrat an Horst begehen würde. Verwirrt schob ich diesen Traum zur Seite. Doch schon wenige Wochen später verließ P. die Gruppe und wurde zu einem von Horsts härtesten Gegnern. Wie sehr hatte ich ihn immer bewundert, wie er durch Horsts Schulung ging und er stets ernsthaft versuchte alles anzuwenden, was Horst ihm vermittelte – und jetzt das!

Bald darauf kam ein Brief von P.s Freund, der nun auch keinen Kontakt mehr zu uns wünschte. Er war einer der Teilnehmer der letzten Indienreise. Danach war etwas Merkwürdiges geschehen. Als Einziger hatte er eine teure Fotoausrüstung bei sich gehabt und sehr viel fotografiert. Alle Bilder wurden hervorragend, bis auf jene, auf denen Shree hätte abgebildet sein sollen – diese waren alle schwarz. Wir wunderten uns darüber, doch nun war klar, dass Shree uns damit auf etwas aufmerksam machte, was wir erst jetzt verstanden.

Lange Zeit versuchte ich herauszufinden, wie ein Verhalten wie das von P. möglich ist. Seine Liebe zu Horst kehrte sich ins Gegenteil. Er wollte ihm und seiner Arbeit nun schaden, wo immer er nur konnte, und tat dies in großem Umfang (allerdings ohne Erfolg).

Horst empfand P. gegenüber die gleiche Liebe wie zuvor, bei ihm vollzog sich innerlich keine Änderung. Er fand es lediglich sehr schade für das gute Karma, das P. bisher gemacht hatte, und für die geistigen Fortschritte, die er nun ins Negative umwandelte.

In P. hatte ich den Inbegriff eines guten Menschen gesehen. Für mich gab es Menschen, die ehrlich nach Gott strebten – das waren die Guten, alle anderen die Schlechten. Diese Weltanschauung, die noch aus meiner katholischen Erziehung stammte, brach völlig zusammen. Ein guter Mensch kann doch nicht heute gut und morgen schlecht sein. Sehr verwirrt fragte ich Horst um Rat. Ist jemand wie P. ein guter oder ein schlechter Mensch?

„Das herauszufinden ist Swadhyaya",

gab er mir zur Antwort.

Swadhyaya ist eine derjenigen Disziplinen, die Shree mit dem Fünffachen Pfad gegeben hat. Es bedeutet: „Studium des Selbst" oder auch die Frage: „Wer bin ich?". Meine bisherigen Gedanken zu dieser Disziplin waren einfach. Meiner Vorstellung nach musste man nur lange genug meditieren, um schließlich zur Erkenntnis zu gelangen, dass Gott im Inneren eines jeden Menschen eine Wohnstätte hat. Das war Swadhyaya – so meine Überlegungen.

Nun kam allerdings diese Antwort von Horst. Was hatte P.s Verhalten mit Swadhyaya zu tun?

Es folgten nun nach und nach viele Begebenheiten, die mich der Antwort langsam näherbrachten.

Ein weich gekochtes Ei sorgte einmal wieder für einige Verwirrung. An einem Sonntagmorgen saßen Horst und ich gemütlich beim Frühstücken und es gab für jeden ein frisches, pflaumenweich gekochtes Ei. Wir freuten uns darauf, denn wir aßen Eier nur sehr selten. Als Horst das Ei gekostet hatte, meinte er lobend:

„Wenn du Eier kochst, sind sie immer genau richtig. Nicht zu weich und nicht zu fest. Wie lange lässt du sie eigentlich kochen?"

Ich konnte ihm keine bestimmte Zeitangabe geben:

„Also, das weiß ich nicht genau. Vielleicht sechs Minuten?"

Das überraschte ihn:

„Wie kannst du das nicht wissen, nimmst du denn keine Eieruhr?"

Mit einem Anflug von Stolz in der Stimme erklärte ich ihm:

„Nein, niemals. Ich koche sie immer nach Gefühl."

Überraschenderweise zeigte sich Horst nicht begeistert:

„Eier kocht man nicht nach Gefühl, sondern nach Eieruhr!"

Das konnte ich nicht verstehen. Gerade eben meinte er, dass die Eier immer genau richtig seien, und nun sollte ich eine Uhr benutzen. Das war für mich sehr unlogisch. Ich sagte es ihm, aber er beharrte auf der Eieruhr.

Wir sprachen nicht weiter über dieses Thema. Inzwischen kannte ich Horst so gut, um zu wissen, dass bei scheinbar unlogischen Äußerungen von ihm irgendetwas dahintersteckte. Die Frage war immer nur, was es war.

Die nächsten Eier wurden unter Zuhilfenahme einer Uhr nicht mehr so wie die nach Gefühl gekochten. Mal waren sie zu weich, mal der Dotter bereits zu hart. Immer wieder probierte ich es aus, doch es war wie verhext. Nun wollte ich die Eier wieder nach Gefühl kochen, da gelang auch dies nicht mehr. Was war geschehen?

Mit dieser Begebenheit wurde ich meiner inneren Sicherheit beraubt, mich stets auf mein Gefühl verlassen zu können. Später erkannte ich, dass das Gefühl mich beherrschte und nicht umgekehrt. Damit richtig umzugehen, sollte ich erst später lernen. Vorerst war es offenbar vonnöten, mein bisheriges Selbstbewusstsein abzuschwächen, sodass ich offen wurde für neue Lektionen.

Reichlich durcheinander, ob nun Gefühl oder Intellekt oder vielleicht sogar etwas ganz anderes die rechte Lebensformel sei, stand ich bald darauf der nächsten unverständlichen Situation gegenüber.

In der Küche war ich gerade mit der Zubereitung des Mittagessens beschäftigt, während sich Horst im daran angrenzenden Wohnzimmer aufhielt. Da hörte er, wie etwas klirrend zu Boden fiel. Er kam sofort zu mir in die Küche und fragte, was geschehen sei. Beschwichtigend erklärte ich ihm:

„Eine Tasse fiel zu Boden, aber man kann sicher eine neue nachkaufen."

Er sah die Scherben am Boden und erklärte, dass dies eine besondere Tasse war und bestimmt kein Ersatz zu bekommen sei. Dann wollte er wissen, warum das geschehen sei. So genau ich konnte, antwortete ich ihm:

„Während ich mit der linken Hand den Topfdeckel hielt und mit der rechten unter Zuhilfenahme eines Kochlöffels ..." (es folgte eine exakte Vorgangsbeschreibung) „... berührte ich mit dem Ellbogen die Tasse und sie fiel zu Boden."

Etwas verwundert, dass er dies so genau wissen wollte, beendete ich damit meinen Bericht.

Horst hörte sich den ganzen Vorgang bis zum Ende an und berichtigte mich dann:

„Meine Frage lautete nicht, *wie* es geschehen ist, sondern *warum* es geschehen ist!"

Erstaunt fragte ich ihn:

„Was meinst du damit?"

„Na, irgendeinen Grund muss es ja geben. Hattest du negative Gedanken oder warst du zerstreut?"

Mir war nicht klar, wie er auf so etwas kam, und ich erwiderte:

„In der Küche fällt schon mal das eine oder andere zu Boden. Das kommt einfach vor. Dazu braucht es keinen Grund."

Hier war Horst anderer Meinung:

„Alles, was geschieht, hat irgendeinen Grund, nichts passiert einfach so. Wenn du nicht darüber nachdenkst, dann ist die Tasse umsonst zerbrochen und bei nächster Gelegenheit wird es wieder geschehen. Beginne damit, dir dieser Tatsache bewusst zu werden."

Darauf sagte ich nichts mehr. In letzter Zeit hatte Horst mich bereits mehrere Male auf Nachlässigkeiten aufmerksam gemacht und immer meinte er dabei, dass mit meinem Bewusstsein etwas nicht stimme. Bisher fand ich jedes Mal eine Ausrede, warum bestimmte Dinge geschehen waren – äußere Umstände waren schuld daran. Aber langsam häuften sich seine Bemerkungen und ich musste einsehen, dass ich darüber nachdenken sollte. Sofort forschte ich in meinem Gedächtnisspeicher, was ich zum Zeitpunkt, als die Tasse zu Boden ging, gedacht hatte. Und tatsächlich – ein recht unerfreuliches Problem kreiste in jenem Moment in meinem Bewusstsein. War deshalb die Tasse zerbrochen? Das kam mir recht unwahrscheinlich vor.

Situationen wie die mit der zerbrochenen Tasse folgten immer häufiger. Während ich eben noch über viele Situationen mit einem leichten Achselzucken hinwegging, informierte Horst mich nun bei jeder Kleinigkeit, welches geistige Gebot ich übertrat. Es bereitete mir zum Beispiel manchmal sehr viel Spaß, die Autotür hörbar zuzuschlagen. Das hielt mein aufmerksamer Lehrer, dem offenbar nichts entging, für keine gute Angewohnheit:

„Das ist eine Geräuschbelästigung für andere und stört die Nachbarn - damit drückst du keine Nächstenliebe aus."

Auch mit meiner Vorstellung von Ordnung war er nicht ganz einverstanden. Nicht nur in dieser Beziehung war Horst ein Perfektionist. Bereits eine ungespülte Tasse in der Küche empfand er als Unordnung.

„Das erzeugt Disharmonie im Nächsten, wenn dieser sich in so einer Umgebung aufhalten muss",

erklärte er mir.

Ein weiteres Problem war meine immer wiederkehrende Vergesslichkeit. Ich erfuhr, dass sie vor allem auf nicht genügendem Interesse beruhte.

Häufig führte ich Dinge nicht zu Ende. Die Schranktür war nicht ganz geschlossen oder der Vorhang nicht richtig aufgezogen. Diese Angewohnheit von mir zog sich durch alle Bereiche, ich merkte, dass ich selbst beim Schreiben manchmal den letzten Buchstaben nicht fertig schrieb. Horst bezeichnete dies als Schubladentechnik, da bei mir so oft die Schubladen einen Spalt offen blieben. Es trieb mich bald selbst fast zur Verzweiflung, dass es mir nicht gelang, Dinge zu Ende zu tun. Es kostete Horst sehr viel Geduld und Mühe, mich immer wieder darauf aufmerksam zu machen.

Die Liste der Dinge, die ich nicht beachtete, erschien mir bald endlos. Manchmal wollte ich jemand eine Freude bereiten und merkte nicht, dass ich dabei einen anderen überging oder verletzte. Wurde ich von Horst darauf aufmerksam gemacht, so dachte ich, er würde die Sache zu schlimm sehen. Leider konnte ich mit seinen Äußerungen oft nicht richtig umgehen und kam zu der Überzeugung, er würde schlecht von mir denken und nicht sehen, dass ich doch im Grunde genommen ein guter Mensch sei.

Schon bald überkam mich die Sorge, dass Horst mich nicht mehr lieb haben könnte, wenn es an mir so viele Fehler gab. Sehr oft versuchte ich nun bewusst Gutes zu tun, damit er merkte, welch liebes Wesen ich sei. Fast jedes Mal erreichte ich jedoch damit das Gegenteil, irgendetwas lief garantiert schief.

Bald wusste ich nicht mehr, wie ich mich richtig verhalten sollte. Alles, was in meinen Augen bisher gut funktioniert hatte, war plötzlich anders. Eine erschreckende Begebenheit brachte meine bisherige Lebensphilosophie endgültig ins Wanken.

Es geschah über einen Traum, der von der Wirklichkeit nicht zu unterscheiden war:

Eine junge Frau, die bis vor Kurzem zu unserem engsten Bekanntenkreis gezählt hatte, besuchte mich in diesem Traum und lächelte mich freundlich an. Sie sagte zu mir:

„Lass uns gute Freunde sein, wir können uns doch weiterhin gut vertragen, auch wenn ich nicht mehr zu Horst komme. Liebe, Liebe ist die höchste aller Tugenden."

Etwas misstrauisch sah ich sie an und war mir nicht recht sicher, was ich von ihren Worten halten sollte. Da kam sie auf mich zu und wollte mich umarmen. Zuerst sträubte ich mich dagegen, denn ich hatte kein gutes Gefühl dabei. Doch dann sagte mir mein Verstand, dass sie recht habe. Gegen Liebe sollte man sich nicht verschließen. So öffnete ich mich ihr gegenüber und breitete meine Arme aus. Genau in dem Augenblick, als wir uns in den Armen lagen, stach sie mit einem spitzen Gegenstand in meinen Rücken, exakt in den Konzentrationspunkt für das Herzchakra (dieser befindet sich etwa auf Höhe des Herzens, das Herzchakra korrespondiert mit dem Gefühl der Liebe).

Stöhnend wachte ich auf. Der heftige Schmerz in meinem Rücken war nach dem Traum noch über eine Stunde körperlich zu spüren.

Es lässt sich denken, dass ich danach nicht mehr einschlafen konnte. Als hätte mir jemand ein Tuch von den Augen genommen, erkannte ich plötzlich, dass diese ehemals gute Bekannte tatsächlich seit längerer Zeit dem Dunkel diente. Vor meinem inneren Auge rollten viele Situationen der letzten Jahre ab, in denen sie ein zweideutiges Spiel getrieben und bei anderen viel innere Verwirrung gestiftet hatte. Auch jetzt war sie immer noch im höchsten Maße tätig. Und kaum einer durchschaute es – alle hielten sie für ein unschuldiges Mädchen.

Der Traum klärte mich über eine weitere Tatsache auf: Mein wunder Punkt war meine Gutgläubigkeit. Die an sich positive Eigenschaft, über andere nur gut zu denken, ließ mich allzu oft die Realität nicht erkennen.

Erschüttert erzählte ich Horst am folgenden Morgen den Traum. Er zeigte sich weder entsetzt noch überrascht. Offensichtlich war ihm bekannt, welche Rolle die junge Frau all die Jahre spielte. Mir fiel nun auch eine Bemerkung ein, die er schon vor längerer Zeit geäußert hatte:

„Wenn du Dunkel suchst, dann suche es in der Nähe von Licht."

Ich fragte ihn:

„Ist sie das Dunkel?"

Aber Horst beruhigte mich:

„So kann man das nicht sehen. Sie ließ Dunkles durch sich wirken. Vielleicht hatte sie sich in irgendeiner Vorinkarnation mit schwarzer Magie beschäftigt. In diesem Fall ist sie dem Dunkel gegenüber verpflichtet. Die Zahlung erfolgt dann, wenn es das Dunkel will, sie kann es nicht mehr steuern."

Bisher hatte ich mich immer nur mit dem Guten, Positiven und Schönen beschäftigt. Mit der anderen Seite wollte ich nichts zu tun haben. Offensichtlich sollte ich mich jedoch damit beschäftigen – allerdings nicht bei anderen, sondern bei mir selbst.

Mehr und mehr blätterte Horst mir meine Schattenseiten auf. Mit allen Mitteln versuchte ich mich dagegen zu wehren, ich wollte es nicht wahrhaben, konnte es kaum ertragen. Unbewusst versuchte ich sein Mitleid zu erringen, damit er endlich aufhörte. Manchmal löste ich mich in Tränen auf, aber Horst ließ sich davon nicht erweichen. Wäre ihm nur auch einmal ein Fehler unterlaufen, dann hätte ich zumindest sagen können, dass Fehler menschlich seien. Doch Horst schien sich seiner Verantwortung ganz und gar bewusst zu sein. In jener Zeit gab es sicherlich keinen korrekteren Menschen als ihn. Ich begann über Fehler anderer zu sprechen, sie seien auch nicht besser als ich. Aber davon wollte er gar nichts hören. Innerhalb kürzester Zeit bewies er mir, dass es keinen Grund gab, mich für besser zu halten als andere Menschen.

Es soll nicht der Eindruck entstehen, dass Horst mich nur auf meine Schattenseiten aufmerksam machte. Er sparte nie mit Lob, wenn sich ihm die Gelegenheit dazu bot. Darüber hinaus erklärte er mir jeden

Abend, wie gern er mich hätte. Jedoch war ich so erschüttert darüber, erkennen zu müssen, welche anderen Eigenschaften in mir schlummerten, dass ich Horst irgendwann seine Aufmunterungen kaum noch glauben konnte. Durch mein übergroßes Bedürfnis, ein guter Mensch zu sein, reagierte ich auch besonders empfindlich auf jeden Hinweis - vielleicht mehr, als es andere getan hätten.

Mein Selbstvertrauen wurde im Laufe der Zeit immer kleiner, bis davon schließlich nichts mehr zu erkennen war. Aber noch änderte sich nichts. Hartnäckig sträubte ich mich dagegen anzuerkennen, dass in mir viele ungute Eigenschaften wohnten. Gegen jede einzelne wehrte ich mich so lange wie nur möglich. Angst erfüllte mich, dass Horst mich von sich stoßen könnte, wenn er dies alles sehen würde. Welch widersinniger Gedanke. Aber davon erfüllt, wollte ich ihm unbedingt beweisen, dass ich eigentlich ein guter Mensch sei. Je mehr ich mich jedoch bemühte, desto mehr ging daneben. Schließlich sagte Horst zu mir:

„So, wie du dich in letzter Zeit verhältst, kann das Dunkel frei durch dich wirken. Du machst ihm alle Tore auf."

Und ein andermal:

„Dein dunkler Chef kann sich gratulieren, er kann wieder einmal einen Volltreffer verzeichnen."

Dadurch, dass ich Dunkles nicht anerkennen konnte, war es mir auch nicht möglich, es zu durchschauen. So war es diesem möglich, mich als Werkzeug zu benutzen. Erst als Horst mir nun immer öfter vor Augen hielt, welch Ungutes ich manchmal äußerte oder auch tat, konnte ich nicht mehr umhin es zu akzeptieren. Aber ich war weit davon entfernt, damit umgehen zu können. Nächtelang wand ich mich in Tränen aufgelöst. Mir war, als hätte das Gute in mir einen Kampf verloren. Seit Langem konnte ich kein göttliches Licht mehr wahrnehmen, die Meditationsstunden verbrachte ich unkonzentriert. Ständig wurde mein Schlaf von Albträumen unterbrochen, es gab nichts mehr, an dem ich richtig Freude hatte. Das Schlimmste war, dass bei jedem der Ausrutscher, die mir immer häufiger unterkamen, Horst der Leidtragende war. Alle Anzeichen sprachen für meine neue Erkenntnis:

„Ich bin kein guter Mensch, ich bin noch schlimmer als P. und all die anderen – vielleicht bin sogar ich das Dunkel!"

Diese Erkenntnis wollte mich vor Schmerz fast zerreißen.

Zuerst wollte ich Horst sofort verlassen. Jemand wie mich konnte ich ihm nicht zumuten. Aber alles hätte ich fertiggebracht, nur das nicht. Ohne ihn hätte mein Leben keinen Sinn mehr gehabt.

Mir fiel ein, was ich in einem Roman erst kürzlich gelesen hatte: Ein Mann beschritt den spirituellen Weg und wurde durch die Liebe zu einer Frau aufgehalten. Als die Frau dies erkannte, nahm sie sich das Leben. Der Mann war damit frei und konnte sich weiterentwickeln.

So kam mir der Gedanke, ebenfalls den Freitod zu wählen. Kein anderer als ich war das Dunkel und ich hinderte Horst daran, endlich im göttlichen Licht verweilen zu dürfen. Überzeugt von diesem Gedanken überlegte ich, ob nicht mein Hinscheiden die beste Lösung wäre. Obgleich ich mit niemand darüber sprach, begann Horst plötzlich einem Besucher etwas über den Freitod zu erzählen:

„Als ich mich mit Inkarnationen beschäftigte und viele von ihnen erkennen durfte, stellte ich fest, welches Schicksal jemanden trifft, der freiwillig aus dem Leben scheidet. Er durchläuft noch einmal genau die gleichen Umstände, bis er wieder vor der gleichen Entscheidung steht. Man kann sich vor seinem Schicksal nicht so einfach drücken."

Nein, nicht noch einmal wollte ich diese Zeit durchlaufen. So weiterleben wollte ich jedoch auch nicht. Es musste eine andere Lösung geben. Ich überlegte weiter und schließlich wandte ich mich an Gott:

„Lieber Gott, wenn ich wirklich das Dunkel bin, dann lass mich bitte schnell krank werden und sterben."

Jeden Abend wiederholte ich dieses Gebet.

Aber noch nach Wochen erfreute ich mich bester Gesundheit. Entweder erhörte Gott dieses Mal mein Gebet nicht oder ich war vielleicht doch nicht das Dunkel. Ein erster Hoffnungsschimmer keimte in mir auf.

*

Zutiefst bin ich Horst im Nachhinein dankbar für diese Führung in die Tiefe, ohne die Selbsterkenntnis nicht möglich gewesen wäre. Freiwillig hätte ich mich nie mit dieser unangenehmen Seite meines

Selbst auseinandergesetzt. Ich meinte, dass man sich Gott immer mehr nähern könne, indem man sich mit der dunklen Seite einfach nicht beschäftigte, sie ignorierte. Doch nicht Ignoranz, sondern Beherrschung ist gefragt.

Beherrschen kann man aber nur etwas, das man kennt.

Obwohl Horst mich zu jedem Moment sehr bewusst und so behutsam wie möglich führte, konnte er nicht ganz sicher sein, dass ich durchhalten würde. Der Wille des Menschen wird nicht angetastet. Er musste es jedoch riskieren, denn so, wie ich zu ihm kam, war ich als seine zukünftige Partnerin nicht geeignet. Wollte er mich für immer gewinnen, dann musste er meinem Ego einen tödlichen Stoß versetzen, damit mein Inneres leer und frei für die folgenden göttlichen Unterweisungen wurde. In gewissem Sinn ging es Horst mit jedem so, der sich ihm zur Schulung anvertraute. Wie sehr er auch jeden liebte, er musste ihn dazu bringen, dass er sich mit der Schattenseite seines Selbst auseinandersetzte. Sonst ist kein wirklicher Fortschritt möglich.

Manche geistigen Schulungssysteme vernachlässigen diesen ersten, jedoch unbedingt notwendigen Erfahrungsschritt. Das ist, als würde man ein Haus ohne Fundament bauen. Schnell wächst es in die Höhe und der Besitzer kann bald einen wunderschönen Ausblick genießen. Aber schon der erste kleinere Sturm wird dieses Haus zum Einsturz bringen. Auch ein Baum, und wenn es die größte Eiche ist, beginnt mit einem Samenkorn. Zuerst muss dieser Same unter die Erde. Im Dunkel beginnt er sich umzuwandeln, bevor der Keim zur Sonne strebt.

Mein Gemüt verharrte nur kurze Zeit im Dunkel, da begann bereits eine innere Stärke in mir zu wachsen. Sie entsprang einer neuen Eigenschaft, die Horst mir unbemerkt vermittelte: Furchtlosigkeit. Er führte mich in jene Zustände, die meine allergrößten Ängste darstellten. Durch das Erleben konnte ich sie überwinden. Meine größte Sorge war, kein guter Mensch zu sein, das Himmelreich nicht zu verdienen. Nun musste ich das Gegenteil akzeptieren. Horst zeigte mir, dass er mich trotzdem liebte, was mir schließlich half, alles in mir ansehen und damit ändern zu können. Die zweite unbewusste Angst, die wohl in jedem Menschen schlummert, ist die Furcht vor dem Tod. In jener Zeit wäre er mein liebster Freund gewesen.

Als Shah Sahib mir sagte, ich würde mit den geistigen Fortschritten an der Spitze der Gruppe stehen, freute ich mich sehr, hatte ich doch eine ganz und gar andere Vorstellung davon als das, was mit mir nun geschehen war. Unter „geistigem Fortschritt" stellte ich mir große Meditationserlebnisse, Erfahrungen mit göttlichem Licht und dergleichen vor. Vom Diamanten, der zuerst einen durchaus schmerzhaften Grobschliff benötigt, wusste ich nichts. Heute muss ich gestehen, dass ich nie mehr so viel auf einmal gelernt habe wie gerade in dieser ersten Zeit mit Horst. Es war der dringend nötige Grundstock, auf dem jetzt aufgebaut werden sollte.

## *Dritte Indienreise und die vier Elemente*

Bis ich den erschütternden, tiefen Zustand erreichte, den ich im letzten Kapitel beschrieb, gab es noch einige Begebenheiten, die ich hier einfügen möchte.

In jener Zeit war Horsts Hauptbeschäftigung keineswegs meine Schulung. Im Gegenteil. Zu Sonnenaufgang begannen wir den Tag mit dem morgendlichen Agnihotra. Nach einem kurzen Frühstück suchte Horst sein Arbeitszimmer auf, um sich seiner Arbeit zu widmen: Er schrieb Bücher. Bis zum Nachmittag blieb das seine hauptsächliche Beschäftigung. Zwischendurch kamen immer wieder Besucher, die Rat suchten. Gelegentlich schaute auch A. oder jemand anders, der von Horst geschult wurde, vorbei. Gegen 15.30 Uhr tranken wir gewöhnlich Tee und ich strich Brote zum Mitnehmen, denn schon war es an der Zeit, in die Hatha-Yoga- und Meditationskurse zu fahren. Zwischen zwei bis fünf Stunden unterrichtete Horst jeden Tag; dazu musste man eine Fahrzeit von bis zu drei Stunden hin und zurück rechnen. Ausgenommen waren die Wochenenden, an denen nahmen Besucher die ganze Zeit von Horst mit geistigen Fragen in Anspruch. Sowohl an den Tagen mit Kursen als auch an den Wochenenden kamen wir selten vor Mitternacht ins Bett. Und am nächsten Tag wartete erneut ein angefüllter Arbeitstag.

Bisher war ich solch ein Arbeitspensum nicht gewohnt. Glücklicherweise blieb mir genug Zeit, um mich einzugewöhnen. Der Haushalt beanspruchte nicht den ganzen Tag. Während Horst schrieb, konnte ich mich zwischendurch ausruhen oder mich meinem Hobby, dem Malen, widmen.

In den Schulferien gab Horst keine Kurse. Meist war er dann auch so erschöpft, dass er dringend Urlaub benötigte. Im Juli 1986 verbrachten wir erholsame Wochen auf Sardinien. Horst flog mit seiner Cessna und drei Passagieren dorthin. Einige aus der Gruppe und ich kamen mit dem Auto nach. Wir wohnten wieder in dem „Geisterhaus", doch glücklicherweise wurden wir nicht mehr belästigt. Dieses Haus inspirierte Horst zu seinem amüsanten Märchen „Urzulei"[10], das von einer Hexe handelt, die nach Erlösung strebt. Was sie auf ihrer erlebnisreichen Suche nach dem erlösenden Elixier erfährt, ist für jeden Vorwärtsstrebenden hilfreich. Horst schrieb dieses Märchen in Versform. Zu jener Zeit konnte er fast jedem, der ihn um Rat fragte, mit einem Vers aus „Urzulei" antworten. Mich begeisterte diese Form der geistigen Hilfen derart, dass ich bald ganze Passagen auswendig konnte.

Das Schönste an unserem Urlaub auf Sardinien waren die Rundflüge. Einmal flog Horst mit mir und zwei weiteren Passagieren von Tortoli aus die Küste entlang nach Norden bis zum Capo Testa. Von oben vermittelte das glasklare Wasser den Eindruck, als würden die Boote in der Luft schweben. Lange flogen wir an der unberührten Steilküste entlang, die raue Schönheit der Landschaft im Kontrast zum smaragdgrünen Meer war atemberaubend. Mit dem Fliegen stieg nicht nur der Körper, sondern auch das Gemüt in lichte Höhen.

Auf der Heimreise durfte ich mitfliegen. Normalerweise war Horst auf zahlende Passagiere angewiesen, um wenigstens einen Großteil der Selbstkosten abzudecken. Nun, auf dem Rückweg, wurde ein Platz frei und daher kam ich in den Genuss, mich als Copilotin fühlen zu dürfen. Horst erklärte mir alle Instrumente und zeigte mir, wie das Flugzeug gesteuert wird. Es war interessant, das alles zu erfahren und daraufhin bewusst miterleben zu können, wie Horst das Flugzeug beherrschte. Jetzt konnte ich auch beurteilen, wie schnell er auf die kleinste Böe reagierte, sodass davon kaum etwas zu spüren war. In Lugano wollten wir landen, denn der Abend nahte. Horst gab mir die Anflugkarte in die Hände, ich sollte ihm sagen, ob der Anflug links oder rechts eines vor uns aufragenden Hügels stattfinden sollte. Nachdem ich die Karte mehrmals wendete und einmal die eine, dann lieber die andere Richtung für richtig erklärte, gab ich notgedrungen auf. Es war wohl doch nicht ganz so einfach, wie ich es mir vorstellte. Glücklicherweise wusste Horst den Anflug auswendig, er wollte mir nur eine Gelegenheit geben, mich nützlich zu machen.

Wenn ich wählen müsste, ob der Flug zur Zugspitze oder der Anflug auf Lugano mein schönstes fliegerisches Erlebnis war, käme ich arg in Verlegenheit. Wahrscheinlich würde Lugano gewinnen, zumal wir den Anflug kurz vor Sonnenuntergang erlebten. Das weiche, warme Abendlicht ließ die unter uns dahingleitende Landschaft, den See inmitten hoch aufragender Berge, noch friedlicher und bezaubernder wirken.

Am nächsten Tag sorgten ein wolkenloser Himmel und fast Windstille für einen unvergesslichen Weiterflug über die Alpen zurück nach Friedrichshafen.

Das war das letzte große, die Seele erhebende Erlebnis gewesen, bevor der Herbst und der Winter nahten und mit ihnen nicht nur die Natur immer stiller wurde, sondern auch ich selbst. Es war am Ende der kalten Jahreszeit, als ich den erschütternden, tiefen Zustand erreichte, den ich im letzten Kapitel beschrieben habe.

Anfang März spitzten die Schneeglöckchen aus dem noch leblos erscheinenden Boden, die Natur erwachte zu neuem Leben. Mir erging es nicht anders. Obgleich ich mein seelisches Gleichgewicht längst noch nicht wiedergefunden hatte, war ich glücklich über einen neuen Höhepunkt, der nun folgen sollte. Vom 5. bis 14. März 1987 war eine Gruppenreise zu Shree geplant.

Diese Reise besaß Ähnlichkeit mit meinem ersten Indienbesuch. Wir reisten nur zu Shree, ohne irgendwelche anderen Gebiete aufzusuchen. Es waren außerdem die einzigen beiden Male, bei denen Horst seinen Geburtstag in Indien feierte.

Gleich nach unserer Ankunft in Shivapuri konnten wir Shree sehen. Einmal mehr war ich überwältigt von seiner intensiven Ausstrahlung von Liebe und Demut. Auch nur ein einziges Mal in seinem Leben einem Gottesboten begegnen zu dürfen, ist ein unsagbares, unvergessliches Geschenk. Mir wurde es nun bereits mehrfach zuteil und jedes Mal berührte es mich zutiefst. Hingebungsvoll verneigte ich mich vor ihm und legte damit gleichzeitig mein ganzes inneres Sein zu seinen Füßen. Shree wusste, wie es in mir aussah - ich wollte mich ihm völlig übergeben.

Als ich aufsah, blickte Shree mir lange voller Liebe und Verständnis in die Augen. Ich konnte mich von diesem Blick kaum lösen und musste mich zwingen den Raum wieder zu verlassen. Wie Balsam wirkte dieses Darshan auf meine aufgewühlte Seele, alle Sorgen, aller Kummer schienen wie weggeblasen. Was zurückblieb, war eine tiefe, innere Ruhe.

Anschließend erzählte Horst mir, dass Shree, während ich mich verneigte, ständig abwechselnd ihn und mich angesehen habe. Eigentlich wollte Horst auf dieser Reise Shree von unserer Beziehung erzählen. Ohne eine Zustimmung würde er keine neue Ehe eingehen. Dafür hatte ich volles Verständnis. Nun entschloss sich Horst, Shree nicht direkt darauf anzusprechen, sondern alles mental an ihn abzugeben. Demzufolge kam die Antwort auch auf indirektem Weg.

Horst wurde von Shree meist durch Zeichen geführt. Äußere Begebenheiten, Träume oder besondere Zahlenkombinationen verbunden mit einem sicheren inneren Gefühl wiesen ihm den Weg. Darüber hat er ausführlich in seiner Autobiografie geschrieben. Auch die lange Zeichenserie, die nun folgte, ist dort im Detail beschrieben. Daher möchte ich hier nur erwähnen, dass wir durch viele außergewöhnliche Ereignisse gezeigt bekamen, dass Shree unserer Verbindung zustimmte, der Zeitpunkt für eine Eheschließung aber noch nicht gekommen war.

Der Höhepunkt der Reise war der Geburtstag von Horst. Er erhielt von Shree ein silbernes OM-Zeichen, das heiligste Symbol der Hindus. Eine weitere besondere Begebenheit war, dass Shri Vasant Paranjpe (s. Band II, Abb. 34) aus dem weit entfernten Kalkutta angereist kam, um Horst eine großartige Botschaft zu übermitteln.

Bevor ich davon berichte, soll eine kurze Beschreibung des großen Künders von Shrees Werk eingefügt werden. Bereits mehrmals hatte ich in Deutschland die Gelegenheit, Vasant, wie er von vertrauten Personen genannt wurde, zu begegnen. Vasant versäumte keine Minute seines Lebens, um seinem Auftrag gemäß den Fünffachen Pfad auf der gesamten Welt zu verbreiten. Shree bezeichnete ihn einst als sein Sprachrohr. Wenn er vor vielen Menschen vom Fünffachen Pfad berichtete, waren seine Worte stets kraftvoll und sicher, dabei jedoch auch humorvoll und warm. Man hatte das Gefühl, als würde es von selbst aus ihm sprechen. Obwohl Vasant sehr strikte Disziplinen einhielt und in späteren Jahren auch manchen weiterempfahl, strahlte er überhaupt nichts Fanatisches aus. Sprach er mit Horst, so geschah dies in größter Bescheidenheit, seine Augen leuchteten vor Zuneigung und seine Stimme wurde liebevoll und weich.

Vasant wurde, ähnlich wie Horst, von Shree auf jede Entfernung geleitet. Dies wurde heute wieder einmal sehr deutlich. Vasant wusste nichts von Horsts Geburtstag, sondern nur, dass heute der Tag war, an dem er eine bestimmte Botschaft weitergeben sollte, die er einst von Shree erfahren hatte. Der hauptsächliche Teil der Botschaft war folgender:

„Du (Horst) wirst einst in den Fußstapfen von Shree wandeln."

Schon häufig hatte Horst Zusagen und Versicherungen von Shree erhalten, die seine große Aufgabe, aber auch eine seiner Inkarnationen betrafen. Die Botschaft heute war eine erneute, tief ergreifende Bestätigung, welch hohes, göttliches Licht für ihn vorgesehen war. Nach wie vor musste Horst auf dieses Licht verzichten, denn der erste Teil seiner Aufgabe war noch nicht erfüllt.

Zeuge dieses Gesprächs war Minoo Khambatta, der normalerweise für unser Wohlergehen sorgte. Die ganze Reise über konnten wir mit jeglichem Anliegen zu ihm kommen und er tat sein Möglichstes, um alle unsere Wünsche zu erfüllen. Er kümmerte sich unter anderem darum, dass das Essen nicht zu scharf gewürzt wurde, wir spezielle, frische Butter erhielten und wir jedes Mal eine außergewöhnliche Nachspeise serviert bekamen. Hatten wir eine Frage, die er nicht direkt beantworten konnte, beispielsweise wie ein spezielles Mantra ausgesprochen wird, dann sorgte er dafür, dass sogleich jemand kam, der eine Antwort geben konnte. Ansonsten wird wohl allen Reiseteilnehmern Minoos hervorragende Erzählkunst in Erinnerung geblieben sein. Jeden Abend saßen wir beisammen und Minoo erzählte uns die erstaunlichsten Geistergeschichten, welche er mit seinen großen Händen gestenreich begleitete. Wenn es draußen dunkel wurde und das Licht ab und zu ausfiel, steigerte sich die unheimliche Stimmung um ein Vielfaches.

Minoo Khambatta gehörte zu den Personen, die schon lange bei Shree waren. Bereits zu Lebzeiten des Vaters von Shree hatte er für dessen Wohlergehen Sorge getragen. Minoo durfte Zeuge einiger interessanter Ereignisse sein, die sich in Gegenwart von Shree zugetragen haben. Auf diese Weise erfuhren wir an einem Abend folgende Geschichte:

Einmal kam ein junger Mann zu Shree und wollte ihm voller Inbrunst sein ganzes Leben übereignen. Shree sah den Übereifer des Mannes und erklärte ihm, mit dem Leben könne er nicht allzu viel anfangen. Er riet ihm jedoch, seine gesamten Haare abschneiden zu lassen. Da antwortete der Mann voller Entsetzen, dass dies unmöglich sei, was würden denn die Leute dazu sagen.

Mit dieser gezielten Bemerkung machte Shree dem jungen Mann deutlich, wie wenig er dazu in der Lage war, sein ganzes Leben Gott oder seinem Boten zu übereignen. Nicht einmal von seinem Haar konnte er sich trennen.

Auch für mich gab es auf dieser Reise eine Begebenheit, durch die mir gezeigt wurde, dass ich ebenfalls noch weit davon entfernt war, mich dem göttlichen Willen, der durch seine Boten zum Ausdruck kommt, unterzuordnen.

Zu einer Mahlzeit gab es unter anderem kleine Brote. Den vegetarischen Aufstrich hatten wir zum Teil selbst mitgebracht, weil er in Indien nicht zu bekommen war. Horst bat mich ihm eines der Brote zu bestreichen. Liebevoll tat ich dies. Die Scheiben waren so klein, dass man sie mit zwei oder drei Bissen aufessen konnte. Horst lobte ihren ganz besonderen Geschmack und wie liebevoll ich sie bestrichen hätte. Schon wollte er von mir noch eine fertige Scheibe. In mir breitete sich erster Widerstand aus.

„Auf den Trick mit dem Lob falle ich nicht herein, er will sich nur von mir bedienen lassen",

dachte ich mir und die Liebe beim Zubereiten schwand merklich. Kaum überreichte ich ihm die fertig gestrichene Scheibe, war sie auch schon gegessen.

„Streichst du mir bitte noch eine?",

bat Horst mich mit einem liebevollen Lächeln. Mein Widerstand wurde größer. Womöglich verlangte er von mir von nun an immer, dass ich ihm die Brote strich. Dann kam ich selbst nicht mehr zum Essen und würde vielleicht irgendwann sogar hungern müssen. Außerdem wollte ich mich keinesfalls von ihm ausnutzen lassen. Da die gesamte Reisegruppe gemeinsam beim Essen saß, konnte ich zu Horst keine Bemerkung machen, ohne dass sie die anderen auch gehört hätten. Daher schwieg ich, zog aber meine Mundwinkel kräftig nach unten, als ich ihm das nächste Brot überreichte. Er tat so, als würde er es nicht bemerken, und nach dem Verzehr sagte er zu mir:

„Mein Hunger ist heute außergewöhnlich groß, wie gerne hätte ich noch eine Scheibe."

Es folgten nicht nur eine, sondern mehrere zu streichende Scheiben. Am Schluss war ich davon überzeugt, dass ich heute hungern müsste, denn ich hatte selbst bisher fast gar nichts zu mir genommen. Auch wollte ich Horst bei nächster Gelegenheit klarmachen, dass ich nicht vorhatte mich von ihm ausnutzen zu lassen.

Meine Gedanken lagen jedoch offenbar so offen vor ihm wie in einem aufgeschlagenen Buch. Mit der größten Liebenswürdigkeit sorgte er dafür, dass von den Speisen nichts abgeräumt wurde und das Mahl erst als beendet galt, nachdem ich ihm mehrmals versichert hatte, absolut gesättigt zu sein.

Damit rüttelte er kräftig am Fundament meines Widerstandes. Als ich abends im Bett lag, ließ ich die ganze Situation noch einmal vor meinem inneren Auge passieren. Plötzlich schämte ich mich derartige Gedanken gehabt zu haben. Wie kam ich überhaupt darauf? Ich forschte in mir nach und bemerkte, dass dies eigentlich gar kein typisches Gedankengut von mir war. Normalerweise war ich sehr gerne für Horst da und freute mich, wenn ich etwas für ihn tun konnte. Wie also kam ich auf eine solche Gesinnung? Immer tiefer tauchte ich in mir ab und entdeckte Erstaunliches:

Während meiner Jugendzeit wurde ich häufig mit dem Gedankengut konfrontiert, dass sich eine Frau nichts gefallen lassen solle; bediente man andere, so galt man als einfaches Hausmütterchen. Selbstständig denkende Frauen standen selbstbewusst in ihrem Leben, Nachgiebigkeit galt als Schwäche. Diese Gedanken waren bei mir offensichtlich auf fruchtbaren Boden gefallen und hatten sich in meinem Unterbewusstsein festgesetzt.

Durch die Begebenheit in Shivapuri förderte Horst meinen weiblichen Widerstand zutage. Solch eine Gesinnung entspricht jedoch nicht der Einstellung eines geistig strebenden Menschen. Niemals könnte man damit Gott dienen. Sofort nahm ich mir deshalb vor, auf meine Gedanken besser achtzugeben. Die nächsten Brotscheiben würde ich alle mit größter Liebe bestreichen. Aber Horst hatte mit einem Mal keinen Bedarf mehr, selbst als ich ihm meine Hilfe fast aufdrängen wollte. Er zeigte mir dadurch, wie viel meine Hilfe wert war: Ich konnte dankbar sein, wenn sie überhaupt jemand von mir annahm. Zu einer späteren Gelegenheit sagte Horst einmal:

„Wer all seine Handlungen Gott widmet, kann niemals ausgenutzt werden. Es geht einem nichts verloren."

Immer öfter beschäftigte ich mich nun damit, wie sich eine gute Ehefrau verhalten sollte. Da ich erfahren hatte, dass Horst einst in den Fußstapfen von Shree wandeln würde, und ich mir nichts sehnlicher wünschte, als für immer an seiner Seite zu sein, wollte ich eiligst alles lernen, was für eine gute Ehefrau notwendig ist. Wenn sich mir die Gelegenheit bot, dann beobachtete ich Jaganmata Sharda, die Lebensgefährtin von Shree, die liebevoll Vahini genannt wurde. Wir bekamen sie nur selten zu sehen, weil sie sehr zurückgezogen lebte. An unserem Ankunftstag hatten wir uns zur Begrüßung einige Minuten bei ihr aufgehalten. Manchmal sah man sie auch, wenn Shree für kurze Zeit Shivapuri verließ und sie ihn begleitete.

Vahini war eine Frau, die allergrößte Zufriedenheit und inneres Glück ausstrahlte. Ihr Körper wirkte geschmeidig, obwohl sie sicherlich keinerlei Sport betrieb. Die Stimme war nicht laut, aber doch kräftig und sicher. Vahini hielt sich meistens sehr im Hintergrund, man hatte allerdings den Eindruck, als verfüge sie über eine enorme Energie und absolute innere Sicherheit. Ich stellte mir vor, wie sie wohl reagieren würde, wenn man ihr die Führung eines Regiments anvertraute. Wahrscheinlich würde sie sagen: „Wenn es Gott so will", und dann käme ihre große innere Kraft zum Vorschein. Genau dieser Gegensatz faszinierte mich: diese spürbare, lichtvolle Energie, die sich in ihr verbarg und die sie in aller Bescheidenheit völlig ihrem Gemahl unterordnete. Ihre Hingabe an ihn war so vollkommen, dass allein darin ihr ganzes Glück und ihre gesamte Freude zu liegen schienen. Kein noch so gewaltiger äußerer Umstand hätte ihr wohl mehr geben können.

Das Verhalten von Vahini spiegelte eine göttliche Eigenschaft wider, die mir fremd war und die mich ganz und gar faszinierte. Wie war es möglich, sich derart im Hintergrund zu halten, womöglich seine Meinung nicht immer kundzutun und dabei so glücklich und zufrieden zu sein? War es möglich, dieses Verhalten auch bei uns im Westen zu leben? Auch wenn ich mir wünschte wenigstens einen Teil davon zu können, wusste ich doch, dass ich weit davon entfernt war. Wenn ich mich unterordnete, freute ich mich keineswegs darüber. Es kostete mich jedes Mal große Überwindung. Mit meiner inneren Lichtenergie war es ebenfalls nicht weit her, manchmal hätte ich die Kraft in mir eher noch als Widerstand bezeichnet. Aber der Eindruck, den Vahini in meiner Seele hinterließ, blieb unauslöschlich. Ich wusste nun, wie mein Ziel als Ehefrau aussah. Ohne Frage lag noch ein langer Weg vor mir.

Zurück in Deutschland durfte ich mich bald darauf wieder mit meinen unbewältigten Schattenseiten beschäftigen. Nach den inspirierenden und motivierenden Eindrücken in Indien war ich nun erfüllt von einer neuen Energie und gutem Willen. Es dauerte daher nicht lange, bis sich die ersten Lösungswege zeigten. Um sie zu beschreiben, bedarf es einer Vorgeschichte:

Seit fast zwei Jahren beschäftigte sich Horst mit dem Gemälde „Das Abendmahl" von Leonardo da Vinci, dessen Geheimnisse er nach und nach entschlüsselte. Dieses Wissen sollte später zwei großformatige Bücher [12,13] füllen. Bestimmt ist es für den Leser interessant, wie diese entstanden. Obwohl sich Horst Stapel von Büchern über Leonardo da Vinci aus der Bücherei besorgte und sie im Schnelltempo durcharbeitete, versicherte er sich damit lediglich, nichts Wesentliches von dem bereits Veröffentlichten zu wiederholen. Als er anfing, wusste er noch nicht viel über das Gemälde. Sicher war für ihn nur, dass er darüber schreiben sollte. Und so begann er zuerst damit, zu notieren, was ihm auffiel. Es waren dies die vier Dreiergruppen der Apostel, die ihn an die Einteilung der Tierkreiszeichen erinnerten. Deren sichere Zuordnung erfuhr er erst, nachdem er mit dem Schreiben begonnen hatte. Diese Handlungsweise von Horst, eine Arbeit zu beginnen, sobald er davon überzeugt war, dass sie zu seiner Aufgabe gehörte, ohne jedoch zu wissen, wohin sie ihn führen würde, war für ihn typisch. Er betonte immer wieder, wie wichtig dies ist, wenn man für Gott eine Arbeit übernimmt:

„Wenn man von oben einen sicheren Impuls bekommt, etwas zu tun, sollte man sofort losmarschieren. Wohin die Reise geht, wird man zur richtigen Zeit schon erfahren."

Genau so erging es Horst beim Schreiben. Das auch für ihn neue Wissen wurde ihm jeweils zum richtigen Zeitpunkt eingegeben. Er musste dazu zu keinem Moment nachgrübeln. Zuerst war immer das Wissen da, erst danach wurde es mit dem Intellekt untersucht und größtenteils mathematisch bewiesen.

Natürlich sprachen wir sehr viel über die neuen Erkenntnisse, zum Beispiel die Einteilung der Apostel in die Tierkreiszeichen. Dabei wurde offensichtlich, dass ich nicht die geringste Ahnung von Astrologie, geschweige denn von den vier Elementen hatte. Bisher hatte ich mich kaum damit beschäftigt, weil mir dieses Wissen als zu umfangreich erschien. Durch die Gespräche mit Horst und die Beschreibungen in seinen Büchern über das Abendmahl durfte ich jedoch erkennen, dass der Grundaufbau der Astrologie leicht zu erfassen ist. Die Grundlage davon – die vier Elemente - ist für das Voranschreiten auf dem geistigen Entwicklungsweg eine ungemein wertvolle Hilfe. Horst hielt mich daher an, mir dieses Wissen anzueignen, was auch noch aus folgendem Grund geschah: Er sah, welche Schwierigkeiten ich damit hatte, mir meine Schattenseiten einzugestehen, und noch viel mehr damit, sie zu beheben. Deshalb empfahl er mir, einen sogenannten „Seelenspiegel" anzufertigen.

Dieser Seelenspiegel sieht wie folgt aus: Man schreibt auf, wie man auf eine markante Situation positiv reagiert hat, und notiert eine weitere, auf die eine weniger gute Reaktion folgte. Wichtig ist es, das Verhalten im ersten Moment zu registrieren, das bedeutet, noch bevor der Intellekt sich einschalten kann. Mit der Zeit erhält man eine Liste, aus der erkennbar wird, dass sich manche Verhaltensweisen laufend wiederholen. Diese werden daraufhin den Elementen zugeordnet. Je nach Häufigkeit kann man daraus erkennen, welches am stärksten, welche weniger stark und welches am schwächsten ausgeprägt ist.

Ohne lange überlegen zu müssen, begann ich mit dem Aufschreiben mehrerer markanter Eigenschaften, die mir inzwischen bewusst geworden waren. Daneben begann ich mich mit den vier Elementen zu beschäftigen. In Büchern über Astrologie konnte ich darüber lesen. Es gab auch andere spirituelle Bücher, in denen manches zu finden war, wenngleich nicht immer sehr fundiert. Da unsere Welt auf diesen vier Grundprinzipien aufgebaut ist, müssen sie sich auch in jedem geistigen Wissen wiederfinden lassen. Meine neuen Kenntnisse wurden von Horst ergänzt, indem er mir erklärte, was ich noch nicht verstand oder in den Büchern nicht erwähnt wurde. In Kurzform möchte ich im Folgenden die Elemente in Bezug auf ihre Wirkungsweise im Menschen beschreiben.

### Das erste und feinste Element ist das Feuer-Element

Es wirkt aktiv und findet im Menschen eine Entsprechung im Temperament des Cholerikers. Im Volksmund wird hier oft von einem hitzigen oder feurigen Menschen gesprochen.

Im Positiven wirkt es als Vitalität, Wärme, analytisches Denken, Begeisterung, Mut, Tatkraft usw.

Gerät dieses Element aus dem Gleichgewicht, so kann es in Reizbarkeit, Wut, Eifersucht, Unbeherrschtheit, Aggressivität usw. eine Auswirkung finden.

Probleme löst ein Mensch mit überwiegendem Feuer-Element hauptsächlich durch Überlegung, er wird vor allem mit dem Intellekt nach einer Lösung suchen.

Hat jemand absolute Beherrschung dieses Elementes erlangt, so ist es ihm möglich, höchste, göttliche *Liebe* zu erleben.

Liebe wird im Volksmund oft mit einem brennenden, heißen Feuer verglichen und in Liedern auf diese Weise besungen.

*

Der Gegenpol des Feuer-Elements ist das Wasser-Element

Es wirkt passiv und findet im Menschen eine Entsprechung im Temperament des Melancholikers.

Im Positiven wirkt es als Gefühlsstärke, Warmherzigkeit, Bescheidenheit, Zartheit, Ruhe usw.

Gerät dieses Element aus dem Gleichgewicht, so kann es in Weinerlichkeit, Selbstmitleid, Nachgiebigkeit, Schüchternheit, Trotz usw. eine Auswirkung finden.

Probleme wird ein Mensch mit überwiegendem Wasser-Element hauptsächlich über sein Gefühl und sein Verständnis für andere lösen.

Hat jemand absolute Beherrschung dieses Elementes erlangt, so ist es ihm möglich, höchstes, göttliches *Glück* zu erleben.

Die sprichwörtlichen „Glückstränen" weisen bereits auf Wasser hin.

*

Ein drittes Element ist das Luft-Element

Es wirkt aktiv und findet im Menschen eine Entsprechung im Temperament des Sanguinikers. Es ist ein verbindendes Element. Im Volksmund spricht man vom „Luftikus".

Im Positiven wirkt es als Leichtigkeit, Fröhlichkeit, Unbeschwertheit, Gutherzigkeit usw.

Gerät dieses Element aus dem Gleichgewicht, so kann es in Nachlässigkeit, Nervosität, Verschwendung, Leichtsinn, Vergesslichkeit, Prahlerei usw. eine Auswirkung finden.

Probleme wird ein Mensch mit überwiegendem Luft-Element dadurch zu lösen versuchen, dass er ihnen aus dem Weg geht, ihnen wenig Beachtung schenkt, ihnen davonläuft, sie überspielt.

Hat jemand absolute Beherrschung dieses Elementes erlangt, so ist es ihm möglich, höchste, göttliche *Freude* zu erleben.

Die Beziehung zur Luft wird durch die sogenannten „Freudensprünge" deutlich.

*

Das vierte Element ist das Erd-Element

Es wirkt passiv und findet im Menschen eine Entsprechung im Temperament des Phlegmatikers. Es bildet den Gegenpol zum Luft-Element und vereinigt in sich die drei anderen Elemente.

Im Positiven wirkt es als Seriosität, Beständigkeit, Ausdauer, Gewissenhaftigkeit, Verantwortungsgefühl usw.

Gerät dieses Element aus dem Gleichgewicht, so kann es in Trägheit, Schläfrigkeit, Faulheit, Schwermut, häufiger Unzufriedenheit usw. eine Auswirkung finden.

Probleme wird ein Mensch mit überwiegendem Erd-Element so angehen, dass er sich zunächst nur einem widmet, diesem auf den Grund geht und ausdauernd so lange nach einer Lösung sucht, bis sie gefunden ist.

Hat jemand absolute Beherrschung dieses Elementes erlangt, so ist es ihm möglich, höchste, göttliche *Zufriedenheit* zu erleben.

*

Wenn die Elemente im sichtbaren Bereich beherrscht werden, sind sogenannte Wunder möglich. Das Feuer-Element entspricht der Wärme. Mit der Beherrschung dieses Elements sind Phänomene erklärbar wie jene von Yogis, die barfuß im Schnee laufen und in deren Umgebung der Schnee sogar schmilzt. Das Luft-Element entspricht der Leichtigkeit, nach langwierigen Übungen kann damit Levitation erreicht werden. Das Wasser-Element entspricht der Kühle. Über Feuer zu laufen ist durch seine Beherrschung möglich. Das Erd-Element entspricht der Schwere und Dichte. Mit ihm kann Unverletzlichkeit erreicht werden.

Oft wird ein weiteres Element, Akasha genannt, aufgeführt. Es ist das Urelement, aus dem alles hervorgegangen ist und erschaffen wurde. Aus ihm entstanden die vier anderen Elemente.

In der Astrologie werden die vier Elemente noch feiner unterteilt. Jedes wirkt einmal auf der geistigen, einmal auf der seelischen und einmal auf der körperlichen Ebene – dies ist entsprechend bei den zwölf Tierkreiszeichen. Für den „Seelenspiegel" ist eine solche Unterteilung nicht notwendig.

In jedem Menschen wirken alle vier Elemente, jedoch unterschiedlich stark. Werden sie in ein harmonisches Verhältnis gebracht, so fühlen wir uns wohl und zufrieden.

Viele Menschen versuchen unbewusst den Elemente-Ausgleich über den Partner herzustellen. Manchmal wird man feststellen, dass zum Beispiel ein Mann, bei dem hauptsächlich das Feuer- und das Erd-Element vorherrschen, sich eine Frau aussucht, in der das Wasser- und das Luft-Element verstärkt wirken. Das ist gut so, denn über die Liebe, die beide Menschen verbindet, werden sie immer wieder versuchen, den anderen zu verstehen. Damit lernen sie gleichzeitig die in ihnen schwächer wirkenden Elemente kennen. Leider wird diese enorme Lernchance oft vertan. Statt sich etwas von der fremdartigen Lebensphilosophie des Partners abzuschauen, wird dagegen angekämpft. Das liegt oftmals daran, dass z. B. ein Mensch mit hauptsächlich Feuer-Element nicht verstehen kann, dass man vor einem Problem davonläuft oder deswegen in Tränen ausbricht. Jemand mit überwiegend Wasser-Element wird nichts schlimmer finden, als wenn plötzlich laut geschimpft wird. Das sind aber Reaktionen, die ein und dasselbe ausdrücken: Man kommt mit einer bestimmten Situation nicht zurecht und weiß im Moment keinen Ausweg. Mit etwas Verständnis kann man nicht nur sich, sondern auch anderen über solche Situationen hinweghelfen, indem man mit dem Verhalten des Gegenelements oder mit der positiven Seite des zutage tretenden Elements reagiert.

Mein „Seelenspiegel" wuchs mehr und mehr. Horst betonte, dass man niemandem Einblick in ihn geben sollte. Ich hielt mich daran, wenngleich ich überzeugt war, dass er mein Inneres besser kannte als ich selbst. Meine Eigenschaften waren leicht einzuteilen: Jede Menge Wasser-Element, das bislang vorherrschende Luft-Element hatte ich inzwischen gänzlich unterdrückt. Die Folge davon war, dass ich in mir nicht nur die negativen Seiten dieses Elements, sondern auch die positiven beiseitegeschoben hatte.

Dieses nüchterne Betrachten meiner Eigenschaften barg einen unbeschreiblichen Vorteil in sich. Bisher hatte ich mich mit all meinen Fehlern identifiziert, es ging bis dahin, dass ich dachte, einer der schlechtesten Menschen zu sein. Nun sah ich jedoch alles aus einer gewissen Distanz. Wenn ein Element überquillt, dann ist man noch lange kein schlechter Mensch. Jetzt erkannte ich auch, dass es nicht sinnvoll ist, ein zu starkes Element zu unterdrücken. Die richtige Lösung bestand darin, das Gegenelement mehr zu aktivieren.

Mit einem Mal tat sich ein neuer Horizont im Bewältigen meiner Schattenseiten auf. Wenn ich bisher oft traurig war oder gar in Tränen ausbrach, versuchte ich mich nun zu beherrschen und überlegte, wie sich das Feuer-Element, das in meinem Fall den Gegenpol bildete, verhält. Richtig, keine seelischen Emotionen aufkommen lassen, das Problem nüchtern untersuchen und schon waren keine Tränen mehr notwendig.

Das Luft-Element bekam ich auf eine andere Weise wieder aktiviert. In den Meditationsstunden erzählte Horst manchmal, dass man gewisse Eigenschaften verstärken kann, indem man sie, vor allem während der Meditationsübung, häufig wiederholt. Die göttliche Entsprechung des Luft-Elements ist die Freude. So oft wie möglich hielt ich nun dieses Wort in meinem Bewusstsein fest und in kürzester Zeit konnte ich wieder Freude empfinden. Gleichzeitig gab ich darauf acht, dass meine Vergesslichkeit und mein Freiheitsdrang nicht noch einmal zu stark anstiegen.

Man kann den Elemente-Ausgleich auch über spezielle Atemübungen oder andere Methoden herstellen, jedoch sind manche dieser Übungen nicht ganz ungefährlich. Jegliche Stauung ist zu vermeiden. Außerdem erfolgt damit keine Beherrschung eines Elements oder einer Eigenschaft, es ist lediglich eine kurzzeitige Harmonisierung dadurch möglich. Wer auf dem geistigen Entwicklungsweg ernsthaft vorwärtsschreiten will, wird sich deshalb mit solchen Methoden nur im Notfall aufhalten.

Begeistert von meinem neuen Wissen wollte ich nun jemanden in meiner engsten Umgebung in die Elemente einordnen. Horst war ein naheliegendes Opfer. Zuerst empfand ich es als sehr einfach. So gewissenhaft und verantwortungsbewusst, wie er war, konnte es sich nur um ein Erd-Element handeln und seine nüchterne Unterscheidungskraft und außergewöhnliche Energie konnten wohl nur dem Feuer-Element zugehören. Für mich bildete er meinen idealen Ausgleich.

Als ich ihn daraufhin länger beobachtete, merkte ich jedoch, dass er sich nur mir gegenüber so verhielt. Kam jemand mit schweren, trüben Gedanken, der seinen Rat suchte, dann verwandelte er sich plötzlich in das reinste Luft-Element oder er reagierte auf jemanden, der gerade außer sich war, mit größtem Verständnis. Bisweilen änderte er sein Verhalten mir gegenüber ebenfalls plötzlich. Horst war diesen Elemente-Kräften nicht hilflos ausgeliefert, er musste sie auch nicht ausgleichen, er stand ganz einfach darüber. Er jonglierte mit ihnen, wie es im jeweiligen Moment notwendig erschien. Ich brauchte einige Zeit, um dies herauszufinden. Bis dahin war ich manchmal völlig verzweifelt, weil sich Horst nicht einordnen ließ. Wenn ich dachte, ich wüsste nun, wie er sei, verhielt er sich auf eine Weise, dass es nicht in mein Schema passte. Mit der Zeit gab ich es schließlich auf, ihn auch nur irgendwie irgendwo eingliedern zu wollen. Ich hatte keinerlei Erfolg damit. Horst zeigte mir damit unter anderem, dass es vor Gott unwichtig ist, welches Temperament ein Mensch besitzt. Wichtig ist, seine Eigenschaften nach und nach zu veredeln, um sie schließlich beherrschen zu können.

Vom Beherrschen konnte bei mir noch keine Rede sein. Ich freute mich darüber, die ersten kleinen Erfolge im Überlisten meiner hervorstechendsten Eigenschaften verzeichnen zu können. Allerdings war meine erste Reaktion häufig schneller, als dass ich beherrschend eingreifen konnte. Wie sollte ich das nur ändern? Eine weitere Analyse meines Innenlebens wurde notwendig.

Wer bin ich? Wer regiert und wer reagiert in mir? Wer ist schneller als was?

Im Studium der vier Elemente war dies nicht zu klären. Die ersten Hinweise zur Lösung waren indes schon gegeben, noch bevor ich die Frage zu Ende formuliert hatte. In den Hatha-Yoga- und Meditationsstunden lernte ich die Beziehung zwischen Körper, Seele und Geist kennen. Von diesen Kursen werde ich im nächsten Kapitel berichten.

## *Yoga- und Meditationskurse*

Bevor ich über meine Erfahrungen in den Hatha-Yoga- und Meditationskursen schreibe, möchte ich berichten, auf welche Art Horst die Kurse gab und welches Wissen er hauptsächlich vermittelte.

In Indien gibt es verschiedene Yoga-Systeme. Sie alle haben zum Ziel, die Vereinigung mit dem Göttlichen zu erreichen. Beim Hatha-Yoga geschieht dies über Körper- und Atemübungen. Für die Meditation werden vor allem Konzentrationsübungen gewählt. Weitere Yoga-Wege sind z. B. der Karma-Yoga (rechtes, selbstloses Handeln) oder der Bhakti-Yoga, der Weg über die Liebe und Hingabe zu Gott. Beim Jnana-Yoga wird das Ziel über Unterscheidungskraft und Weisheit erreicht. Horst vermittelte mir Einblicke in alle Pfade, öffentlich unterrichtete er jedoch nur Hatha-Yoga und Meditation.

Horst lernte den Hatha-Yoga zunächst bei drei indischen Yogis, später besuchte er noch einige weitere Yoga-Lehrer. Von einem dieser Yogis erhielt er den Auftrag, Hatha-Yoga zu lehren. Normalerweise wurden die Körperübungen (Asanas) relativ schnell durchgeführt. Horst hatte die Eingebung, dass dies nicht dem wahren, ursprünglichen Yoga entspricht, welcher der geistigen Weiterentwicklung dient. Deshalb lehrte er einen eigenen, vergeistigten Yoga-Stil. Dabei werden alle Bewegungen langsam und sehr bewusst durchgeführt. Übungen, die eine extreme Gelenkigkeit erfordern, ersetzte er durch zwei oder drei einfachere und erzielte dadurch ähnliche Wirkungen. Dadurch ist es für Menschen jeder Altersstufe und Beweglichkeit möglich, Hatha-Yoga zu üben.

Beim Hatha-Yoga, so wie Horst ihn lehrte, werden Körper, Seele und Geist gleichermaßen trainiert. Übt man langsam und richtet dabei seine Konzentration nach innen, ist es möglich, sich der drei Ebenen bewusst zu werden. Folgendes spielt sich beim Übenden während einer Asana ab, wenn er bereits über etwas Erfahrung verfügt:

Zuerst ist der Wille notwendig, der dem Körper befiehlt zum Beispiel eine bestimmte Drehung langsam und gleichmäßig auszuführen. Läuft dieser Befehl bewusst und kontrolliert ab, so entspricht dies der Geistesebene. Anschließend fühlt man die harmonische Bewegung und empfindet ihre wohltuende Wirkung. Das ist analog der Seelenebene. Dann konzentriert man sich auf den Körper. Nach einiger Übung wird man feststellen, dass der Körper die gesamte Drehung ganz von allein ausführt. Es war nur ein einziger Befehl aus der Geistesebene dafür notwendig.

Dieses Sich-Beobachten bei sämtlichen Asanas macht einen großen Unterschied zwischen Hatha-Yoga und Gymnastik aus. Zusätzlich sind die Yoga-Übungen so abgestimmt, dass sie alle Körperbereiche und Organe günstig beeinflussen und damit zu ganzheitlicher Gesundheit verhelfen. Das ganz Besondere jedoch ist, dass beim Hatha-Yoga eine subtile, mächtige Kraft, die an der Wirbelsäulenbasis ruht, sanft angeregt wird. Sie wird Kundalini genannt, was übersetzt Schlangenkraft bedeutet. Ihre Anregung bewirkt nicht nur eine Steigerung der Lebenskraft, sondern man kann darüber hinaus auch lichtvolle Erfahrungen bis hin zur Gotteserfahrung erreichen.

Oft ist bereits nach wenigen Wochen Übung eine Veränderung im Menschen zu bemerken. Wahrscheinlich wird eine gesteigerte Energie oder mehr Ruhe und Ausgeglichenheit das erste Resultat sein. Beobachtet man seinen Körper bei den Übungen, so erlangt man mit der Zeit einige anatomische Kenntnisse. Während der kurzen Entspannungsphasen nach jeder Übung können nicht nur die Muskeln, sondern auch die jeweils angesprochenen Organe angenehm gefühlt werden.

Bei den Gleichgewichtsübungen, bei denen man abwechselnd auf einem Bein steht, stellte Horst als erste Frage, warum bzw. wann der Körper zu kippen beginnt. Hier ist ebenfalls ein intensives Beobachten des Innenlebens notwendig. Beinahe jeder konnte dabei feststellen, dass das Gleichgewicht nicht zu halten war, wenn sich die Gedanken änderten oder wenn die Einatmung schnell zur Ausatmung bzw. umgekehrt überging. Diese beiden Tatsachen sind insofern interessant, als der Yogi daraus den Schluss zieht, dass durch Gedanken- und Atemkontrolle nicht nur äußeres, sondern auch inneres Gleichgewicht hergestellt werden kann.

Die Atemübungen nehmen einen bedeutsamen Teil des Yoga ein. Horst unterrichtete sie sowohl in den Hatha-Yoga- als auch in den Meditationskursen. Wenn man zur Gedankenkontrolle übergeht, ist dies bereits der Anfang für Meditationstechniken.

Horst lernte diese bei Swami Hariharananda Giri, einem Mönch, der Selbstverwirklichung erreicht hatte und damals in Puri, Indien, lebte. Es ist die gleiche Meditationstechnik, die Paramahansa Yogananda [17] anwendete. Nachdem Horst tiefste Meditation, das Sich-Auflösen im göttlichen Lichtstrom, erlebt hatte, erhielt er von Swami Hariharananda den Auftrag, öffentlich Meditation bis zu einer bestimmten Stufe zu lehren.

Eine wichtige Voraussetzung, um den Zustand der Meditation zu erreichen, ist, die Gedanken zu beherrschen. Doch wie bringt man diese zur Ruhe? Horst ließ jeden Teilnehmer versuchen seine Gedanken zu unterdrücken. Schnell wird man feststellen, dass dies nur sehr kurze Zeit möglich ist. Die bessere Methode besteht darin, sich ganz und gar passiv zu verhalten. Man stellt sich vor, es gäbe ein Gedankenmeer, in dem alles enthalten ist, was je gedacht wurde oder in Zukunft noch gedacht werden wird. Hat man zum Beispiel ein Problem, so wird man magnetisch und zieht aus diesem Meer einen Gedanken an. Indem man versucht völlig neutral zu bleiben, kann man alle Gedanken, als wenn sie von jemand anderem wären, an sich vorbeiziehen lassen.

Gedanken und Gefühl korrespondieren miteinander. Denkt man zum Beispiel an einen schönen Urlaub, wird augenblicklich ein angenehmes Gefühl entstehen. Wenn Gedankenstille erreicht wird, gleicht unser Inneres einem stillen See, in dem nicht das leiseste Kräuseln zu sehen ist. In dieser glatten Oberfläche kann sich das göttliche Licht klar und deutlich spiegeln; richten wir unser Bewusstsein darauf, so geht unsere Seele im himmlischen Glanz auf.

Um die Konzentration zu erleichtern, wird ein Punkt am Körper gewählt, auf den man seine ganze Aufmerksamkeit richtet. Verschiedene Meditationssysteme verwenden dazu unterschiedliche Stellen. Sie alle korrespondieren jedoch mit einem Aspekt Gottes. Manchmal wird mit den Händen eine Mudra-Haltung eingenommen. Das sind Fingerstellungen, die es ebenfalls erleichtern, mit einem Aspekt Gottes in Verbindung zu treten.

Der Atem spielt eine außerordentlich wichtige Rolle, will man Meditation erreichen. Horst erklärte, dass nicht umsonst Engel, also himmlische Wesen, mit Flügeln dargestellt werden. Die einzigen Flügel, die der Mensch besitzt, sind die Nasen- und Lungenflügel. Verharrt man im Zustand tiefster Meditation – Samadhi –, dann wird der Atem so langsam, dass er von anderen nicht mehr wahrzunehmen ist. Ebenso gleicht sich der Herzschlag dem Verhalten des Atems an. Atem und Herzschlag sind die einzigen beiden Zwänge, denen der Körper ständig unterworfen ist, ohne die er nicht bestehen kann. Wird der atemlose Zustand bei vollem Bewusstsein erreicht, erfährt man, was himmlische Freiheit und Seligkeit bedeuten. Horst erlebte diesen und höhere Zustände oft.

Während der Meditationsübung wird dem Atem insofern Beachtung geschenkt, als man ihn zwanglos beobachtet. Neben einer weiteren Technik sollte man möglichst immerzu fühlen, dass es Gott ist, der den Menschen atmen lässt. Auf diese Weise kann man sein Bewusstsein über einen langen Zeitraum auf unseren Schöpfer lenken.

Eine andere Technik ermöglicht es, den sogenannten OM-Sound zu hören. Gottes Widerspiegelung auf Erden kann u. a. als Licht, als Ton oder als Schwingung wahrgenommen werden. Der kosmische Klangstrom, wie der OM-Sound auch genannt wird, kann meist recht bald über einige Vorstufen gehört werden. Es hört sich an wie eine Hummel aus weiter Entfernung, wie Glöckchen, wie eine Brandung, ein sehr hoher Ton oder Ähnliches, immer an- und abschwellend. Nimmt man eine dieser Vorstufen wahr, entsteht gleichzeitig eine gehobene Stimmung im Menschen. In der christlichen Religion wurde mit Engelssingen mit großer Wahrscheinlichkeit der OM-Sound beschrieben. Wer ihn nicht nur in seinen Vorstufen, sondern in seiner Gesamtheit wahrnimmt, befindet sich augenblicklich im Zustand hoher Glückseligkeit - eine der Stufen der Meditation.

Die Schwingung, welche man während des Meditierens als eine Ausdrucksform Gottes wahrnimmt, kann nur schwer erklärt werden. Erlebt man sie, dann weiß man jedoch sofort, dass es diese Schwingung ist. Es ist ein äußerst angenehmes Gefühl, ein leises Vibrieren, als ob die Atome sich schneller bewegen würden. Wie gesagt, wenn man es erlebt, weiß man sofort, was gemeint ist.

In der vierten Meditationsstunde eines Kurses gab Horst eine erste Technik weiter, welche die Kundalini oder Schlangenkraft, die an der Basis der Wirbelsäule ruht, direkt anregt. Techniken wie diese sollten nur von Lehrern weitergegeben werden, die ihre Schüler beobachten und notfalls eingreifend zur Seite stehen können. Die Kundalini darf erst aufsteigen, wenn alle feinstofflichen Unreinheiten, die ihr im Weg stehen, beseitigt sind. Übt man Meditation unter der Aufsicht eines Meisters, dann geschieht dieser Vorgang langsam und gefahrlos.

Es gab noch einige weitere Techniken mehr, die Horst lehrte. Diese sollten jedoch nur von einem Lehrer direkt an den Schüler weitergegeben werden und es wäre keineswegs verantwortungsvoll, darüber zu schreiben.

Je nachdem wie viel und ernsthaft jemand meditiert, kann er selbst steuern, was er erreichen möchte. Von besser schlafen und träumen, ruhigeren Nerven, mehr Energie, Ausgeglichenheit, innerer Stille bis zu wahrem Gotterleben ist alles möglich. Horst berichtete von den unvorstellbaren Herrlichkeiten, die es zu erleben gibt:

„In Meditation kann man glückselige Zustände erleben, die jegliche Vorstellung übersteigen; eine grenzenlose Freiheit und endloser Friede, tiefgründiges höchstes Wissen und, wenn man demütig bleibt, so große Macht und Stärke, dass sie die Grenzen der kühnsten Fantasie sprengen. All das ist nur ein Bruchteil, denn das eigentlich zu Erlebende ist nicht mehr zu beschreiben."

Durch das Praktizieren von Meditationsübungen ändert sich die Energie im Körper. Die Chakras und Zentren, welche uns mit Lebenskraft versorgen, nehmen im Normalfall graue Vitalität auf. Die sieben Chakras sind blütenkelchähnliche Gebilde am Ätherleib des Menschen, die Energie ansaugen und diese an die dazugehörigen Zentren weiterleiten.[12] Mit fortlaufender Übung wird immer mehr weiße, vielleicht sogar goldene oder blaue Lichtenergie aufgenommen. Horst legte großen Wert darauf, dass von der vermehrten Energie etwas abgegeben wird. Zusammen strahlten wir Licht auf bedürftige Menschen, Tiere, Pflanzen oder auf die gesamte Erde aus.

In seiner Erzählung „Der Glorreiche"[8] hat Horst ausführlicher über die Meditationsübungen geschrieben und darin verschiedene praktische Anwendungsmöglichkeiten veröffentlicht.

Neben den Meditationstechniken gab er auch Anregungen für das Üben zu Hause. Es sollte möglichst ein separater Platz, zumindest aber ein und dieselbe Decke oder Sitzunterlage verwendet werden. Diese lädt sich im Lauf der Zeit mit der Schwingung des Benutzers auf, wovon man bei den folgenden Übungen profitieren kann. Wenn Geräusche wie der Staubsauger der Nachbarin oder vorbeifahrende Autos die Konzentration stören, ist es ratsam, bewusst hinzuhören. Vielleicht bedankt man sich bei der Gelegenheit einmal dafür, wie schön es ist, hören zu dürfen. Setzt man den Geräuschen keinen Widerstand entgegen, so wird man sie bald kaum noch wahrnehmen.

Als besonders wichtige Übung für jeden Moment des Tages empfahl Horst bewusstes Handeln. Dafür ist es wichtig, sich auf eine einzige Sache zu konzentrieren. Zu frühstücken und nebenbei Zeitung zu lesen, sollte jeder Vorwärtsstrebende vermeiden. Einmal sehr bewusst zu handeln, ist zum Beispiel bei der Einnahme eines Getränkes möglich. Man beobachte die erste Bewegung des Armes hin zur Tasse, das Zugreifen der Hand (wie fühlt sich die Tasse an?), die Bewegung des Armes zurück (welche Muskeln sind dabei in Tätigkeit?), der Tassenrand wird mit den Lippen berührt (ist der Rand schmal oder breit?), das Getränk erreicht den Mund (ist es kalt oder warm, süß oder herb?) usw., bis die Tasse wieder auf dem Tisch steht. Das Zähneputzen ist für diese Übung ebenfalls eine gute Möglichkeit, die keinen zusätzlichen Zeitaufwand benötigt. Gewöhnt man sich an, sich zu immer häufigeren Gelegenheiten bewusst zu beobachten, wird man mit der Zeit ganz im Jetzt leben. Das verhilft nicht nur zu einem guten Gedächtnis, sondern es ist eine Voraussetzung für das nun Folgende:

„Halte dein Bewusstsein ständig in Gott!"

Wie oft hörte ich diesen Satz von Horst! Es ist dies das Ziel jeder Meditation, jeder Handlung, das, womit wir Gott wirklich erreichen können. Doch wie ist das zu bewerkstelligen? Eine Möglichkeit ist, sich immer wieder daran zu erinnern, dass Gott der Urheber allen Tuns ist, dass wir nicht einmal die Hand hochheben können, wenn er es nicht will. So oft wie möglich stellt man sich vor, dass es Gott ist, der durch uns wirkt.

Diese Vorstellung birgt jedoch eine Schwierigkeit in sich. Wenn man mit ihr beginnt, sollte man in der Lage sein, die Gesetze der Gottesboten einzuhalten, und bereits so viel Unterscheidungskraft besitzen, dass man Gottes Signale nicht mit den Wünschen des eigenen Egos verwechselt. Sonst kann es sein, dass man zwar religiös, aber auch überheblich wird.

Mir war klar, dass ich nicht reif für diese Übung war. Mir unterliefen noch so viele Fehler und ich fühlte mich noch so unvollkommen, dass ich Gott mit Sicherheit nicht dafür verantwortlich machen konnte. Davon war er ganz bestimmt nicht der Urheber. Deshalb wählte ich die zweite Möglichkeit, von der Horst sprach, wie man Gott immer mehr in sein Leben mit einbeziehen kann.

„Tue alles, was du tust, in Liebe für Gott. – Betrachte alles, was du erhältst, als ein Geschenk von Gott."

Dieses Gedankengut, das vor allem die Bhakti-Yogis anwenden, entsprach völlig meinem Wesen. Dadurch ist es möglich, Liebe zu Gott, zu etwas, was man sich nur schwer vorstellen kann, zu entwickeln. Gott spiegelt sich in jedem Menschen, jedem Tier, jeder Pflanze, ja in jedem Gegenstand. Alle Handlungen in Liebe und Hingabe auszuführen, in dem Bewusstsein, dass es letztendlich Gott ist, für den ich koche, putze, wasche – dies erfüllt das ganze Leben mit himmlischer Freude. Der großartige Nebeneffekt ist, dass dies eine hervorragende Möglichkeit ist, Demut zu entwickeln.

Gerade für uns im Westen ist die Demut eine oftmals unbeachtete und missverstandene Eigenschaft. Um sie zu erklären, müsste man ebenso viele Bücher schreiben, wie es welche über die Liebe gibt. Liebe und Demut sind die beiden höchsten Eigenschaften des Menschen, sie bilden das Tor zum Himmelreich. Demut hat nichts mit Unterwürfigkeit zu tun, eher mit Bescheidenheit. Sie bedingt innere Größe, die jedoch nicht zur Schau getragen wird. Wer die Gelegenheit hatte, Shree zu begegnen, konnte aufgrund seiner demutsvollen Haltung und Ausstrahlung eine Ahnung davon erhalten, welch himmlische Eigenschaft Demut ist. Wer Horst erlebt und auch nur zum Teil verstanden hat –

wissend, wer er ist -, war erschüttert über die Größe und Tragweite seiner Demut.

Damals war mir weder klar, was Demut wirklich ist, noch konnte ich sie bei Horst in ihrer Tiefe erfassen. Für mich war er zu jener Zeit vor allem ein strenger Lehrmeister, der kaum eine Schwäche duldete. Die ganze Schulung schien im Moment darauf hinzuzielen, Selbstbeherrschung zu erreichen.

Um in den Hatha-Yoga-Kursen die Übungen vorzuführen, wurde Horst seit mehreren Jahren von jemandem begleitet, den er ausbildete. Diese Ausbildung war zu Ende, kaum dass ich mit Horst zusammen war. Nun kam ich an die Reihe. Während Horst die Asanas erklärte, zeigte ich möglichst in Perfektion, wie die Praxis dazu aussah. Das Problem war, dass ich nur einen Anfängerkurs besuchen konnte, den Fortgeschrittenenkurs hatte ich übersprungen und bisher lediglich einmal am Übungskurs teilgenommen. Von Beherrschung der Asanas konnte keine Rede sein.

Jede Übungsstunde hatte ein besonderes Thema für den Körper und eine davon war speziell auf die Bauchmuskeln abgestimmt. Als ich diese Stunde das erste Mal hinter mir hatte, wollte ich Horst sogleich entsetzt mitteilen, dass sie viel zu anstrengend sei. Noch bevor ich ihn jedoch ansprechen konnte, hörte ich, wie er eine im dritten Monat schwangere Frau soeben fragte, ob sie die Übungen problemlos durchführen konnte. Sie meinte, dass sie alles als recht einfach empfunden hätte. Ich verdrückte mich wieder und sprach Horst nicht an. Es fiel mir schwer, zuzugeben, dass es nicht an der Zusammensetzung der Übungsstunde, sondern an meinen untrainierten Bauchmuskeln lag.

Einmal erklärte Horst während einer Yoga-Stunde eine Asana, die mir noch ganz unbekannt war. Ich sollte sie den Teilnehmern zeigen. Mit vorsichtigen Gesten versuchte ich ihm klarzumachen, dass ich keine Ahnung hätte, was eine „Löwen-Übung" sei. Er verstand und mit einer beschwichtigenden Handbewegung ließ er mich wissen, dass ich genau das tun solle, was er erklärte. Es war erstaunlich, wie exakt und anschaulich er jede Bewegung beschrieb, und ich tat einfach das, was er sagte. Niemand merkte, dass ich diese Asana zum ersten Mal ausführte.

Es gab Übungen, vor allem die sogenannten Krokodil-Übungen, bei denen es darauf ankam, Kopf und Körper langsam und gleichmäßig in Gegenrichtung zu drehen. Kein Ruck sollte zu sehen sein. Auch musste man sich darauf konzentrieren, dass der Kopf im gleichen Moment die Drehung beendete wie der Körper. Sinn der Übung ist unter anderem, innere Harmonie zu erreichen. Was innen ist, spiegelt sich außen; umgekehrt ist es möglich, durch äußere gleichmäßige Bewegungen das Innere ins Gleichgewicht zu bringen.

Die ersten beiden Jahre meines Zusammenseins mit Horst war mein Inneres häufig durcheinander. Dadurch fiel es mir schwer, im Äußeren Harmonie zu erzeugen, oft musste ich mich dazu sehr konzentrieren. Wenngleich ich manchmal bei den Übungen gerne geschummelt hätte, so ging es in den Kursen nicht. Meistens sahen mir über zwanzig Teilnehmer zu und versuchten genau das nachzumachen, was ich ihnen vorführte. Erst nach dem folgenden Erlebnis fiel es mir leichter, die immerzu verlangte Selbstbeherrschung zu akzeptieren und ihre Notwendigkeit zu verstehen.

Um unsere spezielle Kleidung für die Kurse anzuziehen, standen für Damen und Herren getrennte Umkleideräume zur Verfügung. Es waren dies einige der seltenen Momente, in denen Horst und ich nicht zusammen waren. Da wir stets einige Zeit vor den Teilnehmern eintrafen, hatten wir jeweils den Raum für uns allein. An einem Tag, an dem ich mich wieder einmal sehr unausgeglichen fühlte, wollte ich etwas tun, was ganz und gar meinem Inneren entsprach. Normalerweise legte Horst größten Wert auf Ordnung und ließ bei mir nicht die geringste Ausnahme zu. Gleichwohl meinte ich, dass dies nicht meinem inneren Zustand entsprach, und genau dem wollte ich heute Ausdruck verleihen. Als ich, um mich umzukleiden, den ersten Straßenschuh auszog, warf ich ihn in eine Ecke des Raumes, den anderen in die gegenüberliegende Ecke. Meine Jacke und die restliche Kleidung verteilte ich so unordentlich wie nur möglich im ganzen Raum. Danach setzte ich mich an einen Platz, an dem ich alles gut sehen konnte. Zufrieden betrachtete ich mein Werk. Ja, genau so fühlte ich mich, das entsprach dem Spiegel meines Inneren. Wie schön, es einmal auszuleben. Doch schon nach nur ein oder zwei Minuten meinte ich den Anblick nicht mehr ertragen zu können. Ich merkte, wie ich zusehends unruhiger wurde, bis ich es schließlich nicht mehr aushielt. Strahlte etwa die Unordnung auf mich zurück? Langsam sammelte ich meine Schuhe wieder ein, und auch die Jacke und die übrige Kleidung hingen bald ordentlich über einem Bügel. Sogleich wurde es mir leichter. Mit einem tiefen Atemzug erlöste ich mich selbst von meinem Unbehagen. Zum ersten Mal hatte ich direkt erfahren, wie sehr die Umgebung auf das Innere Einfluss ausübt. Und mir wurde bewusst, dass es in mir gar nicht so unordentlich aussah, ich meinte es nur.

Noch ein weiteres Erlebnis durfte ich nicht während, sondern vor einem Kurs machen. Es lehrte mich eine ganz erstaunliche Tatsache.

Früher als sonst erreichten Horst und ich das Kursgebäude in Stockach und hatten daher noch einige Zeit zur Verfügung. Das war auch gut so, denn meine Nase schickte sich gerade an heftig zu laufen. Eine Erkältung war im Anzug. Das stellte jedoch ein Problem für die folgende Kursstunde dar. Es handelte sich um einen Anfängerkurs und genau die Stunde, bei der Horst die „wechselseitige Atmung" erklärte. Eine der speziellen Wirkungen dieser Atemtechnik ist, dass sie als ein hilfreiches Mittel gegen Schnupfen angewendet werden kann. Unmöglich, jetzt eine Erkältung zu bekommen.

Als ich nun immer häufiger zum Taschentuch griff, wurde Horst darauf aufmerksam. Für die Atemübung war es schon zu spät, denn sie kann nur so lange durchgeführt werden, wie die Nase frei ist. Horst sah mich mit strenger Miene an und sprach:

„In fünfzehn Minuten fängt unser Kurs an, bis dahin solltest du dich entschlossen haben, ob du nun krank sein willst oder lieber gesund. Entschließt du dich für die Krankheit, dann geh nach Hause, ansonsten schau, dass du deinen Körper unter Kontrolle bekommst."

Mit einem leichten Grollen ging ich in den Damen-Umkleideraum, den Ort, wo ich allein sein konnte. Hatte Horst denn gar kein Mitleid mit mir? Er musste doch sehen, wie schlecht es mir ging. Und überhaupt – ich sollte mich entscheiden, ob ich gesund oder krank sein wollte. Als ob das möglich wäre. Schließlich will doch jeder gesund sein.

Noch zwölf Minuten bis Kursbeginn.

Als ich nun nach innen fühlte, merkte ich jedoch tatsächlich, dass es mir ganz angenehm gewesen wäre, einmal krank zu sein. So für drei Tage nur im Bett zu liegen, umsorgt zu werden, sich um nichts kümmern zu müssen. Außerdem würde Horst von mir keine Selbstbeherrschung verlangen, denn schließlich wäre ich ja krank und unfähig etwas zu tun. Auf der anderen Seite war eine rote, stets laufende Nase schon etwas Unerfreuliches. Und mit drei Tagen war die Sache meist auch nicht abgetan. Erst jetzt fiel mir auf, dass ich, seit ich bei Horst war, noch nie das Bett hüten musste, nicht einmal die übliche Herbst-Erkältung hatte ich bekommen. Sicher war nicht nur die wechselseitige Atmung der Grund dafür.

Noch acht Minuten.

Mir fiel eine Situation ein, die ich während meiner Lehrzeit erlebt hatte. Damals wurde ich Zeugin eines Gesprächs, das zwei Ärzte - beide Schulmediziner – führten. Einer der Ärzte hatte seit Jahren einen Patienten wegen einer bestimmten Krankheit behandelt, jedoch ohne Erfolg. Der Patient wechselte schließlich zu einem Heilpraktiker und war erstaunlicherweise bereits nach ein paar Wochen geheilt. Durch Zufall erfuhr das der Arzt und im Gespräch mit seinem Kollegen überlegten beide, wie das wohl möglich war. Die Wirksamkeit der Heilmethoden des Heilpraktikers schied für sie aus, denn zu jener Zeit gab es nur wenige studierte Schulmediziner, die sich eingestehen konnten, dass es über ihr Wissen hinaus noch anderes Hilfreiches gibt. So kamen die zwei Ärzte überein, dass es wohl nur der Glaube und die Vorstellung des Patienten gewesen sein konnten, die eine Heilung ermöglichten. Vermutlich hatte er dem Heilpraktiker mehr vertraut als ihnen.

Dieses Gespräch ließ mich damals sehr nachdenklich werden. Da gab es also etwas, von dem sogar die Ärzte behaupteten, dass es über ihrem Wissen und über dem der Heilpraktiker stand. Es ist der Glaube und die Vorstellung.

In sechs Minuten würde der Yoga-Kurs beginnen. Ich putzte mir rasch noch einmal die Nase.

Wenn ich mir folglich intensiv vorstellte gesund zu sein, dann war es möglich, dies auch zu bleiben. Den eigentlichen Grund für die laufende Nase hatte ich entdeckt und ich überlegte mir, Horst bei nächster Gelegenheit darauf anzusprechen. Wenn ich meinem Körper freiwillig ein paar Stunden Entspannung einräumte, brauchte ich auch nicht krank zu werden und das Bett zu hüten. Die Idee fand ich prima und ich beschloss gesund zu bleiben.

Noch fünf Minuten bis zum Kurs.

Die meisten Teilnehmer saßen schon im Übungsraum. Das Taschentuch steckte ich weg, denn ich brauchte es nicht mehr. Die Kontrolle über den Körper hatte gesiegt.

Bis zum Jahr 2001 hat mich keine Erkältung mehr heimgesucht. Erst danach hatte ich sie ein weiteres Mal zu meistern, wie später berichtet wird. Erkältung beruht meistens auf innerer Unausgeglichenheit; manche Menschen sind das schon, wenn die Jahreszeiten wechseln. Macht man sich dies bewusst, so kann man etwas dagegen tun und benötigt das Signal des Körpers nicht mehr.

Später erlebte ich öfter, wenn Horst sich jemandem gegenüber ernst, laut oder scheinbar herzlos (dieser Ausdruck ist an sich widersprüchlich zu Horsts Wesen, denn er ist die verkörperte Nächstenliebe – aber andere verstanden das nicht immer) verhielt, wie für diesen eine riesige Chance bestand. Unvorstellbar, was man in solchen Situationen lernen konnte. Das einzige Problem war, dass augenblicklich innere Widerstände auftraten, die es zu überwinden galt. Schaffte man dies und dachte möglichst nüchtern über die Situation nach, dann bestand eine große Möglichkeit, einen eigenen „Knackpunkt" zu lösen, zumindest aber mit großartiger neuer Erkenntnis beschenkt zu werden.

Das Kursgebäude in Stockach - es handelte sich um den Musiksaal einer Schule - ist mir nicht nur wegen des soeben beschriebenen Erlebnisses gut in Erinnerung. In diesem Raum stand ein großer Flügel und Horst nutzte ihn häufig, um vor dem Kurs seinem musikalischen Können Ausdruck zu verleihen. Sein Repertoire umfasste vor allem Stücke von Chopin, Liszt und Schubert, die er stets auswendig spielte. Es dauerte nicht lange, bis einige der Yoga-Schüler das Klavierspiel vor der Yoga-Stunde mitbekamen und es wurden von da an immer mehr, die früher zum Kurs kamen. Sie lauschten vor der geöffneten Tür des Saals, weshalb es eine Weile dauerte, bis es Horst bemerkte.

Durch eine Yoga-Übung durfte ich eine weitere unvergessliche Erfahrung machen. Die Übung heißt Gomukh-Asana und wir führten sie im Stehen aus. Während der rechte Arm entspannt und locker hängt, vollzieht der linke eine langsame Bewegung. Die Konzentration sollte auf beide Arme gleichzeitig gerichtet sein, also einmal auf Entspannung und einmal auf Bewegung. Der Arm, der sich bewegt, kommt auf dem Rücken zu liegen und in ihm entsteht dort eine leichte Anspannung. Nun konzentriert man sich auf die Spannung im einen Arm, während der andere eine Bewegung ausführt. Abermals versucht man beides gleichzeitig wahrzunehmen. Am Schluss dieser Übung fassen sich die Hände hinter dem Rücken, der eine Arm von oben, der andere von unten kommend.

Die rein körperliche Seite der Übung bereitete mir keinerlei Schwierigkeiten. Anders verhielt es sich jedoch mit der Konzentration auf die Arme. Intensiv versuchte ich beide gleichzeitig wahrzunehmen, aber mein Bewusstsein sprang ständig hin und her. Das ging mit der Zeit so schnell, dass man hätte meinen können, es geschafft zu haben. Leider war das nicht der Fall. Obgleich ich mich wirklich sehr bemühte, gelang mir kein zufriedenstellendes Ergebnis. Es musste eine andere Lösung geben.

Immer wieder vernahm ich von Horst den Hinweis, das Bewusstsein ständig in Gott zu halten. Doch wie sollte ich dies erreichen, wenn das Bewusstsein bereits in den Armen war? Da fiel mir ein, dass Gott allgegenwärtig ist. Nicht ein Atom, das nicht von ihm durchdrungen wäre. Meine Arme konnten davon nicht ausgeschlossen sein. Als wir die Übung das nächste Mal ausführten, konzentrierte ich mich nicht mehr auf die Arme, sondern auf Gott. Wie nebenbei fühlte ich dabei zu den Armen. Der eine bewegte sich, der andere hing entspannt, ich nahm es tatsächlich gleichzeitig wahr. Große Freude erfüllte mich. Trotzdem war es ein eigenartiges Empfinden, weil ich mich in diesem Moment nicht mehr mit dem Körper identifizierte. Die Armbewegung war etwas, was mit mir gar nichts zu tun hatte. Die nächste Frage war natürlich sofort: Wer oder was bin ich? Und wieso war es mir möglich, zu diesem Ich vorzudringen, sobald ich mich auf Gott konzentrierte? Bei nächster Gelegenheit fragte ich Horst. Seine Antwort hätte ich mir fast denken können:

„Um das herauszufinden, bist du hier."

Im Moment musste ich mich wohl mit der Tatsache zufriedengeben, dass es sich so verhielt. Von nun an ließ ich freilich keine Gelegenheit mehr aus, der Antwort näherzukommen. Irgendwann würde mir die Erkenntnis sicherlich geschenkt werden.

Eine große Hilfe, mein Innenleben und dessen Beziehung zu Gott näher kennenzulernen, bildeten die Meditationskurse. Allerdings war ich alles andere als ein Senkrechtstarter. Allein die Sitzhaltung bereitete mir große Probleme. In den Kursen saßen wir meistens im Schneidersitz auf einer Decke oder einem Kissen. Wichtig war, dass die Wirbelsäule während der gesamten Übung gerade gehalten wurde. Sonst würde die Energie, die während der Meditation im Rückenmarkskanal nach oben steigt, gestaut werden - wie bei einem Gartenschlauch, den man abknickt. Das Geradehalten meiner Wirbelsäule bereitete mir zum Glück keine Schwierigkeiten, anders hingegen die Beine. Regelmäßig schliefen sie mir nach etwa zwanzig Minuten ein. Bald gab es nichts mehr, das ich nicht ausprobiert hätte: Auf einem, zwei oder drei Kissen sitzend, Beine mehr oder weniger verschlungen, Kissen unter die Knie oder unter die Fersen - nichts schaffte Abhilfe. Manche meditierten auf einem Stuhl sitzend, aber in den meisten Kursen wäre ich damit die Einzige gewesen. Als Horsts Partnerin wollte ich das nicht. Natürlich gab es auch andere mit dem gleichen Problem, beim Großteil verschwand es jedoch nach und nach von selbst. Nicht so bei mir. Horst empfahl im Kurs, wir sollten während der Übung die Beine strecken, wenn sie schmerzen oder einschlafen würden. Es sei nur wichtig, dabei Gott im Bewusstsein festzuhalten. Das kann man zum Beispiel, indem man sich vorstellt, dass er es ist, der durch den Schmerz ein Signal gibt, für Entspannung zu sorgen. Dann wird die Konzentration auf Gott nicht unterbrochen.

Obwohl dies bei mir einigermaßen funktionierte, störte es mich dennoch, jedes Mal die Beine strecken zu müssen. Erst viele Jahre später entdeckte ich, dass es kleine Meditationsbänkchen gibt, und nach einer kurzen Eingewöhnungszeit hatte ich fortan keine Probleme mehr.

Viele Teilnehmer der Kurse hörten bereits nach wenigen Wochen die Vorstufen des kosmischen Klangstroms (OM-Sound). Selbst nach über einem Jahr nahm ich immer noch nichts wahr. Es trieb mich bald zur Verzweiflung, wirklich überhaupt nichts von dem zu hören oder zu spüren, worüber Horst in den Kursen sprach. Manche Teilnehmer berichteten Horst im Anschluss an die Kurse von ihren herrlichen Erfahrungen. Doch ich stand meist dabei und dachte:

„Wovon reden die nur?"

Irgendwann fand ich mich damit ab, dass ich wohl ein hoffnungsloser Fall sei, und erwartete daher nichts mehr. Genau in dem Moment stellte sich das Hören einer der Vorstufen des OM-Sounds ein. Durch mein übergroßes Verlangen hatte ich mich selbst daran gehindert, ihn zu hören. Es war eine große Überraschung für mich, den Ton das erste Mal in den Kursen wahrzunehmen. Die Überraschung bestand darin, dass ich diesen Ton in seiner einfachsten Form seit meiner Kindheit hin und wieder gehört hatte, ich wusste nur nicht, worum es sich dabei handelte.

Bald nagte die nächste Sehnsucht an mir. Zwar hörte ich nun regelmäßig eine der Vorstufen des OM-Sounds, aber ich konnte nicht die Spur eines hellen oder gar farbigen Lichts sehen. Die anderen erzählten immer wieder von solchen Erlebnissen. Zwar wusste ich, dass ich mich durch mein intensives Wollen wahrscheinlich wieder am Erreichen des Gewünschten hinderte, es gelang mir indessen nicht, mein Sehnen abzustellen. Manchmal kamen mir während der Meditationsübung sogar Tränen, Gott möge ein Einsehen mit mir haben und mich ihn in Form von Licht wahrnehmen lassen.

Eines Abends, gegen Ende der Meditationsstunde, gewahrte ich bei geschlossenen Augen, wie es etwas heller wurde. Hocherfreut genoss ich jede Nuance, die es lichter wurde. Auch Wärme war zu spüren, auf den Augen und bald im gesamten Gesicht. Doch schon hielt Horst uns an die Augen zu öffnen, denn die Stunde war zu Ende. Widerstrebend tat ich dies und da gab es eine große Überraschung. Es war kurz vor Sonnenuntergang, die Sonnenstrahlen fielen schräg durch das Fenster herein und beleuchteten nur eine Stelle im Raum – mein Gesicht!

Was ich wahrgenommen hatte, war das warme Licht der Sonne gewesen, nicht das Licht, das ich mir so sehnlichst wünschte. Trotzdem erfüllte mich sehr große Dankbarkeit, denn das Geschehene war mehr als ein Zufall. Wer hatte mich den Platz im großen Raum so auswählen lassen, dass die Sonne genau meine Augen beleuchten würde? Ich verstand sofort die große Liebe, die sich dahinter verbarg. Mein intensives Sehnen wurde auf diese ungewöhnliche Art erfüllt; um jedoch göttliches Licht wahrzunehmen, war es für mich offensichtlich noch zu früh. Erst musste ich einen Teil des Dunkels in mir akzeptiert und überwunden haben.

Dass man während der Meditation sehr helles Licht wahrnimmt, ist ein Vorgang, der sich irgendwann von allein einstellt. Manche sehen allerdings auch farbiges Licht oder spezielle Lichteffekte. Wie Horst erklärte, sollte man solche Wahrnehmungen nur kurz genießen. Verharrt man dabei zu lange, so hindert man sich selbst am weiteren Vorwärtsschreiten. Es gibt in der Meditation schließlich weit mehr zu erleben - unvorstellbar große Herrlichkeiten warten auf uns.

Zu einem späteren Zeitpunkt kam eine junge Frau in den Meditationsanfängerkurs, deren ganzes Wesen eine intensive Gottessehnsucht erfüllte. J. hatte fast das gleiche Alter wie ich, aber ihr Äußeres und ihr Gemüt waren die von einem jungen Mädchen. Bereits in der zweiten Übungsstunde geschah etwas Überraschendes. J. nahm immer mehr göttliches Licht auf und war dabei, in tiefste Meditation – Samadhi – einzutauchen. Horst sprang wie ein Panther von seiner Sitzposition auf und hinderte sie gerade noch rechtzeitig daran. Verständlicherweise war sie nicht davon begeistert, diesen Zustand so schnell wieder verlassen zu müssen, er wäre indes viel zu früh für sie gewesen. Wie sich später herausstellte, hatte sie zwar eine tiefe Beziehung zu Gott, aber sie war kaum fähig ihre irdischen Pflichten wahrzunehmen. Wäre sie zu jenem Zeitpunkt in den Samadhi gegangen, hätte es sein können, dass sie jeglichen Bezug zur Welt verloren hätte, oder sogar ihr Lebenswille wäre zeitweise geschwächt worden. Später wurde J. jahrelang von Horst geschult; ihre Hauptaufgabe lag unter anderem darin, ihre Wohnung in Ordnung zu halten, Verantwortung zu übernehmen, handfeste Tätigkeiten auszuführen. Wenn sie durch zu viele geistige Übungen ihr inneres Gleichgewicht verlor, schickte Horst sie beispielsweise ins Kino. Irgendwann erreichte sie wieder den Zustand von damals, stand aber nun mit beiden Beinen auf dem Boden. In ihrem Auftreten unterschied sie sich kaum von anderen, allerdings war ihr Gesicht oft von innerem Glück und göttlichem Licht überstrahlt.

Was die Geschwindigkeit des Erreichten anbelangt, bildete J. sicherlich eine Ausnahme. Gleichwohl war sich Horst zu jedem Moment seiner Verantwortung bewusst, öffentlich in den Volkshochschulen, für jedermann zugänglich, solch hohe Meditationstechniken weiterzugeben. Bereits in der vierten Stunde vermittelte er eine stark beschleunigende Technik. Bis dahin sorgte er dafür, dass nur noch Personen den Kurs besuchten, welche für diese Art der Meditation geeignet waren. Horst hatte seine eigenen Methoden, diejenigen, für die es zu früh war, loszuwerden. Oft sagte er mir schon in der ersten Stunde, wer von den Teilnehmern bleiben und wer nach zwei oder drei Mal wieder gehen würde. Manchmal erzählte er einige geistige Gesetzmäßigkeiten, bei denen mein Herz aufging, andere stießen sich jedoch daran. Daraufhin erklärte er mir genau, wer das nächste Mal nicht mehr kommen würde. Am Anfang konnte ich es meist kaum glauben, wegen so etwas würde ich in den Kurs stürmen und nicht wegbleiben. Horst behielt jedoch jedes Mal recht und ab der vierten Stunde nahmen nur mehr diejenigen teil, die für die höheren Techniken geeignet waren.

In ein privates Meditationsseminar kam einmal ein Mann, dem Horst anmerkte, dass er die Techniken nur dazu verwenden würde, sie verantwortungslos in eigenen Kursen weiterzugeben. Solche Teilnehmer waren schwer abzuschütteln; wenn man sie direkt darauf ansprach, dann hatte man sie zum Feind. In seiner Verantwortung fand Horst einen Grund, um den ganzen Kurs absagen zu können, obwohl er damit eigentlich seinen Lebensunterhalt verdiente.

Nie war Horst daran interessiert, mit den Kursen viel Geld zu verdienen. Einmal wollte die Volkshochschule die Preise für die Teilnehmer erhöhen. Horst weigerte sich den Vertrag zu unterschreiben, obgleich er damit ebenfalls mehr ausgezahlt bekommen hätte. Ihm lag daran, dass jeder, aus welcher finanziellen Situation er auch kam, die Möglichkeit hatte, Meditation und Hatha-Yoga zu erlernen. Die Volkshochschule musste schließlich nachgeben.

Es gab auch einige begeisterte Teilnehmer, die Horst davon zu überzeugen versuchten, private Wochenendseminare zu veranstalten, bei denen er bis zum Zehnfachen des sonst Üblichen einnehmen würde. Horst stand solchen Angeboten meist sehr neutral gegenüber, er weigerte sich nicht, von sich aus hätte er aber auch nichts getan, um sie anzustreben. Er hielt zwei oder drei Kurse und stellte dabei fest, dass Leute, die so viel Geld für ein Wochenende ausgeben konnten, häufig an Geld mehr interessiert waren als an Gott. Von da an richtete er es ein, dass diese Kurse nicht mehr zustande kamen.

Ein Bekannter versuchte Horst davon zu überzeugen, dass die Industrie der ideale Wirkungskreis für ihn wäre. Industriegrößen und Manager entdeckten zu jener Zeit den Wert richtiger Entspannung und waren bereit, dafür horrende Summen zu bezahlen. Der Bekannte hatte weitreichende Beziehungen und war in der Lage, Horst in die entsprechenden Kreise einzuführen.

Abermals ließ Horst die Angebote laufen, wie sie kamen. Gottes Wege sind oft wundersam und er blockte deshalb nie von vornherein ab. Auf dem Weg würde er schon sehen, ob das Angebot von der lichten oder von der anderen Seite stammte. Der Bekannte war voller Tatendrang. Zunächst wurde den Übungen und Entspannungstechniken aus dem Yoga ein anderer interessanter Name gegeben. Der erste Kurs dauerte nur eine Stunde und war mehr oder weniger zur Probe gedacht. Er war ein großer Erfolg und Horst erhielt dafür so viel Geld, wie sonst für einen Kurs über acht Wochen.

Das darauffolgende Angebot war ein Wochenendseminar in Berlin. Der Bekannte erwähnte mehrmals die große Wichtigkeit dieses Kurses. Würde er ein Erfolg werden, so wäre Horst angenommen und ihm stünden alle Türen und Wege offen.

Zur gegebenen Zeit fuhren Horst und ich nach Berlin. Der erste Kurstag verlief zur vollen Zufriedenheit. Doch am zweiten Tag schien Horst das mit der Probe zu verwechseln. Offenbar hatte er die Überzeugung, dass dieser Kurs nicht für ihn zur Probe gedacht war, sondern für die Teilnehmer. Würden sie sich als würdig erweisen höheres Wissen zu erhalten? Horst tastete sich langsam vor und nach Kurzem stellte sich heraus, dass die Leute nur daran interessiert waren, etwas Stress abzubauen, vielleicht auch noch ihre Muskeln zu entspannen, aber von Gott wollten sie nichts wissen. Nicht einer war darunter, von dem man hätte sagen können, dass bei ihm das Gehörte auf fruchtbaren Boden gefallen wäre. Einige Sätze aus Horsts reichem Erfahrungsschatz genügten, um sicherzugehen, dass keine Angebote in dieser Art mehr kommen würden.

Dennoch war die Fahrt nach Berlin ein großes Erlebnis. Zum ersten Mal besuchte ich einen im Norden gelegenen Teil Deutschlands und seine Schönheit überraschte mich sehr. Irgendwie hatte sich in meinem Bewusstsein festgesetzt, dass nördlich des Mains die Natur durch Industrie und Technik entstellt wäre. Nun hörte Horst von mir immer wieder Ausrufe des freudigen Erstaunens, wenn während der Fahrt die bezauberndsten Landschaften an uns vorüberzogen. In Berlin zeigte er mir sein Geburtshaus und das Haus, in dem er danach wohnte. Beide hatten sich nach fünfzig Jahren überhaupt nicht verändert, lediglich hatte ein Geschäft seinen Besitzer gewechselt und die Straße mit ursprünglich Kopfsteinpflaster war geteert.

Ein kurzer Abstecher führte uns in die Uckermark nach Prenzlau. Als Kind hatte Horst dort schöne Momente bei seiner Großmutter erlebt. Der nahe gelegene Uckersee mit einer kleinen Wasserrutsche war ihm als sein liebster Badeplatz besonders gut in Erinnerung. Seit seiner Kindheit hatte sich kaum etwas verändert. Es bereitete Freude, die romantischen Straßen entlangzuschlendern und sich dabei vorzustellen, dass Horst hier bereits als Kind gespielt oder das Fahrradfahren gelernt hatte.

Zurück in Berlin lernte ich in einer einfachen Bahnhofskneipe die typische Berliner Mundart kennen. Horst hatte mir schon mehrmals vorgeführt, wie ein echter, ursprünglicher Berliner sich gibt und wie er spricht. Er war ein vortrefflicher Imitator und Schauspieler. Als sich nun alles tatsächlich genau so abspielte, amüsierten wir uns sehr.

Bevor ich zu Horst kam, hatte ich oftmals Mühe gehabt, die Welt als schön zu empfinden. Nun wurde ich mit ihr versöhnt. Nicht das Weltliche ist gut oder schlecht, unsere Einstellung bestimmt, was auf uns zurückstrahlt. Im Lauf der Jahre zeigte Horst mir unzählige Naturschönheiten und erklärte, dass Gott dies uns zur Freude geschaffen hat. Er sprach:

„Durch Meditation können wir Gottes Widerspiegelung in uns selbst erleben. Doch er spiegelt sich auch in jeder Pflanze, jedem Tier und in den Steinen. Selbst die Wolken ziehen nur vorbei, weil er es zulässt. Jeden Moment können wir dem Göttlichen begegnen, wenn wir unser Bewusstsein darauf einstellen. Auf diese Weise wird es ganz einfach, sich Gott zu nähern."

## *Neuer Geburtstag*

Das große Wissen und die wertvollen Anregungen, welche Horst in seinen Kursen vermittelte, waren so umfangreich, dass es seine Zeit brauchte, diese zu verarbeiten. Daher kam es, dass ich zwar viel hörte, jedoch immer nur einen Bruchteil davon zur Anwendung brachte. Erst wenn ich einen Teil verinnerlicht hatte, konnte ich mich dem nächsten widmen. Meist waren es die ganz normalen alltäglichen Situationen, die mich führten und mich nach und nach das Wissen in die Praxis umsetzen ließen. Mit der Beschreibung einiger solcher Begebenheiten möchte ich dieses Kapitel beginnen.

So sehr mich meine Rolle als Hausfrau am Anfang ausfüllte, so wenig kam ich inzwischen mit der Gleichmäßigkeit des Alltags zurecht. Jeden Tag der gleiche Ablauf: aufstehen, frühstücken, abspülen, Betten machen, Wäsche waschen, Mittagessen kochen, wieder abspülen usw. Selbst die Kurse am Abend erfuhren eine gewisse Wiederholung. Die Vorstellung, bis an mein Lebensende ständig denselben Tagesablauf absolvieren zu müssen, behagte mir ganz und gar nicht. Irgendetwas musste ich dringend ändern.

Nach einiger Überlegung kam ich auf die Idee, dass die Lösung meines Problems darin bestehen könnte, eine neue Tapa-Übung auszuführen. Mit Tapa bezeichnet man geistige Disziplinen, insbesondere die Selbstdisziplin. In einem Buch, in dem Tapa erklärt wird, war als Beispiel das Brechen von Gewohnheiten aufgeführt, womit Nichtverhaftetsein erreicht werden könne. Genau diesen Punkt pickte ich mir heraus und begann sofort damit, ihn umzusetzen.

Nach dem Frühstück spülte ich nicht gleich ab, unsere Betten machte ich einmal früher, einmal später. Mittagessen gab es an einem Tag um zwölf Uhr, am nächsten erst um eins. Sorgsam darauf achtend, am folgenden Tag wieder alles anders zu machen, fühlte ich mich bald wesentlich freier.

Doch ich hatte die Rechnung ohne Horst gemacht. Wieso war mir nicht schon früher aufgefallen, wie extrem genau er war? Jeden Tag wurde er penibler, er kam mir plötzlich richtig konservativ vor. Er sagte:

„Um zwölf Uhr dreißig würde ich gerne zu Mittag essen und den Nachmittagstee pünktlich um fünfzehn Uhr dreißig einnehmen."

Meiner Meinung nach war es nicht richtig, die Zeiten so genau festzulegen, schließlich praktizierte ich etwas Gutes: das Brechen von festen Gewohnheiten. Offenbar legte ich dies jedoch falsch aus. Horst zeigte mir nun bei jeder Gelegenheit, wie wichtig ihm momentan ein strikter Tagesablauf war. Ich musste mir etwas Neues überlegen.

Eine besondere Eigenart von Horst war, dass er nicht sagte: „Dieses ist richtig und jenes ist falsch." Er verhielt sich einfach plötzlich anders, er reagierte genau darauf, was man im Moment ausstrahlte. Dazu war es nicht notwendig, irgendetwas zu sagen. Auf diese Art hatte ich stets die Gelegenheit, mir die Lösungen selbst zu erarbeiten. Am Anfang war ich oft sehr enttäuscht, wenn ich in eine Sackgasse geriet, zumal dabei meistens Horst der Leidtragende war. Später änderte sich meine Einstellung. Wenn etwas nicht so gelang, wie ich es mir vorstellte, dann dachte ich:

„Jetzt weiß ich wenigstens schon, wie es nicht funktioniert",

und probierte etwas anderes aus. So merkte ich bald, dass das Brechen von festen Gewohnheiten lediglich dann eine Tapa-Übung ist, wenn das ganze Glück davon abhängt, beispielsweise um 15.30 Uhr Tee zu trinken. Dies war weder bei Horst noch bei mir der Fall. Es bestand keine Notwendigkeit, sich innerlich davon frei zu machen, denn wir konnten sehr gut auch ohne Tee glücklich sein. Meine Tapa-Übung bestand viel eher darin, mich an die Regelmäßigkeit zu gewöhnen.

Damit stand ich wieder am Anfang des Problems. Wie sollte ich Freude daran empfinden, jeden Tag das Gleiche zu tun?

Die Lösung war schon gegeben, bevor sich die Frage stellte, ich musste mich nur daran erinnern:

„Tue alles, was du tust, in Liebe für Gott!"

Natürlich – Horst hatte es schon so oft ausgesprochen, weshalb wendete ich es nicht an?

Bei allen Tätigkeiten versuchte ich mir nun vorzustellen, sie für Gott zu tun. Meine ganze Liebe wollte ich in jede noch so kleine Arbeit geben, für Gott war nur das Beste und Schönste gut genug. Schon nach kurzer Zeit fühlte ich großes Glück bei allen Betätigungen, weil ich sie für Gott ausführen durfte. Mein Leben wurde erfüllt von einem neuen Inhalt.

Es kam vor, dass ich bei manchen Arbeiten noch nicht immer daran dachte, mein Bewusstsein auf Gott zu lenken. Am schlimmsten war es beim Bettenmachen. Sobald ich damit fertig war, fiel mir ein, dass ich es für Gott in Liebe tun wollte. Jeden Tag nahm ich mir vor: Morgen denke ich ganz bestimmt daran; doch andauernd vergaß ich es. An Fantasie mangelte es mir noch nie, irgendeine Lösung kam mir immer in den Sinn. So auch dieses Mal. In Gedanken sagte ich zu einem kleinen Gegenstand auf dem Nachtschränkchen:

„Ab sofort erinnerst du mich stets daran, dass ich an Gott denken soll!"

Es funktionierte auf Anhieb. Der Gegenstand war nicht zu übersehen und wenn ich nun das Schlafzimmer betrat, dachte ich dadurch zuerst an Gott. Von da an wurden die Betten in Liebe für Gott gemacht. Ich brauche wohl kaum zu erwähnen, dass bald in jedem Zimmer ein Gegenstand dazu ausersehen war, mich an Gott zu erinnern.

Das tägliche Bettenmachen verhalf mir kurz darauf zu einer weiteren interessanten Erfahrung. Es war nun mein Bestreben, jede Tätigkeit so gut wie nur irgend möglich auszuführen. Die Bettdecken sollten genau gleichmäßig und glatt auf den Betten liegen. Leider war das nicht so einfach, wie es zunächst klingt. Die Bettbezüge waren aus einem Baumwolljersey, der den unvergleichlichen Vorteil besaß, dass er nicht gebügelt werden musste. Der Nachteil dieses Stoffes war, dass er sich nach jeder Wäsche verzog und jedes Mal noch ein Stück größer zu werden schien. Bezog ich die Bettdecken damit, war zu viel Stoff vorhanden, der ständig dazu neigte, sich in möglichst viele Falten zu verteilen.

Täglich mühte ich mich ab die Bettdecken faltenfrei glatt streichen zu können und täglich verlor ich den Kampf. An einem Tag nahm ich mir vor, den Raum nicht eher zu verlassen, bis es mir gelingen würde, alle Falten zu beheben. Nach zwanzig Minuten musste ich aufpassen nicht ärgerlich zu werden. Eine einzige Falte blieb ständig zurück, strich ich mit der Hand darüber, so entfernte sie sich, jedoch nur, um an einer anderen Stelle wieder zu erscheinen. Resignierend gab ich schließlich auf.

Am Abend kam Horst kurz nach mir ins Schlafzimmer. Obwohl er zu mir sah, nahm er offensichtlich die verbliebene Falte wahr. Im Vorbeigehen strich er mit der Hand darüber, die Falte verschwand augenblicklich. Es bildete sich auch keine neue.

Horst wusste nichts von meiner großen Mühe und war erstaunt, dass ich ihn ansah, als wäre er ein verwunschener Geist. Ich erzählte ihm von meinen täglichen Versuchen und von meiner Fassungslosigkeit, dass ihm mit einer Handbewegung das gelang, womit ich heute ergebnislos fast eine halbe Stunde meine Zeit verbracht hatte.

Diese Begebenheit war kein Zufall. Inzwischen durfte ich die Erfahrung machen, dass alles, was sich im Äußeren zuträgt, nur ein Spiegel des Inneren ist. Schnell wurde mir klar, was ich zu lernen hatte. Würde ich in mir Ordnung und Geradlinigkeit erreichen, dann würden die Falten fast von selbst verschwinden, so wie bei Horst.

Obwohl ich dies erkannte, erlaubte ich mir zu schummeln. Ich kaufte eine große, schwere Tagesdecke, die garantiert nicht dazu neigte, Falten zu bilden. Mit dieser überdeckte ich die unliebsame Bettwäsche, sollten die Falten doch machen, was sie wollten. Die Ordnung in meinem Inneren nahm ich nach und nach in Angriff, so schnell war sie ohnehin nicht zu erreichen.

*

Noch einmal plante Horst mit seiner viersitzigen Cessna nach Sardinien zu fliegen. Es meldeten sich drei Mitflieger an, einige Weitere wollten gleichzeitig mit Autos dorthin reisen. Es ergab sich, dass ein Wagen nur mit einem Fahrer belegt war, der zweite wäre ich gewesen. Leider besaß ich keine Fahrerlaubnis. Immer öfter kam uns in letzter

Zeit der Gedanke, dass es gut wäre, wenn ich den Führerschein hätte. Dann müsste auch Horst nach den Kursen nicht mehr selbst fahren und käme etwas früher dazu, sich zu entspannen.

Sogleich meldete ich mich bei einer Fahrschule an, denn bis zur Reise blieb nicht mehr viel Zeit. Die Abfahrt war für den 1. Juli 1987 festgelegt, die Fähre von Genua nach Sardinien bereits gebucht. Es gab eine vorgeschriebene Anzahl von theoretischen Unterrichtseinheiten und praktischen Fahrstunden. Für die Theorie war die Zeit bis zur Abfahrt zu kurz, der Fahrlehrer war jedoch so freundlich, mich etwas früher zur schriftlichen Prüfung zuzulassen, mit der Bedingung, dass ich den fehlenden Unterricht nach dem Urlaub nachholen würde. Die praktische Prüfung wurde nur einmal in der Woche abgenommen. In unserer Reisewoche war das ausgerechnet der 1. Juli - unser Abreisetag. Wir vereinbarten, dass ich morgens als Erste die Fahrprüfung ablegen konnte.

Bereits während der vergangenen Sardinienreise hatte Horst mich auf einem abgelegenen Feldweg das Autofahren gelehrt. Das letzte Stück zum Strand saß meistens ich am Steuer. Häufig ließ er mich rückwärts oder seitwärts einparken. Er erklärte mir genau, wie sich das Motorengeräusch anhört, wenn ich in den nächsten Gang schalten sollte. So vorbereitet war es für mich kein Problem, den Führerschein in dieser kurzen Zeit zu erhalten. Bei strahlendem Sonnenschein legte ich am 1. Juli frühmorgens die praktische Prüfung ab und kam gerade noch dazu, Horst den Führerschein zu zeigen. Es war für ihn höchste Zeit, zum Flugplatz nach Friedrichshafen aufzubrechen, weil er noch am gleichen Tag mit Zwischenlandung in Genua bis nach Sardinien fliegen wollte.

Etwa eine Stunde später brachen die restlichen Urlauber mit mehreren Autos auf. Ich fuhr bei A. mit. Auf diese Fahrt freute ich mich sehr, denn uns verband inzwischen eine Freundschaft. Genauso wie ich wurde sie von Horst geschult, genauso hatte sie mit Widerständen zu kämpfen und wir rätselten oft gemeinsam, wo die Lösung eines Problems zu finden sei. Manchmal ertappten wir uns im gleichen Fettnäpfchen. Wenn wir dies feststellten, konnten wir meist so herzhaft darüber lachen, dass die Schwierigkeiten von selbst der Heiterkeit weichen mussten.

Nach etwa einer Stunde Fahrt in Richtung Süden bot ich A. an sie abzulösen. Glücklich hatte ich ihr schon mehrmals meinen neuen, rosaroten Führerschein gezeigt. Seine Farbe und Größe waren neu und ich fand ihn viel schöner als die früheren Führerscheine. A. schien sich mit mir zu freuen, wollte jedoch noch selbst fahren. Eine weitere Stunde später dachte ich mir, dass es nun wirklich an der Zeit wäre, den Fahrer zu wechseln. Ihre Konzentration ließ bereits etwas nach. Auf dem nächsten Parkplatz legten wir eine kurze Rast ein. Da erklärte sie mir, dass sie mich nicht fahren lassen wollte, denn mit frischem Führerschein würde schließlich jede Fahrpraxis fehlen. Es wäre ihr zu anstrengend, wenn sie sich darauf konzentrieren müsste, ob ich auch sicher steuern könnte.

Ich fühlte mich wie vor den Kopf gestoßen. Die letzten Wochen hatte ich alles daran gesetzt, die Fahrerlaubnis noch vor dieser Reise zu erhalten, damit ich sie entlasten konnte - und nun das. Mehrmals versuchte ich A. zu überzeugen, dass sie sich keinerlei Sorgen zu machen brauchte, doch es war umsonst.

Während der restlichen Fahrt wurde ich immer einsilbiger. Mir fehlte jegliches Verständnis für ihr Verhalten und meine Liebe zu ihr wurde stark erschüttert. Auf der Fähre nach Sardinien sonderte ich mich ab, ich fühlte mich auf einmal einsam. Wie sehr sehnte ich mir Horst herbei, seit wir uns näher kannten, war es erst das zweite Mal, dass wir für über einen Tag getrennt waren.

Inzwischen fragte ich mich bei unliebsamen Situationen stets, weshalb sie geschehen. Während der Überfahrt wurde mir klar, dass ich A. auf einen hohen Sockel gestellt hatte. Sie wurde von Horst bereits viel länger geschult als ich und ich konnte von ihr vieles lernen. Sie war jedoch auch ein ganz normaler Mensch wie jeder andere, mit lichten und mit Schattenseiten. Das hatte ich offenbar vergessen. Außerdem hing ich wahrscheinlich ein wenig an ihr. Nun, da mir dies bewusst wurde, nahm ich sie in Gedanken von dem Sockel herunter und gestand ihr genauso viele Fehler zu wie mir selbst und allen anderen auch. Schon konnte ich sie wieder lieben. Oft sind es nur unsere eigenen Vorstellungen, wie der andere zu sein hat, die uns daran hindern, weiterhin das Gute in ihm zu sehen. Manchmal genügen ein oder zwei ungünstige Situationen, um uns all das Positive in ihm vergessen zu lassen. So schnell ist jedoch keiner vollkommen, irgendeine Schattenseite, an der wir uns stoßen können, begleitet jeden. Selbst Heilige haben noch ihre Eigenarten, sonst wären ja alle, die Selbstverwirklichung erreicht haben, gleich.

Als wir auf Sardinien ankamen, wurden wir freudig von Horst, seinen Mitfliegern und einigen, die schon vor uns angereist waren, begrüßt. Obwohl ich dachte mein Reiseerlebnis inzwischen verarbeitet zu haben, spürte Horst sofort, dass mit mir etwas nicht stimmte. So erzählte ich ihm, was vorgefallen war. Da Horst für die Entwicklung von A. Verantwortung übernommen hatte, gab es für sie nun einen langen Vortrag über Nächstenliebe.

Durch die Autofahrt wurde mir erst richtig bewusst, wie sehr Horst stets an den Nächsten dachte. Bot sich ihm die Gelegenheit, auch nur das Geringste für andere zu tun, so scheute er keine Mühe und keinen Aufwand, um es durchführen zu können. Niemals hätte er jemandem etwas verwehrt, nur weil es für ihn selbst unangenehm gewesen wäre. Wie oft wurde Horst missverstanden, weil sich kaum ein Mensch vorstellen konnte, dass solch eine vollkommene Nächstenliebe möglich ist.

Wir verbrachten wieder herrliche Tage am Meer. Horst führte zahlreiche Rundflüge durch und ich erhielt oft wertvolle Ratschläge für das Steuern eines Autos. Wenn jemand Auto fahren konnte, war es Horst. Fuhr er gemütlich, dann lenkte er so harmonisch, dass man selbst die vielen Kurven auf Sardinien kaum bemerkte. Ab und zu bereitete es ihm aber auch Spaß, sehr schnell zu fahren. Für ihn war das Autofahren eine von vielen Möglichkeiten, das Göttliche durch sich wirken zu lassen. Weil beim Autofahren die Schwächen des Fahrers besonders leicht zu erkennen sind, sagte er einmal:

„Um jemand geistig zu schulen, benötigt man eigentlich nur ein Auto."

Fuhr Horst bei jemandem mit, so konnte er mir danach genau sagen, wo die Schwächen und Stärken des Fahrers lagen. Dabei schloss er aus dem Fahrstil auf die daraus ersichtlichen Eigenschaften, wie Rücksichtnahme und Nächstenliebe, Intuition und vorausschauendes Denken. Später schulte Horst mich sehr viel über das Autofahren. Eine Zeit lang war das weder für ihn noch für mich ein Vergnügen.

Mehrmals erklärte er mir bis ins Detail die Funktion und den Aufbau des Motors. Mit solchen technischen Dingen hatte ich jedoch meine Mühe. Als ihm einmal kein anderes Mittel mehr einfiel, versuchte er es mit folgender Bemerkung:

„Hör auf die Musik der Straße, lausche, was sie dir sagen möchte, und steuere das Auto in Harmonie dazu."

Vielleicht lag es daran, dass ich eine Frau bin – jedenfalls klang dieser Satz für mich völlig verständlich. Von da an begriff ich zusehends, wie man ein Auto harmonisch steuert.

Auf der Rückreise von Sardinien fuhr ich bei jemand anderem im Auto mit. Über Nacht setzten wir mit der Fähre nach Genua über. Beim Einmanövrieren des Schiffes in den Hafen stand ich an der Reling und beobachtete bewundernd das Geschehen. Da sah ich vier Personen fröhlich winkend am Pier stehen. Waren das nicht Horst und seine drei Mitflieger? Als wir die Fähre verließen, erkannten wir sehr überrascht, dass sie es tatsächlich waren. Aufgrund des schlechten Wetters war es ihnen nicht möglich gewesen, von Genua weiterzufliegen, und wir verteilten die vier auf die Autos, die zurückfuhren. Obwohl es etwas eng war, hatten wir viel Freude auf dem Rückweg. Das Flugzeug holte Horst mit einem Bekannten, der ebenfalls den Flugschein besaß, einige Zeit später in Genua ab.

*

Wieder zu Hause begann für mich eine Zeit intensiver nächtlicher Erlebnisse. Gelegentlich sagte Horst:

„Ein Yogi sollte sein Bewusstsein 24 Stunden täglich bei Gott halten können."

Diese Aussage schloss eindeutig die Nacht mit ein. Wenn dies jedoch schon am Tag schwer genug war, so erschien es mir in der Nacht gar unmöglich.

Gleichwohl wurde ich ganz unbemerkt geschult, mir die nächtlichen Erlebnisse bewusst zu machen. Es hatte bereits vor etwa einem Jahr damit begonnen, dass ich nachts oft die unverstandenen Geschehnisse des Tages verarbeitete. Verbunden mit dem Mangel an Bewegung wirkte sich dies in heftigen Träumen und starken Muskelzuckungen aus. Manchmal wachte ich von meinen intensiven Bewegungen sogar auf. Natürlich wurde Horst dadurch gestört und ich musste mir etwas dagegen einfallen lassen.

Einmal sprach Horst über eine Methode, bei der man sich abends programmiert, wann man am nächsten Morgen aufwachen möchte. Dies geschieht folgendermaßen:

Man stellt sich die Uhr mit den Zeigern auf der gewünschten Zeit vor und spricht gedanklich den Satz:

„Ich, (vollständiger Name), wache morgen früh um soundso viel Uhr *von selbst* auf."

Mein Gedanke war, dass dies auch bei den nächtlichen Bewegungen funktionieren müsste. Daher sagte ich mir vor dem Einschlafen:

„Ich, Birgitt Heigl, wache sofort von selbst auf, wenn meine Muskeln unkontrollierte Bewegungen ausführen wollen."

Tatsächlich wurde der Schlaf nun jedes Mal unterbrochen, wenn dies geschah. Das behagte meinem Körper offensichtlich gar nicht und so hörten die Bewegungen nach kurzer Zeit vollständig auf.

Bald danach plagten mich immer wieder Träume, die mir sehr unangenehm waren. Häufig kamen darin schwarze Spinnen vor, etwas, das ich weder bei Tag noch bei Nacht besonders anziehend fand. Zuerst überlegte ich, was ich aus diesen Träumen lernen sollte, kam aber zu keinem Ergebnis. Daraufhin programmierte ich mich erneut, sogleich aufzuwachen, falls ein solcher Traum kommen sollte. Nach kurzer Zeit kam keiner mehr.

Nach wie vor verarbeitete ich die meisten unverstandenen oder ungeliebten Geschehnisse in der Nacht. Anschließend war ich oft wie zerschlagen und Horst sah in ein mürrisches, verschwollenes Gesicht, wenn er am Morgen die Augen öffnete. Das war für ihn natürlich keine Freude und daher meinte er zu mir:

„Könntest du morgens nicht lächelnd den neuen Tag begrüßen? Es ist viel schöner, jeden Morgen in ein strahlendes Gesicht zu sehen."

Zunächst dachte ich mir, dass ich ja schließlich nichts dafürkönne. Ich durchlief eine intensive Lernphase, wie sollte ich frühmorgens lächeln, wenn mir innerlich nicht danach war?

Doch ich kam nicht umhin, Horst recht zu geben. Mit einem freundlichen Gesicht beginnt der Tag viel angenehmer und mit meiner Miene mutete ich ihm einiges zu. Wieder überlegte ich, wie es mir gelingen könnte, gleich nach dem Aufwachen zu lächeln. Die erste Idee, die mir einfiel, war die Programmierung:

„Ich, Birgitt Heigl, lächle von selbst sofort nach dem Aufwachen!"

Es funktionierte auf Anhieb, wenngleich ich mir zunächst etwas komisch vorkam, zu lächeln, obwohl mir eigentlich nicht danach war. Bald schon merkte ich jedoch, dass sich ein Rückkopplungseffekt einstellte. Ich lächelte morgens und allein dadurch begann sich die Stimmung zu heben. Bereits nach wenigen Wochen wachte ich nicht nur lächelnd auf, sondern spürte auch in mir die Freude auf den neuen Tag, und natürlich die Freude, als Erstes Horst sehen zu können.

Zu einem anderen Zeitpunkt sagte Horst, dass es uns zur Pflicht werden sollte, den Mitmenschen lächelnd zu begegnen. Dies sei ein Teil der Nächstenliebe. Wenn man in jedem Menschen den Funken Gottes anerkennen könne, werde das Lächeln zur Selbstverständlichkeit.

Als ich später den schwierigsten Teil meiner Schulung hinter mir hatte und die Nacht nicht mehr so sehr zum Verarbeiten unverstandener Situationen brauchte, erklärte Horst, wie der Tag am besten zu beenden sei:

„Der Schlaf ist der tägliche ‚kleine Tod' des Menschen. Wem es gelingt, jeweils vor dem Einschlafen an Gott zu denken, der wird dies auch in seiner letzten Lebensminute tun. Eine Möglichkeit ist, abends im Bett zu beten oder mental Mantras zu singen. Dabei verschwinden von allein die Probleme des Alltags, das Bewusstsein wird angehoben und es fällt leichter, mit den Gedanken bei Gott einzuschlafen."

Sogleich überlegte ich, welches Mantra geeignet wäre, um es vor dem Einschlafen zu singen. Ich wählte das Hare-Ram-Mantra aus. Es wurde einst von Shrees Mutter Sonamata in seiner ursprünglichen Form wiederbelebt und vor allem für Frauen empfohlen. Noch am gleichen

Abb. 1 Param Sadguru Shree Gajanan Maharaj

Abb. 2 Horst in Disney World (Florida 1994)

Abb. 3 rechts oben:
Birgitt etwa 1987

Abb. 4 links unten:
Birgitt beim Darshan
im Tempel (Okt. 1987)

Abb. 5 rechts unten:
Birgitt im Gespräch in
Shivapuri (Okt. 1987)

Abb. 6
Nach der Trauung: im Standesamt Salem am 6.4.1990

Abb. 7
Nach der Trauung: Ankunft am Homa-Hof Heiligenberg

Abb. 8
Selbst gebasteltes Schiffchen aus Kokosnuss auf Bandos (Malediven)

Abb. 9
1. Hochzeitstag auf Bandos 1991

Abb. 10 Schweden
Unser bevorzugter Rastplatz Nestången liegt an diesem See.
Er befindet sich etwa 24 km von Kisa (Östergötland) entfernt.

Abb. 11 Schweden
Hoch im Norden: klare, weite Sicht - Einsamkeit

Abb. 12 Schweden
Ruhige Plätze, an denen man ungestört stehen kann, gibt es zahlreiche und viele Seen - Gelegenheiten, das mitgebrachte Kanu zu benutzen.

Abb. 13 Schweden
Rentiere begegneten uns in Nordschweden oft auf der Straße.

Abb. 14 Zufahrt zum Homa-Hof
(links Wohnhaus, rechts Scheune)

Abb. 15 Homa-Hof von Westen aus gesehen
Hinter den hohen Gräsern befindet sich rechts ein kleiner Teich.

Abend rezitierte ich es mental über eine halbe Stunde lang. Daraufhin fühlte ich mich so energiegeladen, dass an Schlaf nicht mehr zu denken war. Etwas verunsichert probierte ich es die nächsten beiden Abende wieder aus, doch sie verliefen ebenso.

Einmal mehr wandte ich mich an Horst und er empfahl mir ein anderes Mantra. Damit stellte sich nun tatsächlich der gewünschte Effekt ein. Höher und höher wurde mein Bewusstsein getragen, bis ich schließlich voller Seligkeit einschlief. Nach einiger Zeit der Übung lief das Mantra von allein die ganze Nacht weiter. Wachte ich zwischendurch auf, so hörte ich, wie es in meinem Inneren erklang. Selbst am nächsten Morgen konnte ich es ohne mein bewusstes Dazutun immer noch hören.

Einige Jahre später übte ich tagsüber sehr viel das Hare-Ram-Mantra und wollte es für die Nacht nicht ändern. Zaghaft versuchte ich, ob ich vielleicht jetzt damit einschlafen könnte. Es gelang mühelos. Horst erklärte, dass das Hare-Ram-Mantra unter anderem die hohe Form der Liebe im Menschen weckt. Liebe ist der Aspekt Gottes, der dem Feuer-Element entspricht. Diesem Element ist jedoch auch die Aktivität zugeordnet, also etwas, was man vor dem Einschlafen nicht gebrauchen kann. Es war mir daher erst möglich, dieses Mantra zu rezitieren und dabei trotzdem zur Ruhe zu kommen, als ich das Feuer-Element besser beherrschte.

Doch nun zurück zu der Zeit nach der Sardinienreise im Sommer 1987.

Nach dieser Reise hatte ich drei Nächte hintereinander den gleichen, intensiven Traum. Darin verkörperte ich einen Wanderer, unentwegt am Gehen. Wenn ich mich einer Ortschaft näherte, beschleunigte ich voller Vorfreude meine Schritte, weil ich hoffte, mich dort ausruhen zu können. Kaum war der Ort erreicht, kam jedes Mal die Enttäuschung. Die Bewohner fingen an mich zu beschimpfen und zu schlagen, sodass ich schnellstens weiterging. Auf diese Weise gab es weder Rast noch Pause. Ich ging und ging und ging.

Tatsächlich fühlte ich mich wie in diesen Träumen. Ich wünschte mir nichts sehnlicher als eine Rast auf meiner spirituellen Reise, einmal an nichts denken zu müssen, nicht zu überlegen, was meine nächste Handlung bewirken würde, einmal ohne jegliche Verantwortung Arme und Beine von mir strecken zu können. In dieser Phase meiner Entwicklung duldete Horst jedoch keine Pause. Er trieb mich unaufhörlich vorwärts und ich konnte froh sein um mein volles Vertrauen zu ihm, in dem Wissen, dass ihm sehr wohl bewusst war, was für mich gerade gut und richtig war.

Einige Tage nach diesen Träumen hatte ich ein weiteres Traumerlebnis. Es war so deutlich und echt, als wäre es wirklich geschehen.

Der Traum spielte zur Zeit der Rittersleute. Horst war ein hoher Burgherr und ich seine Gemahlin. Er hatte einen wichtigen Auftrag auszuführen und musste für ein paar Tage verreisen. Beide hatten wir kein gutes Gefühl und Horst zögerte die Abreise so lange wie möglich hinaus. Immer wieder verabschiedeten wir uns, doch schließlich war kein weiterer Aufschub mehr zu verantworten und Horst ritt mit Gefolge davon. Kaum entschwanden sie meinen Blicken, ging ich in die Burg zurück, legte mich plötzlich geschwächt nieder und verschied augenblicklich. Danach sah ich mich wie auf einer Wolke sitzen und Shree saß neben mir. Von hier oben konnte ich Horst mit seinem Gefolge auf der Reise beobachten. Intuitiv erfasste er wohl, dass ich soeben gestorben war, denn er wendete plötzlich sein Pferd und raste im Galopp zurück zur Burg, als könnte er mich noch retten.

In der Zwischenzeit klärte Shree mich darüber auf, dass nun hier oben mein Platz sei. Ich zeigte jedoch auf Horst und wollte unbedingt zu ihm. Verzweifelt erklärte ich Shree, wie sehr wir uns lieben würden, unmöglich könnte ich jetzt die Erde verlassen. Shree legte wie ein Vater beruhigend seinen Arm um mich und versicherte mir, dass man hier oben ebenfalls sehr viel Liebe für mich hätte. Es gelang ihm aber nicht, mich zu beruhigen, ich wollte nur eines, und das war zu Horst, noch bevor er sehen würde, was mit mir geschehen war. Genau in dem Moment, als Horst die Burg erreichte, wachte ich auf.

Dieser Traum kam nicht von ungefähr. Schon als Kind versuchte ich manchmal in die Zukunft zu fühlen, was wohl auf mich zukommen würde. Hin und wieder gelang mir dies auch, aber das Vorfühlen endete stets im Alter zwischen 22 und 25 Jahren. Instinktiv dachte ich, dass hier wahrscheinlich mein Lebensende sei. Später bestätigte mir Horst, dass mein Horoskop in dem Alter tatsächlich eine Todeskonstellation aufwies. Ein Astrologe machte Horst in meiner Abwesenheit ebenfalls darauf aufmerksam.

Nur wenige Nächte später, vom 31. Juli auf den 1. August 1987, folgte eine für mein weiteres Leben entscheidende Traumvision. Wieder erlebte ich sie absolut wirklichkeitsgetreu:

Horst, einige aus der Gruppe und ich befanden uns in Shivapuri, dem Wohnsitz von Shree. Wir saßen in der Nähe eines Raumes, als wir erfuhren, dass Shree sich in dem Raum aufhielt und wir Darshan haben könnten. Einer nach dem anderen ging hinein. Ich hatte Turnschuhe an und brauchte sehr lange, um sie auszuziehen. Deshalb war ich die Letzte, die den Raum betrat. Mit Konzentration auf das höchste Licht, das durch Shree wirkte, verneigte ich mich hingebungsvoll vor ihm. Noch bevor mein Kopf den Boden berührte, spürte ich von Shree aus einen starken Lichtstrahl in mein Scheitelchakra (entspricht etwa der großen Fontanelle auf dem Kopf) einströmen. Als ich wieder aufstand, erhob sich auch Shree. Er kam auf mich zu und legte wie ein liebender Vater seinen Arm um meine Schultern. Sein Antlitz strahlte vor Freude, als er mir erklärte, dass heute mein Geburtstag sei. Er sagte, dass ich ein guter Mensch in Gedanken und Werken sei. Danach erklärte er mir:

„Dein Geburtstag wurde geändert. Du hast jetzt am 14. März Geburtstag!"

Anschließend fragte er sehr liebevoll, ob es für mich auch in Ordnung sei, dass ich nun an einem anderen Tag Geburtstag hätte.

Shree begleitete mich bis zum Ausgang des Raumes und ich ging allein nach draußen. Am liebsten wollte ich die freudige Nachricht allen Umstehenden erzählen, aber es hörte mir keiner zu. Man forderte mich auf, jetzt still zu sein.

Am nächsten Morgen war ich noch ganz berauscht von diesem Traumerleben. Ich berichtete niemandem davon, weil mir durch den Schluss klar war, dass ich es für mich behalten sollte. Erst einige Zeit später teilte ich es Horst mit. Er sprach zu mir:

„Dadurch, dass Shree deinen Geburtstag geändert hat, wurde dein Horoskop geändert. Das vorherige hat nun keine Gültigkeit mehr."

Wer kann die Größe eines solchen Geschenks ermessen? Und wer kann die Größe von jenem begreifen, der solch ein Geschenk zu geben vermag? Ich konnte mich nur zutiefst ergriffen und dankbar vor ihm verneigen.

Viele Jahre später wurde mir der Zusammenhang zwischen der Traumvision und einer Aussage von Shah Sahib bewusst. Der große Seher äußerte während der Indienreise 1985 in Bezug auf den Mann, den ich kennenlernen sollte, dass im August 1987 alles klar sein würde. Zu jener Zeit dachte ich mir, dass hier eine Hochzeit oder wenigstens eine Verlobung stattfinden würde. Jetzt geschah nichts dergleichen. Wie sich herausstellte, war die Geburtstagsänderung jedoch ausschlaggebend für die Zukunft zwischen Horst und mir. Nicht nur übersprang ich dadurch die für mich ungünstige Konstellation, sondern Horst und ich erhielten hiermit ein ideales Partnerschaftshoroskop – und wir waren nun beide vom Tierkreiszeichen her Fische!

Um sicherzugehen, sprach ich Horst auf mein möglicherweise bevorstehendes Lebensende an. Ich konnte sehr nüchtern und ohne große gefühlsmäßige Beteiligung darüber reden, weil er mir bereits jegliche Angst davor genommen hatte. Mir wurde bewusst, wie wichtig es war, dass er diesen Lernprozess in so kurzer Zeit bei mir vollzogen hatte, und dass tatsächlich weder eine Pause noch ein Aufschub möglich gewesen war. Horst nahm dazu folgende Stellung:

„Betrachte es so, als ob du nun ein geschenktes Leben hättest. Überlege dir gut, was du damit anfangen möchtest."

Viel zu überlegen gab es nicht, denn mein einziger Wunsch war, für Shree und für Horst da sein zu dürfen und ihre Arbeit zu unterstützen. Noch war ich als Werkzeug ungeeignet, wenn auch der grobe Grundschliff schon Erfolge zeigte.

## *Letzte Reise zu Shree*

„Die Frau sei dem Manne untertan – der Mann betrachte die Frau als höchstes Gut."

Diesen Satz betonte Horst manches Mal, wenn er wegen Fragen zur Ehe angesprochen wurde. Er fasste damit in Kurzform einen Abschnitt der Bibel (Epheser 5.22-5.33) zusammen.

Genau dieser Satz schoss mir heute durch den Kopf, als ich hustend und mit hochrotem Gesicht mein Trinkglas absetzte. Horst, der mir gegenübersaß, konnte ein leicht amüsiertes Lächeln nicht ganz verbergen. Warum war ich auch so voreilig gewesen, beim Kellner eine Bestellung aufzugeben, obwohl er mir schon so oft beizubringen versucht hatte, dass dies Aufgabe des Mannes sei!

Doch ich will von vorn beginnen. Horst und ich hatten noch nie zusammen, ohne jegliche weitere Begleitung, einen Urlaub verbracht. Am 1. September 1987 erfüllten wir uns diesen Wunsch und fuhren gemeinsam auf die Insel, die damals fast wie eine zweite Heimat für ihn war - nach Sardinien. Ein paar Tage nach unserer Ankunft geschah ein kleines Missgeschick. Wir stellten das Auto vor einer Bar ab, welche wunderschön zwischen steil aufragenden Felsen am Meer lag. Nach dem Aussteigen – eine Autotür war noch geöffnet - kam uns die Idee, nicht gleich zum Schwimmen zu gehen, sondern lieber erst einen Espresso zu trinken. In dem Moment schlug eine starke Windböe die Autotür zu, das Knöpfchen zum Verriegeln war bereits gedrückt. Ein Autoschlüssel steckte im Zündschloss, der andere befand sich in meiner Handtasche im Kofferraum. Wir standen vor verschlossenen Wagentüren. Aus dem Espresso wurde erst einmal nichts. Über eine halbe Stunde lang mühten wir uns ab, den Kofferraum irgendwie zu öffnen, aber es gelang uns nicht.

Mit unseren immer verzweifelter werdenden Bemühungen zogen wir die Aufmerksamkeit einiger junger Männer auf uns. Es waren Italiener, die uns ihre Hilfe anboten. Horst und ich sahen uns erstaunt an, als ein paar gezielte Handbewegungen von ihnen ausreichten, um innerhalb kürzester Zeit den Kofferraumdeckel aufspringen zu lassen. Wir bedankten uns herzlich und dachten lieber nicht darüber nach, dass wir bisher all unsere Gegenstände im Kofferraum als diebstahlsicher untergebracht wähnten.

Zum Dank lud Horst die jungen Männer zu einem Getränk in die Bar ein. Als das Gespräch auf die vergangene Fußballmeisterschaft kam, entfachte sich eine hitzige Diskussion und wir beide setzten uns lieber in eine ruhigere Ecke an einen kleinen Tisch. Der Kellner kam und Horst bestellte für uns je einen Espresso. Um uns etwas Gutes zu tun, fragte der Kellner, ob wir gerne einen Aquavit dazu trinken wollten. Mein Durst war gewaltig, meine Italienisch-Kenntnisse leider nicht. Ich wusste, dass „Aqua" Wasser bedeutet, „Aqua-Vit" legte ich als vitales Wasser, also Mineralwasser, aus. Noch bevor Horst sich dazu äußern konnte, bestellte ich ein „Aqua-Vit" für mich und nachdem Horst zwar leicht erstaunt blickte, dann aber doch nickte, ein weiteres für ihn.

Schon oft hatte Horst mir erklärt, dass sich eine Frau vor allem in der Öffentlichkeit nicht über ihren Mann hinwegsetzen sollte. Der Mann ist der aktive Pol, die Frau der passive. Eine Bestellung aufzugeben ist ein aktiver Vorgang, also Sache des Mannes. Schon manches Mal gab ich ihm Anlass zu der Bemerkung:

„Sehr gerne würde ich dich als etwas Wertvolles behandeln, dir helfen und dich verwöhnen. Du solltest mir jedoch auch die Gelegenheit dazu lassen."

Obwohl ich mich bemühte, ging doch noch häufig mein Temperament mit mir durch. Von einem Mann verwöhnt zu werden, war ich nicht gewohnt. Bevor ich Horst kennenlernte, hatte mir niemand in den Mantel geholfen, keiner die Tür aufgehalten und als selbstbewusste Frau bestand ich in der Vergangenheit darauf, mir mein Essen selbst zu bestellen.

Horst liebte es, mir eine Freude zu bereiten. Durch meine Voreiligkeit gelang es mir aber leider immer wieder, seine liebevollen Absichten zu durchkreuzen. Was nun an diesem Tag auf Sardinien geschah, war nur eine Folge meines eigenen Verhaltens.

Der Kellner kam freudig mit den Espressi und zwei Saftgläsern an unseren Tisch, um meinen bestellten Wunsch zu erfüllen. Die Gläser waren nicht ganz voll, was mich etwas wunderte. Leider dachte ich nicht weiter darüber nach, nahm das Glas mit seinem klaren Inhalt in die Hand und trank, um meinen Durst zu löschen, einen großen Schluck. Den Weg der Flüssigkeit vom Mund bis zum Magen konnte ich noch Minuten später deutlich verfolgen. Hustend sah ich Horst mit großen, fragenden Augen an. Erst jetzt merkte er, dass ich offensichtlich mit einem anderen Getränk gerechnet hatte. Aquavit war kein Mineralwasser, sondern vielmehr Feuerwasser! Der reine Schnaps war von besonderer Stärke. Später erfuhren wir, dass ihn viele Sarden selbst brannten.

Diese Lektion prägte sich mir gut ein. Von da an brauchte Horst mich nie mehr daran zu erinnern, dass es in einer Partnerschaft Sache des Mannes ist, eine Bestellung aufzugeben. Wenn ein anderer etwas lernen sollte, war Horst für alle denkbaren Begebenheiten offen, die es ermöglichten, eine neue Erfahrung zu erwerben. Der Schnaps war nur ein rechtes Mittel zum Zweck. Allerdings hatte er angenommen, dass ich wüsste, was ein Aquavit ist, und sein überraschter Blick, als ich bestellte, galt meinem seltsamen Wunsch. Nun war er aber so fair, sein scharfes und ungewohntes Getränk ebenfalls zu leeren. Dabei verzog er keine Miene und trank es wie Wasser. Später klärte er mich darüber auf, was währenddessen in seinem Bewusstsein ablief.

Falls nun jemand dazu neigen sollte zu denken, dass es Horst von außergewöhnlicher Wichtigkeit erschien, als Mann in der Öffentlichkeit stets aktiv aufzutreten, möchte ich ihn gleich vom Gegenteil überzeugen. Alles, was sich im Äußeren abspielt, sah er als Spiel, mit dem es möglich ist, Erfahrungen zu sammeln. Als ich nach einigen Jahren gelernt hatte, mich als seelisch aktiver, jedoch weltlich passiver Teil an seiner Seite zu sehen, konnte es durchaus vorkommen, dass wir im weltlichen Geschehen hin und wieder die Rollen tauschten.

Nachdem sich meine Schleimhäute in Mund, Speiseröhre und Magen wieder beruhigt hatten (Horst verspürte keinerlei solcher Symptome), sorgten wir im klaren, salzigen Nass für körperliche Erfrischung. Wir fühlten uns wie Fische im Wasser, schnorchelten und tauchten immer wieder ab, um uns an der Unterwasserwelt zu erfreuen. Der September ist auf Sardinien in der Umgebung von Arbatax eine besondere Zeit. Luft- und Wassertemperaturen sind noch angenehm warm, darüber hinaus beginnt jedoch die Erntezeit. Immer wieder sah man hoch beladene Wagen, die köstliche Weintrauben transportierten. Häufig bekamen wir von den freundlichen Besitzern welche geschenkt. In den Bergen hielten die Feigenbäume ihre süßen Früchte zum Pflücken und Aufsammeln bereit.

Schon seit mehreren Jahren bereiste Horst diesen Teil Sardiniens und er hatte hier inzwischen manch guten Bekannten. Wir besuchten einige von ihnen und da wir dieses Mal nur zu zweit waren, ließ es sich keiner nehmen, uns einzuladen. Jeder bot uns Selbstgemachtes an: entweder Rotwein oder Schnaps oder beides! Damit brachten sie uns etwas in Verlegenheit, weil wir normalerweise Fleisch und Alkohol mieden.

Wenn man auf dem geistigen Entwicklungsweg voranschreitet, gelangt man zunehmend in höhere und sogar höchste Lichtschwingung. Aus dieser können Erlebnisse entstehen, die so unbeschreiblich schön sind, dass man sie mit Worten nicht mehr auszudrücken vermag. Hat man einmal vom himmlischen Nektar gekostet, so lässt das Verlangen nach Fleisch und Alkohol von selbst nach. Beides hat eine niedrige Eigenschwingung. Bei deren Genuss würde sich die eigene Schwingung mit absenken und das Erreichen hoher Lichtzustände wäre damit schwierig. Es ist fühlbar, dass es einem guttut, Fleisch und Alkohol zu meiden, wenn man bereits hohe Schwingung erlebt hat.

Horst war niemals ein Fanatiker. Wenn ihn jemand fragte, ob vegetarische Ernährung wichtig für das geistige Voranschreiten sei, dann antwortete er meist, dass sich der Körper schon melde, wenn es so weit sei. Dies könne z. B. durch Übelkeit, Hitze oder Ähnliches geschehen. Wenn nicht moralische Gründe jemanden veranlassen kein Fleisch mehr zu essen – immerhin müssen dazu Tiere getötet werden, welche oftmals unter erbärmlichen Bedingungen leben mussten –, so empfahl Horst, langsam zu reduzieren.

Im Islam wird streng darauf geachtet, kein Schweinefleisch zu konsumieren. Es wird als unrein bezeichnet. Horst erklärte, dass dies richtig sei, wenngleich sich die Unreinheit nicht auf die Lebensweise des Tieres, sondern auf dessen niedrige Eigenschwingung beziehe. Wenn jemand in der geistigen Entwicklung voranschreiten will und bewusst darauf hinarbeitet, tut er gut daran, als Erstes Schweinefleisch zu meiden.

Als Nächstes folgt Rind, dann Ziege und Schaf, später Kleintiere und schließlich Geflügel. Von der Schwingung her können Fisch und Meeresfrüchte noch länger verzehrt werden. Horst stellte damals fest, dass er Eier weniger vertrug als Fisch. Alkohol wirkt sich generell ungünstig auf die Schwingung und damit auf alle erhabenen Gemütszustände aus.

Strebt jemand intensiv nach dem Göttlichen, dann wird er von selbst das Fleisch hoch entwickelter Tiere wie zum Beispiel Hirsch und Reh von seinem Speiseplan streichen.

Da saßen wir nun auf Sardinien vor unserem ersten Gläschen Rotwein – es war uns gelungen, den Schnaps höflich zu umgehen - und ich beobachtete Horst, wie er sich wohl aus der Affäre ziehen würde. Noch einmal war ich an der Reihe, überrascht zu sein. Er ließ sich den Wein einfach gut schmecken. Kurz entschlossen tat ich es ihm gleich und dachte mir dabei, was ihm nicht schadet, wird auch mir nichts tun.

Es gab einen Satz, der öfter von Horst zu hören war:

„Der Geist herrscht über die Materie."

Wenn mein Bewusstsein stimmt, ich mir demnach vorstelle, dass das, was ich zu mir nehme, nur zu meinem Besten ist, dann ist es zu einem großen Teil möglich, ungünstige Einflüsse zu umgehen. Inzwischen haben Wissenschaftler herausgefunden, dass Menschen, die mit viel Freude und Ruhe relativ ungesunde Nahrung zu sich nehmen, häufig wesentlich gesünder sind als solche, die beim Essen ständig darauf achten, dass ja alles ihren Vorstellungen von richtiger Ernährung entspricht.

Horst stellte sich nun vor, er würde feinen, frischen Traubensaft trinken, und ich stellte mir vor, das Gleiche zu trinken wie er. Tatsächlich verspürten wir nicht den Hauch einer unangenehmen Wirkung, obwohl wir erst nach dem dritten Besuch, das bedeutete nach dem dritten Glas Rotwein, unsere Freundschaftsbesuche einstellten.

Die Imagination, also die Vorstellungskraft, ist eine der großen Kräfte, die der Mensch besitzt. Mit diesen kleinen Beispielen, die Horst mir hier demonstrierte, wurde mir langsam bewusst, wie sehr alles Irdische darauf reagiert. Mehr und mehr wurde mir klar, welche Bedeutung dem zukommt, was sich in unseren Gedanken abspielt, während wir eine Tätigkeit verrichten oder Nahrung zu uns nehmen. In Indien gibt es folgende Aussage:

„Du weißt nie, was ein Yogi wirklich isst."

Das heißt, das, was sich auf dem Teller eines Yogis befindet, ist nicht unbedingt das, was er von der Schwingung her zu sich nimmt. Es kommt darauf an, was sich in dem Moment in seinem Bewusstsein abspielt. Inzwischen gibt es einige Beispiele, wo streng vegetarisch lebende Meister Fleisch aßen, nur um ihren Schülern zu demonstrieren, dass davon allein die Seligkeit nicht abhängig ist. In Wirklichkeit würden sie sich aber hüten mit solch einer Nahrung ihre eigene Schwingung stark herabzusetzen. Ihre geschulte Imagination genügt, um vor dem Verzehr die Speisen umzuwandeln.

Immer wieder hielt mich Horst an, vor der Nahrungseinnahme mein Bewusstsein auf Gott auszurichten. Die Nahrung wurde in dem Maße angehoben, wie es mir möglich war, mich auf Gott zu konzentrieren. Kam ich dann in Verlegenheit, etwas zu mir nehmen zu müssen, was mein Körper normalerweise nicht mehr vertrug, so war dies eine große Hilfe.

Wenn man sein Bewusstsein und über dieses die Speisen und Getränke in der Schwingung anheben will, gibt es dafür wirksame Hilfsmittel. Eine Möglichkeit ist, vor dem Verzehr Mantras zu singen. Mantras heben allein schon durch ihre Laute und ihren Klang die Schwingung an, ungeachtet dessen, ob ihr hoher Inhalt bekannt ist. Fällt es jemandem leichter, durch erhebende Worte sein Bewusstsein auf Gott auszurichten, so kann dies auch über ein Tischgebet geschehen.

Auf die Umwandlung der Speise legte Horst großen Wert. Einmal sagte er dazu:

„Wer die Speisen wandeln kann, kann auch den Menschen wandeln."

Die Umwandlung beschränkt sich demnach nicht nur auf die Nahrung, sondern man kann sie, wie Horst ein andermal erklärte, mit allem praktizieren: Essen, Trinken, Gedanken, Gefühlen usw. Je mehr das Bewusstsein dabei in Gott ruht, desto höher kann alles erhoben werden. Bei einem Gottesboten wie z. B. Jesus Christus, dessen Bewusstsein eins mit dem Allmächtigen war, geschah die Umwandlung vollkommen.

Eines Tages führte Horst A. und mir vor Augen, wie weit unser Können im Umwandeln bereits gediehen war. Wir suchten ein Restaurant auf und bestellten Fleischgerichte. Horst und ich jeweils ein Stück von einem Hähnchen, A. Fleischkäse. Horst konzentrierte sich auf die Umwandlung der Speise und wir versuchten es ihm gleichzutun. In solchen Fällen war ich meist so aufgeregt, dass ich von vornherein dachte, dass es mir nicht gelingen würde. Aber ich war zutiefst davon überzeugt, dass Horst niemals nur seine Nahrung in der Schwingung erhöhen würde, ohne es auch mit der meinen zu tun. In dieser sicheren Überzeugung verzehrte ich mein Stück mit viel Genuss und es bekam mir bestens. Horst ließ es sich ebenfalls schmecken und er vertrug es hervorragend, obwohl sein Körper sonst schon bei einem einzigen Ei in große Hitze geraten konnte.

A. hatte sich mit dem Fleischkäse ein Gericht ausgesucht, das von der Schwingung her weit unter dem Hähnchen stand. Ihre Übung wurde damit schwieriger. Um ihr zu helfen, nahm Horst ihr ein Stückchen des Gerichts ab und verzehrte es mit Hochgenuss. Zunächst hatte A. auch keine Schwierigkeiten damit, aber dann merkte sie plötzlich, dass es ihr nicht richtig gelang. Ihre Umwandlung der Speise praktizierte sie anschließend die gesamte Nacht hindurch. Ihr wurde dermaßen übel, dass der Mageninhalt vollständig nach außen „gewandelt" wurde. So einfach war es wohl doch nicht.

Nach diesem Ereignis war mir klar, dass mir durch mein unerschütterliches Vertrauen in Horst manches leichter fiel. Wäre ich nicht zutiefst überzeugt von seiner Liebe und Fürsorge für mich gewesen, dann wäre es mir wahrscheinlich genauso ergangen wie A.

Zu einem späteren Zeitpunkt sprach Horst am Frühstückstisch, nachdem wir bereits Mantras gesungen hatten, ganz unerwartet ein Tischgebet, welches ihm über Nacht gegeben wurde. Er trug es mit seiner warmen Stimme, die am Morgen meist etwas tiefer war, voller Andacht vor. Ein ehrfurchtsvoller Schauder durchströmte meinen Körper, als ich sein Gebet vernahm:

Allmächtiger Gott,
segne Speise und Trank
mit Deinem heiligen, höchsten Licht,
auf dass Deine Herrlichkeit in uns und durch uns wirke,
zum Wohle alles Geschaffenen. Amen.

Unser Frühstück war nun wahrlich verwandelt. Horst gab das Gebet am folgenden Tag, es war der 1. Advent, an die Homa-Hof-Mitglieder weiter. Wir erhielten darüber hinaus den Rat, wenigstens eine Minute danach nichts zu sprechen und die ersten Bissen bzw. Schlucke ganz bewusst entsprechend den Worten einzunehmen. Dies hat eine sehr positive Wirkung auf den gesamten Menschen.

*

Doch nun zurück zur Sardinienreise im September 1987. Während dieses Urlaubs waren erst einige Tage vergangen und so viel Neues hatte ich in dieser kurzen Zeit gelernt. Jetzt besuchten wir noch das Capo Testa im Norden Sardiniens.

Hier sah ich zum ersten Mal in meinem Leben einen Thunfisch, den ein Fischer in einem Jeep liegen hatte. Seine Größe von etwa zwei Metern fand ich überwältigend, denn ich kannte Thunfisch nur aus der Dose. Horst erklärte, dass dies ein junger Fisch gewesen sei, der noch nicht ausgewachsen war.

An einem Tag wollten wir eine Bucht aufsuchen, die man nur zu Fuß erreichen konnte. Der Weg war zunächst breit und führte an duftenden Rosmarinbüschen vorbei. Nach einer Weile wurde er immer enger, bis er schließlich nur mehr einem Trampelpfad glich. An hohen wohlgerundeten Felsen vorbei mit häufig atemberaubender Aussicht auf das Meer gelangten wir an eine Stelle, wo der Weg scheinbar aufhörte. Horst kannte einen geheimen Durchgang, der zwischen einigen großen Felsblöcken versteckt lag und der direkt zur Bucht führte. Nach dem Passieren dieses Durchgangs verweilten wir eine Zeit lang unter dem Schatten eines großen Felsens, der sich wie schützend über uns wölbte.

Bis zum Meer war es jetzt nicht mehr weit und voll freudiger Erwartung auf das frische, klare Nass lief ich ein kleines Stück voraus. Da hörte ich hinter mir einen lauten Schrei, der mich bis ins Mark erschüttern ließ. Sofort drehte ich mich um und sah, dass Horst gestürzt war. Er lag gekrümmt am Boden, eingekeilt zwischen mehreren Felsen. Als ich ihn hier bewegungslos liegen sah, erfüllte mich größte Sorge. Was, wenn er bewusstlos war, sich ein Bein gebrochen oder auch nur verstaucht hatte? Ohne Hilfe würden wir hier festsitzen! Vorsichtig beugte ich mich über ihn:

„Horst, hörst du mich, kannst du dich bewegen?"

Meine Stimme zitterte leicht vor Besorgnis. Zu jener Zeit war mir das vollkommene Vertrauen auf die göttliche Führung noch nicht sehr zu eigen, weshalb es mir möglich war, richtig Angst um Horst zu haben. Da hob er seinen Kopf, so weit es ihm gelang, sodass er mich sehen konnte:

„Alles in Ordnung, glaube ich, nur ein bisschen eng hier",

klärte er mich auf und versuchte zu lächeln, was ihm recht gut gelang. Er reichte mir seine Hände, damit ich ihn hochziehen konnte. Rechts und links von ihm war kein Platz, die Felsen keilten ihn wirklich völlig ein. Nach dem Hochziehen tastete ich ihn vorsichtig ab. Alles heil, nichts tat ihm weh. Das war mehr als erstaunlich, wenn man die Stelle des Sturzes sah. Wir betrachteten den Platz näher. Dort, wo sein Kopf gelegen hatte, befand sich das einzige Grasbüschel weit und breit. Nur wenige Zentimeter weiter wäre er mit dem Kopf auf einen großen, spitzen Stein aufgeschlagen. Mehrere etwa faustgroße Steine hatten zwischen den Beinen gelegen. Ansonsten war der felsige Untergrund von einer dünnen Kiesschicht bedeckt. Es kam einem Wunder gleich, dass er nicht eine Schramme abbekommen hatte. Da erzählte er, wie er den Sturz erlebt hatte:

„Auf dem Kies bin ich wohl ausgerutscht. Von dem Moment an, als ich fiel, erlebte ich alles in Zeitlupe. Dadurch hatte ich genügend Zeit, mich so zu krümmen, dass mein Kopf genau auf dem weichen Gras zu liegen kam, und auch die großen Steine konnte ich auf diese Weise umgehen."

Das war wirklich erstaunlich. Jetzt war mir nur noch nicht klar, warum er so einen Schrei ausgestoßen hatte, wo ihm doch offensichtlich nichts passiert war. Dazu erklärte er:

„Wenn ein Schmerz naht, so ist es gut, ihn nicht in sich aufzusaugen, sondern es ist besser, ihn von sich wegzuschleudern. Durch den Schrei wurde die Energie, die durch den Aufprall entstand, gleich weitergeleitet, sodass der Schmerz mich sofort wieder verlassen konnte."

Wir verbrachten noch einen schönen Nachmittag in dieser einsamen Bucht und ich fühlte mich mehr als glücklich, weil Horst nichts passiert war. Auf dem Nachhauseweg gab es eine Überraschung. Eine große Landschildkröte kreuzte unseren Weg und wir konnten sie in aller Ruhe beobachten. Mühsam versuchte sie zwischen den Felsen vorwärtszukommen. Schließlich suchte sie Schutz im Unterholz eines kleinen Gestrüpps.

Diese Reise hatte mich nun schon einiges gelehrt. Sie war allerdings von vornherein nicht nur als Vergnügungsfahrt gedacht gewesen. Kurze Zeit zuvor hatte sich Horst einen 6 x 6-Fotoapparat gekauft. Er beabsichtigte Bildbände über besondere Steinformationen auf Sardinien, vor allem aber auch über Akkalkot und Shivapuri zu erstellen. Bevor er mit der Kamera vor Shree treten wollte, war es gut, sie erst einmal kennenzulernen. Es war ein älteres Modell, jedoch von einem guten und bekannten Hersteller. Die Reise durch den Norden Sardiniens wurde nun zu einem Fotografier-Abenteuer. Es gab zahlreiche Felsformationen, welche aussahen, als wären sie Lebewesen, und ständig entdeckten wir neue. Mit der Zeit nahmen wir die Landschaft zusehends bewusster auf, es entging uns kaum noch eine Kleinigkeit. Horst übte den sicheren Umgang mit dem Stativ und dem Belichtungsmesser. Die Kamera besaß keinerlei Automatik, alles musste von Hand eingestellt werden. Schon nach Kurzem war er mit allem so vertraut, dass er sich sicher genug fühlte für die Aufnahmen bei der geplanten Indienreise im Herbst.

Nach einer kurzen und arbeitsreichen Zeit zu Hause flogen wir am 22.10.1987 von Frankfurt nach Bombay. Es war dieses Mal eine größere Gruppe von Reiseteilnehmern. Manche davon sahen Shree zum ersten Mal.

Shree zeigte sich außerordentlich erfreut von der Idee, Bildbände über Akkalkot und Shivapuri herzustellen. Viele sonst verschlossene Türen wurden eigens dafür geöffnet, die Statue der Mutter von Shree dreimal neu geschmückt. Andere Gedenkstätten wurden von ihrem Schmuck befreit, damit man sie in ihrer ursprünglichen Schönheit im Bild festhalten konnte. Einmal durfte Horst auf Sondererlaubnis von Shree auf das Dach einer Verehrungsstätte steigen, weil er von hier aus die beste Perspektive für eine Aufnahme hatte. Dies ist in Indien eigentlich undenkbar; alles, was sich über dem Haupt einer heiligen Statue befindet, ist normalerweise unantastbar.

Eine spezielle Herausforderung bildete das Fotografieren in Akkalkot. Dort im Math, dem ehemaligen Wohnsitz von Shree, sind manche Räume sehr klein. Horst hatte kaum Platz, um einen guten Standpunkt für eine Aufnahme zu finden. Unsere Ausrüstung war recht laienhaft. Zum Ausleuchten der Innenräume besaßen wir eine Lampe, die, soweit ich mich erinnern kann, 1000 Watt verbrauchte und ständig zu heiß wurde. Sie stellte für das Stromnetz im Math eine echte Herausforderung dar. Obwohl Horst die Lampe früher bereits mehrfach benutzt und damit eigentlich gute Ergebnisse erzielt hatte, war sie hier keineswegs ideal. Sie tauchte alle Räume in ein sattes gelbes Licht, was wir leider erst zu Hause auf den fertigen Dias feststellen konnten. Horst verfügte über keinerlei Objektive für die Kamera. Für die Aufnahmen in einem kleinen Raum musste er sich manchmal so weit wie möglich in eine Ecke zwängen, stets sorgsam darauf achtend, dass ja nichts berührt oder gar umgestoßen wurde. In der anderen Ecke stand dann jemand aus der Gruppe oder ich, mit der Lampe in der Hand, hoffend, sich an ihr nicht zu verbrennen.

Zu jener Zeit besuchte Shree täglich das Math in Akkalkot. Er sorgte dafür, dass hier alle seine privaten Räumlichkeiten fotografiert werden konnten. Einmal saß er im Darshan-Raum und Horst bat um eine Aufnahme. Schwer zu sagen, wen ich von den beiden mehr bewunderte. Horst musste mehrmals Anweisungen wegen der Beleuchtung geben, bis dicht vor Shree treten, um mit dem Belichtungsmesser direkt vor ihm seine Messungen zu tätigen, danach schnell zurück zur

Kamera gehen, die ziemlich eng an den Wandnischen auf dem Stativ stand, erst jetzt konnte er die Belichtungszeit einstellen, bis endlich eine Aufnahme zustande kam. Das Ganze geschah im tiefen Wissen, dass wir uns in einem Raum von außerordentlicher Reinheit und Heiligkeit befanden und dass derjenige, der all diese Vorbereitungen bis zur Aufnahme so geduldig über sich ergehen ließ, sich im höchstmöglichen Bewusstseinszustand aufhielt.

Doch Shree, der normalerweise keine einzige Sekunde verschwendete, saß während der gesamten Zeit ruhig und in segnender Haltung auf seinem Platz und wartete geduldig, bis Horst endlich auf den Auslöser drücken konnte. Seine Demut überwältigte mich immer wieder aufs Neue.

Horst fotografierte, bis er das Gefühl hatte, wirklich alles Sehenswerte in Shivapuri und im Math in Akkalkot aufgenommen zu haben. Wir hatten das Empfinden, dass Shree bei jeder Aufnahme anwesend war. Solange in Akkalkot fotografiert wurde, hielt sich auch Shree dort auf. Bei Fotografien in Shivapuri verhielt es sich ebenso. Dank seiner Hilfe lief alles hervorragend. Die Mängel an den Bildern, welche u. a. durch unzureichende Beleuchtung und perspektivische Verzerrung entstanden, konnten später über ein spezielles Computerprogramm größtenteils behoben werden. Das Bild, das Horst von Shree im Darshan-Raum in Akkalkot aufnahm, veröffentlichte er nicht in einem der Bildbände, sondern in seiner Autobiografie.

Bei dieser Reise erlebte ich Shree ganz anders als früher. Schon immer empfand ich tiefste Verehrung und größtes Glück, wenn ich ihm begegnen durfte. Nun kam zusätzlich ein sehr persönliches Gefühl von überschwänglicher Freude auf, wenn ich ihn auch nur aus der Ferne sehen konnte. Vielleicht lag es an den beiden Träumen, die ich im vergangenen Sommer von ihm gehabt hatte, dass ich dieses Mal so stark fühlte, dass er unser gütiger, liebender und für alles sorgender Vater ist.

Der Tag der Abreise fiel mit dem Geburtstag einer Reiseteilnehmerin zusammen. Da wir erst am Nachmittag nach Sholapur abfuhren, konnte sie die Zeit davor in Shivapuri feiern. Für sie war dies sicherlich ihr schönstes Geburtstagsgeschenk. Vor der Abfahrt saßen wir noch eine kurze Zeit vor dem großen Tempel, wo wir uns auch von den in

Shivapuri wohnenden Indern verabschiedeten. Um zu den bereitgestellten kleinen Bussen zu gelangen, führte unser Weg am Wohnhaus von Shree vorbei. Wie sehr waren alle überrascht, Shree am geöffneten Fenster stehen zu sehen, wo er zum Abschied winkte. Niemand hatte hier jemals Ähnliches erlebt, normalerweise erhob Shree seine Hand stets zu einer segnenden Geste.

Normalerweise pflegte Horst den Abschluss zu bilden, damit er noch einmal alles kontrollieren konnte. Weil ich etwas aufgehalten wurde, kam es, dass Horst und ich als Letzte vor dem Fenster von Shree standen. Gemeinsam verneigten wir uns vor ihm, während er uns mit strahlendem Antlitz segnete und danach, wie bei den anderen auch, winkte.

Kaum schloss sich die Tür des Busses hinter uns, da übermannte mich ein herzzerreißender Abschiedsschmerz. In dieser Intensität hatte ich so etwas noch nie erlebt. Es war mir nicht möglich, Herr über meine Tränen zu werden. Damit es die anderen nicht sahen, tat ich so, als würde mich die vorbeiziehende Landschaft interessieren, und blickte beständig aus dem Fenster. Glücklicherweise ließ man mich in Ruhe. Im Bus war es auffallend ruhig, vielleicht erging es einigen Mitreisenden ähnlich wie mir. Bis wir den Bahnhof in Sholapur erreichten, hatten alle genügend Zeit, sich von den heiligen Schwingungen in Shivapuri wieder auf die „normale" Welt umzustellen.

Bereits einige Zeit vor der Reise hatte Horst den Teilnehmern gesagt, dass es eine besondere Reise werden würde, denn es war sein dreiunddreißigster Besuch bei Shree. Die Zahl 33 war für ihn stets sehr bedeutend. Noch während unseres Aufenthaltes in Shivapuri fragte eine Reiseteilnehmerin, was denn nun so außergewöhnlich wäre. Diese Frage erstaunte uns sehr, denn die Frau sah Shree das erste Mal. Bei den meisten war der Eindruck, den nur ein Blick von Shree hinterließ, so gewaltig, dass allein dies keinem anderen Erlebnis in ihrem Leben gleichkam.

Am Haupttempel in Shivapuri wurde einst eine Tafel angebracht, auf der unter anderem folgende Worte von Shree zu lesen sind:

„Nun, da du gekommen bist,
kann dein Leben niemals umsonst sein."

Wie gesegnet waren wir, in Shree einem Menschen begegnen zu dürfen, durch den Gott in Vollkommenheit wirkte, und wie begnadet waren wir, wenn uns dies auch noch bewusst war. Nicht jeder konnte dies jedoch erkennen und es überraschte immer wieder, wenn sich so jemand unter den Teilnehmern befand. Die Frau, die so voreilig nach der Besonderheit der Reise gefragt hatte, bekam ihre Antwort etwa einen Monat später: Es war die letzte Möglichkeit gewesen, Shree begegnen zu können.

Bevor wir von Bombay aus den Rückflug antraten, stand uns noch die Begegnung mit Shri Ratnakar Nargundkar in Aussicht. Es war ein Treffen mit ihm in unserem Hotel am Yuhu Beach organisiert. Wie schon das erste Mal, als ich Ratnakar sah, war ich erneut von seiner bescheidenen Art fasziniert. Manche Yogis haben stets ein glückseliges Lächeln in ihrem Antlitz. Mir fiel auf, dass dies weder bei Shree noch bei Ratnakar oder Horst der Fall war. Als ich Horst später nach dem Grund fragte, antwortete er mir:

„Auch für diejenigen, die auf dem Weg zu Gott schon weit fortgeschritten sind, gibt es noch viele verschiedene Stufen der Entwicklung. Erlebt man zum ersten Mal göttliches Licht, so wird es den Menschen ganz und gar überstrahlen. Ist dies indessen oft geschehen, wird man davon nicht mehr überwältigt. Der vollkommene Yogi steht über Licht und Dunkel, er verharrt in einem solch absoluten Gleichmut, dass ihn weder höchstes Licht noch dessen Gegenteil aus diesem Zustand bewegen können. Er kann das Strahlen in seinem Gesicht zulassen oder auch nicht, er ist auf der Erde nichts mehr unterworfen."

Das erklärte mir einiges. Häufig hatte ich bei Horst schon festgestellt, dass er sich ganz offensichtlich in höchster Lichtschwingung befand, sein Gesichtsausdruck sich dabei aber kaum änderte. Manchmal sah er in diesem Zustand wesentlich jünger aus und die Augenfarbe änderte sich von Graublau in ein sehr helles Blau, ansonsten bemerkte ich an seinem Äußeren nichts. Ratnakar kannte ich zu wenig, um sagen zu können, wie sich bei ihm eine Änderung der Schwingung ausdrückte. Sehr deutlich spürte ich jedoch, dass er, als er uns an diesem Tag von seinen großen Erfahrungen und Erlebnissen berichtete, wieder ganz und gar in dieses himmlische Licht einzutauchen schien. Geduldig beantwortete er auch alle unsere Fragen.

Horst erzählte Ratnakar, wie Shree sich zum Abschied verhalten hatte. Ratnakar erwiderte daraufhin, dass er Shree ebenfalls noch nie winken gesehen habe. Dies sei wirklich äußerst ungewöhnlich. Er meinte, dass dies bedeute, dass wir Shree nicht mehr wiedersehen würden.

Am 1.11.1987 erfolgte unser Rückflug nach Deutschland. Etwas über einen Monat später, am 7. 12.1987, erhielten wir die schmerzliche Nachricht, dass Shree am 6.12. um 16.15 Uhr deutscher Zeitrechnung seinen Körper verlassen hatte. Sogleich sagte Horst seine Kurse für die folgende Woche ab und bemühte sich um eine Flugmöglichkeit nach Indien. Damit er nicht allein reisen musste, erhielt ich von einer sehr lieben Dame, die bereits mehrmals bei Shree gewesen war, den Betrag für einen Flugschein geschenkt. Schon am nächsten Tag waren wir im Besitz eines Flugscheins sowie eines Visums für Indien und flogen nur wenige Stunden später ab.

Als wir Bombay erreichten, wollten wir keine Zeit verschwenden, indem wir auf einen passenden Zug warteten, sondern fragten einen Taxifahrer, ob er uns die etwa 470 Kilometer nach Shivapuri fahren würde. Der Mann war sehr freundlich und brachte uns zwar nicht nach Shivapuri, dafür jedoch zu einem speziellen Ferntaxi-Stand. Nach einigem Verhandeln erklärte sich ein Taxifahrer bereit uns bis nach Poona zu bringen. Dort hatte er einen Bruder, der uns den Rest der Strecke befördern würde.

Die Fahrt war landschaftlich wunderschön. Leider konnten wir uns nicht in deren Betrachtung vertiefen, weil wir vor Erschöpfung immer wieder einnickten. Beide hatten wir im Flugzeug kaum geschlafen. Später fing es sehr stark zu regnen an - es schüttete regelrecht. Dies war für die Jahreszeit äußerst ungewöhnlich. Obwohl Horst vor der Fahrt überprüft hatte, ob das Taxi einigermaßen in Ordnung war (das hieß, die Reifen besaßen wenigstens die Andeutung eines Profils und die Gummischläuche waren noch nicht zu sehen, die Zündung erfolgte mittels eines Schlüssels und nicht, indem wirr umherflatternde Drähte kurzgeschlossen wurden, auch hielten die Sitze ohne jede Menge Klebestreifen gut zusammen), also obwohl eigentlich alles in bestem Zustand war, mussten wir nun feststellen, dass die Scheibenwischer fehlten.

Als der Fahrer die Straße kaum noch erkennen konnte, zog er aus dem Handschuhfach einen Lappen heraus, kurbelte sein Seitenfenster herunter und begann mit einer Hand die Außenscheibe zu wischen. Währenddessen fuhr er zügig weiter. Sein Bemühen war nicht gerade von Erfolg gekrönt und wir hofften sehr, dass er über eine gute Intuition verfügte. Mit den Augen war vor uns fast nichts mehr auszumachen. Weder der Fahrer noch Horst ließen sich aus der Ruhe bringen und so beschloss auch ich mir keine Sorgen zu machen. Bisher wurden wir immer gut geführt und wir würden auch diesmal sicherlich nicht im Graben enden.

Plötzlich hielt der Taxifahrer an. Er sagte irgendetwas Unverständliches, stieg aus und begann den Kofferraum zu durchsuchen. Offenbar wurde er fündig, denn nur kurz darauf kam er freudestrahlend und winkte uns mit einem länglichen Gegenstand in der Hand zu. Wir versuchten durch den dichten Regen zu erkennen, worüber er sich so freute, doch da montierte er das Teil schon an die Windschutzscheibe vor dem Fahrersitz. Es war ein Scheibenwischer!

In Indien ist bekannt, dass außergewöhnlich starke Regenfälle oder gar Unwetter einsetzen, wenn ein göttlicher Bote die Erde verlässt. Bei Jesus Christus geschah dies ebenfalls.

Am späten Abend, es war schon lange dunkel, erreichten wir ohne weiteren Zwischenfall Sholapur. Dort übernachteten wir in einem Hotel und fuhren erst am nächsten Tag die etwa 40 km nach Shivapuri weiter.

Als wir am folgenden Morgen in Shivapuri ankamen, begrüßte uns Shreekant, der Sohn von Shree, sehr herzlich. Alle Feierlichkeiten waren bereits vorbei. Die besonderen Umstände, während und nachdem Shree seinen Körper verlassen hat, sind in Horsts Autobiografie niedergeschrieben. Ich möchte sie hier deshalb nicht wiederholen. Es gab jedoch einige Ereignisse, die Horst nicht erwähnte, und diese sollen nun folgen.

Fast gleichzeitig mit uns traf ein Ehepaar in Shivapuri ein. Die Frau war eine nahe Verwandte von Shree. Sie hatten für ihre Reise quer durch Indien mit Bahn und Bus ebenso lange gebraucht wie wir von Deutschland mit schnelleren Transportmitteln. Die Verwandte war untröstlich darüber, dass sie Shree nicht mehr die letzte Ehre erweisen konnte. Horst wusste Worte des Trostes. Nichts geschieht zufällig. Sowohl in seiner Erinnerung als auch in ihrer würden die letzten Bilder von Shree die eines lebendigen Menschen sein. Shree hatte lediglich seine grobstoffliche Hülle abgelegt, er war jedoch nach wie vor gegenwärtig und erreichbar. Seit ich Horst näher kannte, durfte ich miterleben, wie er von Shree in jedem Moment geleitet und geführt wurde. Shrees Gegenwart war niemals an seinen Körper gebunden gewesen.

Wir waren nicht die Einzigen, die von weit her eilends nach Shivapuri gereist waren. Unter anderem trafen wir Shri Vasant Paranjpe, den großen Künder von Shrees Werk. Vasant reiste seit 1972 um die gesamte Welt, um in unzähligen Ländern Shrees Botschaft, den Fünffachen Pfad, zu verbreiten. Von ihm hatte einst auch Horst als erster Deutscher davon erfahren.

Während unseres Aufenthaltes in Shivapuri begegneten wir einem jungen Paar aus Österreich. Ihrer Erzählung nach hatten sie Vasant bereits vor vielen Jahren kennengelernt. Von Shree wussten sie ebenso lange, eine Reise zu ihm wurde jedoch immer wieder aufgeschoben. Als die beiden nun endlich hierherkamen, war es zu spät – sie erreichten Shivapuri einige Stunden, nachdem Shree seinen Körper aufgegeben hatte.

Der Bericht des Paares erschütterte mich sehr. Die Jahre vor meinem achtzehnten Geburtstag gab es für mich keine schrecklichere Vorstellung als jene, dass Shree die Erde verlassen könnte, bevor ich ihm begegnete. Genau dies mussten die beiden nun erleben. Sie versäumten die Gelegenheit um nur wenige Stunden! Ich fragte mich, warum. Da erinnerte ich mich daran, was Horst häufig betonte:

„Gott sollte immer an erster Stelle stehen. Da der Wille des Allmächtigen durch seine Boten zum Ausdruck kommt, sollten sie und ihre Botschaft für uns ebenfalls das Erste und Wichtigste im Leben sein."

Wenn man erfährt, dass es einen göttlichen Boten auf der Welt gibt und dies zur eigenen inneren Gewissheit wird, sollte eine Reise dorthin nicht irgendwann erfolgen. Das Paar musste dies nun schmerzlich erleben.

Wir blieben nur wenige Tage in Shivapuri. Einen Tag vor unserer Abreise führten einige Ergebene, die sehr eng um Shree gewesen waren, im ehemaligen Schlafraum von Shree ein spezielles Yagna durch. Horst und ich wurden dazu eingeladen. Alle sangen gemeinsam das entsprechende Mantra, während man denjenigen, der die Opfergabe – Ghee (Butterfett) - ins Feuer gab, abwechselte. Es war für mich etwas Besonderes, als Frau im Männerchor einzustimmen und für kurze Zeit dafür sorgen zu dürfen, dass die Flamme genährt wurde.

An diesem Yagna nahm der Sohn von Shree - Shreekant - nicht teil, sondern wurde von seinem Sohn Purushottam vertreten. Shreekant hielt sich in der Zeit bei seiner Mutter Vahini auf, der es körperlich nicht gut ging. Sie verließ am 15.12.1987 ihren Körper, 9 Tage nach ihrem Gemahl. Davon erfuhren wir allerdings erst zu Hause. In der indischen Mythologie gilt es als sehr bedeutungsvoll, wenn eine Frau innerhalb von zehn Tagen ihrem Mann folgt. Es wird als besondere Verbundenheit angesehen.

Der 15.12.1987 war auch der Tag unseres Rückflugs nach Deutschland. Es war erstaunlich, dass das Gefühl der Trauer darüber, Shree nun nie mehr wiedersehen zu können, von einem anderen Gefühl fast vollständig überdeckt wurde: der unendlich tiefen Dankbarkeit, ihm begegnet sein zu dürfen.

## *In einsamer Natur*

Um den geplanten Bildband über Sardinien herstellen zu können, fehlten noch viele Fotos, die während einer weiteren Reise vom 26. März bis 9. April 1988 entstehen sollten. Die Jahreszeit war günstig, denn nach dem feuchten Winter grünte und blühte es an etlichen Stellen, an denen in den heißen Sommermonaten nur dürres Gestrüpp erkennbar war. Wir sahen Narzissen und andere Frühjahrsblumen von nur der halben üblichen Größe. Im grünen Bewuchs entdeckten wir zwischen den Gräsern verschiedene Orchideenarten, die unsere Bewunderung hervorriefen.

Die Sonne sandte bereits wohltuende wärmende Strahlen auf uns herab, als wir uns mit Kamera und Stativ bewaffnet auf die Jagd begaben. Viele interessante Gesteinsformationen warteten noch darauf, in Bildern festgehalten zu werden. Während dieser Reise weihte Horst mich in die hohe Kunst des Fotografierens ein. Wie bei ihm so üblich, war es wieder einmal völlig anders, als man es sich vorstellt. Jeder Berufsfotograf wäre wohl erstaunt gewesen. Horst begann folgendermaßen:

„Zen in der Kunst des Fotografierens."

Es trat eine längere Kunstpause ein, während der ich Zeit hatte, mir zu überlegen, was er damit wohl meinen könnte. Von Zen-Buddhismus hatte ich bereits gehört, mir war allerdings nicht klar, was diese Glaubensrichtung mit Fotografieren zu tun hat. Doch schon sprach Horst weiter:

„Das Wichtigste beim Fotografieren ist, dass man nicht selbst fotografiert."

Er sprach in Rätseln und mir lagen einige Fragen auf der Zunge. Aber noch bevor ich etwas darauf erwidern konnte, drückte er mir das

Stativ in die Hand und bedeutete mir einen Platz, an dem ich es aufstellen sollte. Währenddessen packte er Kamera und Belichtungsmesser aus und bereitete alles für eine Aufnahme vor. Horst sagte kein weiteres Wort, bis die Kamera fest auf dem Stativ verankert war, er das Stativ ein kleines Stück verschoben und dann alles so weit eingestellt hatte, dass nur noch der Auslöser zu betätigen war. Ich beobachtete ihn, um herausfinden zu können, was ich lernen sollte. Größte Aufmerksamkeit und Konzentration lagen in jeder seiner raschen und gezielten Bewegungen, jedoch konnte ich keinerlei Anspannung oder gar Verkrampfung feststellen. Eine interessante Kombination, die mir bei ihm allerdings nicht neu war.

Jetzt ließ Horst mich durch den Sucher blicken und fragte, was ich sehen würde. Ich wusste nicht recht, warum er mir diese Frage stellte, denn es war offensichtlich, dass er den kleinen Felsen uns gegenüber, der ein Gesicht zu haben schien, fotografieren wollte. Horst sah meinen leicht verwirrten Gesichtsausdruck, und bevor ich ihm irgendeine Antwort gab, erklärte er mir, was ich sehen sollte:

„Siehst du die Perspektive, die schräge Linie, die der Strauch im Vordergrund bildet und die sich am Horizont spiegelbildlich wiederholt? Dann das Gesicht im Felsen, wie es genau im Goldenen Schnitt liegt?"

Ja tatsächlich, nun da er es mir sagte, sah ich es. Erstaunlich, dass ich zuvor nicht darauf geachtet hatte. Ich fragte ihn:

„Wie konntest du nur so schnell diese ideale Position für die Kamera finden? Besser kann man es ja gar nicht treffen."

Er antwortete:

„Wie ich bereits sagte, wichtig ist, dass man nicht selbst fotografiert -

ES fotografiert!"

Langsam wurde mir klar, was er meinte. Mit „ES" bezeichnete Horst das allmächtige, allgegenwärtige Prinzip – das Göttliche.

Es entging Horst nicht, wie sehr es in mir arbeitete, weil ich verstehen wollte. Deshalb half er mir, indem er weiter erklärte:

„Konzentriere dich auf Gott - fühle, dass er es ist, der durch dich wirkt – lausche, was er dir sagt, wohin du dich bewegen sollst - sei still und führe aus."

Die nächsten Fotografien entstanden alle auf die gleiche Art. Horst ließ mich vor jeder Aufnahme durch den Sucher blicken, damit ich lernte bewusst zu sehen. Fasziniert beobachtete ich ihn bei jeder seiner Bewegungen, da ich nun wusste, auf welche Art er fotografierte. Nach einigen Tagen bot er mir an es auch einmal zu versuchen. Es gibt Leute, die diesbezüglich gleich beim ersten Probieren ein Erfolgserlebnis haben. Ich gehörte nicht dazu. Da von unseren Reisetagen nur noch wenige übrig waren und wir diese dringend für die fehlenden Bilder benötigten, wollte ich das Üben lieber auf zu Hause verschieben.

Wenn man bedenkt, wie viele Aufnahmen ein Fotograf normalerweise braucht, um nur einige wenige wirklich gute Bilder zu erhalten, so ist der Schnitt bei Horsts Art zu fotografieren erstaunlich. Einmal erzählte er mir, dass er in Indien Fotografien für einen Diavortrag erstellt habe und dabei von 300 Aufnahmen 300 als optimal anzusehen waren. Nicht ein Dia musste er aussortieren. An einem Beispiel erklärte er mir, worauf man zusätzlich bei beweglichen Motiven achten sollte:

„In Indien wollte ich das Taj Mahal aus einiger Entfernung fotografieren. Den Fotoapparat hielt ich bereits in der idealen Position, als in mir etwas zögerte. Plötzlich hieß es ‚jetzt' und ich drückte augenblicklich auf den Auslöser. Erst zu Hause auf dem fertigen Dia konnte ich sehen, warum. Im Vordergrund stand eine Frau mit roter Kleidung und weiter hinten ging jemand, der ebenfalls Rot trug. Als die beiden roten Punkte eine ideale, diagonale Linie bildeten, kam der innere Befehl, auf den Auslöser zu drücken."

Es braucht keine lange Überlegung, um zu dem Schluss zu gelangen, dass dieses Prinzip „ES wirkt durch mich" nicht nur beim Fotografieren anwendbar ist. Darin Meisterschaft zu erlangen ist allerdings ein Vorgang, der seine Zeit benötigt, denn der eigene Wille muss dabei ganz dem göttlichen Willen untergeordnet werden. Aber jede noch so kleine Übung lohnt sich. Das Ziel, das es zu erreichen gilt, findet sich in beinahe jeder Religion:

„Dein Wille geschehe."

Dies in seiner ganzen Konsequenz aussprechen zu können, war für mich noch eine große Wunschvorstellung. Geduldig und dennoch beständig führte Horst mich diesem Ziel entgegen. Wieder zu Hause kümmerte ich mich nicht mehr nur um den Haushalt, sondern erledigte auch einige Arbeiten für seine berufliche Tätigkeit. Vor etwa einem Jahr hatte Horst einen eigenen Verlag gegründet und darin bereits einige Erzählungen veröffentlicht[9, 10, 11]. Die Möglichkeit, dass ein anderer alle Rechte über seine Werke erhalten sollte und dieser damit im Prinzip tun und lassen konnte, was er wollte, war bei dem Wissen, das Horst hatte, nicht vertretbar. Deshalb entstand dieser Entschluss, für den er am 7. März 1987 den Segen von Shree erhalten hatte.

Nach der Verlagsgründung erlebte ich, wie es ist, etwas im Vertrauen auf Gott zu tun. Die vielen Tätigkeiten, die der Verlag mit sich brachte, waren alle neu für uns, wir hatten nichts davon gelernt. Wie sehr war jedoch für uns gesorgt! Oft erstaunte es mich, wie stets die rechte Hilfe zur richtigen Zeit kam.

Anfang dieses Jahres war der Kauf eines zweiten Computers notwendig geworden. Dadurch besaß ich nun meinen eigenen Arbeitsplatz. Meine erste Aufgabe daran war eigentlich keine Arbeit, sondern vielmehr ein großes Geschenk. Ich übertrug Horsts Manuskript seiner Autobiografie in speicherbare Daten. Seine geschriebenen Worte erhoben mich so sehr, dass ich hin und wieder das Gefühl hatte, nicht auf, sondern über dem Stuhl zu sitzen. Einmal war dieses Empfinden so stark, dass ich vorsichtig unter mein Gesäß fasste, um zu fühlen, ob ich tatsächlich noch auf dem Stuhl sitzen würde. Aber zum Glück schwebte nur mein Gemüt.

Durch das schnelle Schreiben überflog ich den Text manchmal mehr, als dass ich ihn las. Dabei waren meine Gedanken mehr oder weniger auf gar nichts gerichtet. Diese Art des innerlich leeren Lesens ließ mich des Öfteren sehr versteckte, unglaubliche Zusammenhänge erkennen.

Mit der Zeit wurde ich auch für das Einbessern von Korrekturen zuständig. Um die Tätigkeiten im Verlag kümmerten sich Horst und ich gemeinsam. Mein Arbeitspensum nahm nach und nach immer mehr zu, doch gleichzeitig steigerte sich auch meine Leistungsfähigkeit. Wenn man seine Tätigkeiten in dem Bewusstsein ausführt, dass man sie für Gott tut, dann gibt es keine Arbeit im üblichen Sinne mehr, weil alles zur Freude wird. Wir stellten darüber hinaus fest, dass man bei dieser Einstellung viel Hilfe erhält, alles gelingt wesentlich müheloser.

Seit ich Horst kannte, arbeitete er viel, sogar sehr viel. Lange Zeit versuchte ich ihm nachzueifern, was mir aber nicht gelang. Seine Energie und Konzentrationsfähigkeit waren derart überdurchschnittlich, dass ich niemanden kannte, dem es gelungen wäre, mit ihm mitzuhalten.

Das ganze Wesen von Horst war darauf ausgerichtet, den Willen des Höchsten zu erfüllen. Dabei bestätigte er den Leitsatz des heiligen Benedikt:

„Bete und arbeite."

Gebet und damit geistige Disziplinen wie Meditation und das Rezitieren von Mantras wurden Horst einst von Shree untersagt. Er hatte bereits alles erreicht, was es zu erreichen galt – bis auf den letzten, höchsten und dauerhaften Zustand. Dieser war ihm für später zugesagt worden. Bis dahin erfüllte er Aufgaben, die er nur durchführen konnte, solange er noch nicht im höchsten Licht verweilte.

Horst wählte deshalb die zweite Möglichkeit, Gott zu dienen: Er arbeitete. Und weil er mit halben Dingen nicht zufrieden war, arbeitete er vom frühen Morgen bis in die Nacht, täglich, auch an den Wochenenden und Feiertagen. Zum letzten Weihnachtsfest bat er mich zum Beispiel, ich solle ihm eine Stunde, bevor die Feier beginnt, Bescheid geben, damit er sich noch rechtzeitig umziehen könne. Bis dahin saß er vor dem Computer.

Als er seine beiden Bücher über das Abendmahl des Leonardo da Vinci vollendet hatte, wollten wir das mit einem kleinen abendlichen Festessen feiern. Obwohl bereits alles aufgetischt war, konnte er sich nicht aus seinem Arbeitszimmer losreißen. Schließlich holte ich ihn. Als ich sein Zimmer betrat, hielt er mir hocherfreut einen Druck des Gemäldes der Mona Lisa entgegen und sagte strahlend:

„Sieh mal, was ich gerade entdeckt habe!"

Dies war der Beginn seines nächsten Buches. Allerdings nicht mehr am gleichen Abend, da konnte ich ihn glücklicherweise noch von der Besonderheit des Abendessens überzeugen.

Obwohl Horst über erstaunliche Reserven verfügte, wusste er, dass er seinen Körper nicht auf Dauer so überstrapazieren sollte. Normalerweise legte er daher eine längere Sommerpause ein. Für dieses Jahr hatten wir uns etwas Besonderes ausgedacht.

Wir wollten nach Schweden, die Mitternachtssonne sehen und dabei Natur pur erleben. Eine Bekannte, die dort bereits einmal längere Zeit verbracht hatte, meinte, wir bräuchten dazu unbedingt einen Wohnwagen. Wir ließen uns davon überzeugen, zumal ein anderer Bekannter, der einen kleinen Wohnwagenhandel betrieb, uns sogleich einen solchen zur Verfügung stellen wollte.

Am 17. Juni 1988 fuhren wir morgens ab und am 19. Juni erreichten wir gegen Abend Schwedens Südküste. Die Reise dauerte bis zum 26. August und wir durften das Land sicherlich von seiner schönsten Seite erleben. Fast täglich schien die Sonne und die Temperaturen waren stets angenehm. Jeder Tag endete mit einem faszinierenden, sich teilweise über Stunden hinziehenden Himmelsschauspiel. Horst hatte eine Super-8-Filmkamera mitgenommen und er musste sich beherrschen, damit es nicht nur ein Film über Schwedens Abendhimmel wurde. Wir kamen nach einigen Wochen zu dem Schluss, dass diese Sonnenuntergänge in Schweden üblich sind. Da trafen wir jemanden, der uns erzählte, dass er sich seit drei Wochen in Schweden aufhalte und dies heute das erste überwältigende Abendrot sei, das er zu sehen bekäme. Wir waren sehr überrascht und natürlich auch sehr dankbar. Der Segen von Shree begleitete uns stets – auch in scheinbar unwichtigen Dingen.

Wir durchfuhren Schweden vom südlichsten Punkt bis Abisko, ganz im Norden gelegen. Die Tierwelt faszinierte uns sehr: Elche, Rentiere, Kraniche und sogar einen Polarfuchs bekamen wir zu sehen. Mehrmals liehen wir uns ein Kanu aus, um auf den ausgedehnten Wasserwegen gänzlich unberührte Natur zu erleben. Für uns beide war es das erste Mal, dass wir ein Kanu steuerten. Wir waren froh bei der ersten Fahrt keine Zuschauer zu haben. Horst, der hinten saß, wollte wie in den Indianerfilmen nur auf einer Seite paddeln, während ich, vorn sitzend, auf der anderen Seite für den Ausgleich sorgen sollte. Das Ergebnis war, dass wir uns fast im Kreis drehten. Nach der nicht sehr glorreichen Fahrt fragten wir den Kanuverleiher, ob es einen Trick dabei gäbe. Er zuckte ratlos mit den Schultern und machte auf uns den Eindruck, als würde er denken, dass doch jedes Kind Kanu fahren könne, was müsse dazu schon beachtet werden.

Einige Zeit später lernten wir einen deutschen Kanu-Liebhaber kennen, der wenn möglich jedes Jahr seinen Urlaub auf Schwedens einsamsten Gewässern verbrachte. Von ihm erfuhren wir alles Wissenswerte darüber, was man braucht, um ein Kanu so zu packen, dass man damit unberührt jeglicher Zivilisation zwei Wochen unterwegs sein kann. Er übte mit uns verschiedene Arten von nützlichen Knoten, mit denen man das Boot sichern konnte. Wir erfuhren von völlig mückendichter Kleidung und dass das, was wir als Kanu bezeichneten, eigentlich ein Kanadier war. Schließlich nahm er Horst in seinem Boot mit auf den See hinaus und sie kamen nicht eher zurück, bis Horst verschiedene Paddelarten sicher beherrschte. Da derjenige, der im Kanu hinten sitzt, für das Steuern zuständig ist, reichte es aus, wenn einer die Paddelbewegungen konnte. Später lernte auch ich den sogenannten J-Schlag, mit dem man ein Kanu allein geradeaus steuern kann, auch wenn man nur auf einer Seite paddelt.

Mit unserem neuen Wissen wurden die weiteren Kanutouren großartige Erlebnisse. Einmal fuhren wir auf einem See, der teilweise derart schmal war, dass man hätte meinen können, es wäre ein Fluss ohne Strömung. Er verzweigte sich immer wieder und nach jeder Biegung boten sich uns neue faszinierende Ausblicke. An vielen Stellen zeigte er sich über und über bewachsen mit zarten, weißen Seerosen. Während dieser Fahrt war es um uns so still, dass uns ein Wassertropfen, der vom Paddel fiel, fast wie ein Donnerschlag vorkam. Wir vernahmen nicht eine Vogelstimme. Die Stille war so absolut, dass man sie hören konnte. Es war erstaunlich und großartig zugleich, zu erleben, dass die Stille nicht still ist.

An einem Tag verweilten Horst und ich längere Zeit an einem einsamen Rastplatz. Hier erlebten wir, wie es wäre, wenn Mensch und Tier in vollkommenem Frieden zusammenleben würden. Wir saßen, die Ruhe genießend, auf einer Holzbank mit Blick auf einen See. Zunächst fiel uns die Zutraulichkeit verschiedener Vögel auf. Sie näherten sich uns so sehr, dass man sie fast berühren konnte. Da geschah etwas Erstaunliches. Vom See her kam eine Entenmutter, die zielstrebig auf uns zuschritt. Ihr folgten im Gänsemarsch einige kleine, gelbe, erst wenige Tage alte Entenbabys. Die Mutter blieb vor Horst stehen, während die Kleinen, eines nach dem anderen, an seinen Füßen vorbeizogen. Er konnte jedes einzelne kleine Entchen sanft streicheln. Dabei sah ihm die Mutter sichtlich zufrieden zu. Welch ein Vertrauen! Erst als alle an der Reihe waren, spazierte die Entenfamilie weiter.

Kurz darauf näherte sich eine andere Ente. Sie legte sich zwischen die Füße von Horst und entfernte sich von dort erst, als er schließlich aufstand. Wir hatten keines der Tiere gefüttert, sie kamen alle aus eigenem Antrieb. Ihr Vertrauen berührte uns sehr. Es herrschte eine Atmosphäre himmlischen Friedens. So ähnlich musste es wohl im Paradies sein.

Wir beschlossen an diesem besonderen Platz zu übernachten. Als wir am nächsten Morgen die Tür des Wohnwagens öffneten, schaute sogleich eine Ente neugierig herein. Sie bettelte ebenfalls nicht um Futter, ein paar Streicheleinheiten erschienen ihr offensichtlich wesentlich wertvoller. Es fiel uns schon etwas schwer, diesen Ort wieder zu verlassen, aber es warteten noch zahlreiche andere interessante Plätze auf uns.

Von Schwedens Tierwelt erhielten wir noch weitere schöne Eindrücke. Einmal fuhren wir auf einer Straße, die durch einen dichten Wald führte, als vor uns eine Elchkuh mit ihrem jungen Nachwuchs die Straße überquerte. Wir stoppten sofort und beobachteten sie. Die Elchkuh ging einige Schritte in den Wald und war augenblicklich nicht mehr zu sehen. Die Fähigkeit, sich trotz ihrer Größe so zu tarnen, dass man sie nicht mehr sehen konnte, erlebten wir später noch mehrmals bei Elchen. Das Elchjunge befand sich in dieser Beziehung im Übungsstadium. Es suchte sich am Waldrand einen kleinen Birkenschössling aus, hinter dem es sich verstecken wollte. Die spärlichen Zweige verdeckten nicht viel mehr als seine Augen. Dadurch kam es offenbar zur Überzeugung, dass wir es nicht mehr sehen würden. Schwer zu sagen, wer wen mehr beobachtete, wir das Elchjunge oder umgekehrt. Immer wieder blickte es verstohlen zwischen den Zweigen hervor. Nach einer Weile hörten wir einen leisen Ruf, mit dem die Elchkuh wohl ihren Nachwuchs lockte. Das Junge schien gut erzogen, es lauschte kurz und entschwand dann in den Wald.

An einem anderen Tag konnten wir eine Kranichfamilie beobachten. Auf einem großen abgemähten Feld wollten die Eltern ihren Jungen das Fliegen beibringen. Die Eltern liefen voraus und schlugen dabei vorbildlich mit den Flügeln. Die Kranichkinder eilten hinterher. Eifrig breiteten sie ihre Flügel aus und rannten und rannten. Doch es hob nicht einer ab. Erst als das Feld in großer Entfernung an einem Wald endete, gaben sie sichtlich erschöpft auf. Wahrscheinlich war dies ihr erster Flugunterricht gewesen. Wir hatten viel Freude daran, ihnen dabei zusehen zu können.

So ganz brachte es Horst doch nicht fertig, längere Zeit ohne Arbeit zu verbringen. Um auch bei nicht so gutem Wetter einer sinnvollen Beschäftigung nachgehen zu können, hatte er die bereits ausgesuchten Dias von Sardinien mitgenommen. In diesem Urlaub entstand der gesamte Text zu den Bildern.

Während er schrieb, widmete ich mich entweder dem Zeichnen oder ich las. Eines der Bücher, die ich mitgenommen hatte, besaß folgenden Kerninhalt: Alles Existierende ist göttlich und es gibt nichts, was uns nicht möglich wäre, da auch wir göttlich sind. Obwohl ich dieses Buch so, wie es geschrieben war, für reichlich abgehoben hielt, sorgte es doch für eine ganz besondere Erfahrung. Dafür mussten Schwedens zahlreichste und gefürchtetste Tiere herhalten – die Mücken. Das Ganze kam so:

Bei einem gemütlichen Spaziergang wurde ich von einem dringenden Bedürfnis überrascht und entfernte mich hinter einige Büsche. Ich war noch nicht ganz fertig, da bemerkte ich hinter mir plötzlich eine kleine Armee dieser Plagegeister. Wild um mich schlagend verließ ich, im Laufen die Hose hochziehend, das Gebüsch, doch todesmutig verfolgten mich die Stechwütigen. Aus dieser Schlacht gingen eindeutig die Mücken als Sieger hervor, sie waren in der Überzahl. Am Abend zählte ich über 15 Stiche, ich konnte kaum sitzen.

Ausgerechnet an diesem Abend las ich in jenem Buch, dass alle Lebewesen göttlich seien, so wie wir. Sofort klappte ich das Buch zu und schimpfte in Gedanken mit dem Autor, ob er noch das Gleiche behaupten würde, wenn er ebenfalls so viele Mückenstiche hätte? Doch schon überwand ich meine Ablehnung und begann zu überlegen. Vielleicht lag es ja nur an meiner Einstellung? Mir fiel ein, dass Horst sogar einmal mit einem großen Grauhai Seite an Seite geschwommen war, in dem Bewusstsein, dass sie beide den gleichen göttlichen Funken in sich tragen und auf diese Weise eins sind. Mit diesem Gedanken musste es eigentlich auch gelingen, die Mücken zu zähmen, wusste ich doch inzwischen, wie stark die Vorstellungskraft ist. Gleich am nächsten Tag wollte ich es ausprobieren.

Es stand ein längerer Spaziergang auf dem Programm, denn wir wollten uns Schwedens höchsten Wasserfall, den Njupeskär, anschauen. Während der Wanderung dorthin gab es immer wieder Pausen, weil Horst die bezaubernde Landschaft filmte. Wenn man sich nicht in Bewegung befand, war man sofort von zahlreichen Mücken umgeben. Das war nun die beste Gelegenheit, mit ihnen zu sprechen. Gedanklich sagte ich zu den Mücken:

„In euch und in mir wohnt der gleiche göttliche Funke. Das Göttliche kann dem Göttlichen nichts anhaben."

Es wirkte! Ich konnte es kaum fassen. Teilweise stand ich regelrecht in einem Schwarm Mücken und bekam nicht einen Stich ab. Während Horst filmte, verscheuchte ich die Tierchen um ihn, da hatte ich bald keine Zeit mehr, auf mich selbst zu achten. Trotzdem wurde ich nicht ein Mal gestochen.

Am gleichen Abend saßen wir gemütlich in unserem Wohnwagen. Bald summte es verräterisch um uns, einige Mücken wollten es sich hier wohl ebenfalls bequem machen. Leider war der Wohnwagen so alt, dass sich die hungrigen Stechtierchen selbst durch das marode Fenstergummi zwängten oder die Zwangslüftung im Dachfenster überlisteten. Die sehr kleinen, lappländischen Mücken scheinen einen eisernen Willen zu besitzen, wenn sie ein Opfer ausmachen.

Da geschah etwas, womit ich ganz und gar nicht gerechnet hatte und das mich ziemlich aus der Fassung brachte. Weil ich für die Mücken offensichtlich tabu war, stürzten sie sich nun geradezu auf Horst.

„Das war nicht ausgemacht!",

rief ich und erschlug aufgebracht einen dieser Plagegeister. Damit hatte ich nun aber meine Abmachung mit den Mücken gebrochen und fortan ließen sie jetzt auch mich nicht mehr in Ruhe.

Nachdenklich verbrachte ich einen Großteil der Nacht. Lange konnte ich nicht einschlafen. Wenn man in allem Gott sieht, dann ist es möglich, mit allem Frieden zu schließen. Warum aber ließ Horst sich lieber stechen, als dass er mit seiner Vorstellung arbeitete? Sicher, er hatte sich ganz auf das Weltliche eingelassen, sich den irdischen Gesetzen vollständig unterworfen, wie hätte er es sonst mit göttlichem Licht erfüllen und durchdringen können. Trotzdem fragte ich mich, wieso er sich nicht wenigstens vor solchen Schädlingen schützte, wo es doch eigentlich ganz einfach war? Am nächsten Tag erkundigte ich mich bei ihm danach und bekam folgende Antwort:

„Wenn du über Wasser laufen kannst und am Ufer liegt ein Boot, dann nimm das Boot."

In unserem Fall war das Boot ein Antimückenmittel zum Einreiben. Bislang hatten allerdings alle Mittel, die wir aus Deutschland mitgebracht hatten, versagt. Aber nur wenige Tage später erfuhren wir von einem schwedischen Mückenschutz, der tatsächlich half.

Damit kein falscher Eindruck entsteht, möchte ich erwähnen, dass wir noch einige weitere Jahre den Sommer in Schweden verbrachten, dabei jedoch nicht mehr in dem Maße von Mücken belästigt wurden. Die erste Fahrt war diesbezüglich eine Ausnahme.

Meine Überlegungen, das Göttliche in allen Dingen sehen zu können, waren noch nicht zu Ende. Ein kleines Problem, das mich hier im Urlaub um einiges stärker belastete als zu Hause, wartete seit Langem auf eine Lösung. Seit meiner frühen Kindheit litt ich darunter, dass ich Schmutz fast buchstäblich anzog. Schlüpfte ich in einen frisch gewaschenen Pullover, so konnte ich beinahe sicher sein, einige Stunden später einen Fleck darauf zu haben. Besonders schöne und empfindliche Kleidung bekam ich auf diese Weise schnell ruiniert.

Im Wohnwagen waren die Möglichkeiten zu waschen sehr begrenzt und manchmal mussten wir einen Campingplatz nur deshalb aufsuchen, weil ich schon nach kurzer Zeit wieder eine Menge Wäsche hatte. Normalerweise übernachteten wir an schönen Plätzen in der Natur, was in Schweden sehr gut möglich war. Es lag mir wirklich viel daran, das Problem mit den Schmutzflecken zu lösen. Alle meine bisherigen Bemühungen waren vergeblich, ein bisschen Hilfe aus dem Geistigen war hier sicherlich angebracht.

Mir kam eine faszinierende Idee: Jedes Atom ist nur deshalb in Bewegung, weil es eine Energie gibt, die es in Bewegung hält. Diese Energie hat ihren Ursprung in Gott. Wenn nun jedes Atom davon erfüllt ist, dann muss demzufolge alles Existierende davon erfüllt sein, alles, was wir sehen, anfassen, riechen können. Also auch meine Kleidung und auch der Schmutz. Ich könnte mir daher vorstellen, dass all dies göttlich ist und dass etwas Göttliches (die Grundsubstanz des Schmutzes) nicht auf etwas Göttlichem (meiner Kleidung) anhaften wird, weil dadurch ein disharmonischer Zustand entstehen würde (was nicht dem Göttlichen entspricht).

So weit meine Überlegungen. Durch den Vorfall mit den Mücken war ich nun aber etwas verunsichert und nicht mehr ganz so mutig. Gab es auch hier etwas, was ich beachten sollte, kam dadurch vielleicht jemand zu Schaden, musste ich in Zukunft meiner Kleidung und dem Schmutz anders begegnen, mehr Achtung entgegenbringen als bisher? Was würde dieses Mal den Bann brechen können? Ich kam mir vor wie ein Zauberlehrling, der sich heimlich das Formelbuch seines Meisters ausgeliehen hat, nicht wissend, was außer der Formel sonst noch zu beachten war.

Tatsächlich getraute ich mich dieses Mal nicht meine Vorstellung einzusetzen. Gott wusste sicherlich um mein Problem, vielleicht würde er es für mich lösen, wenn die Zeit dafür gekommen war und ich daraus gelernt hatte, was für mich wichtig war.

Unwissentlich tat ich dadurch einen großen Schritt vorwärts. Obwohl ich die Möglichkeiten kannte, die mir durch die Vorstellungskraft zur Verfügung standen, wandte ich sie nicht an. Ich hatte deutlich formuliert, wie gern ich eine Änderung in dieser Situation hätte, unterstellte mich nun jedoch ganz bewusst dem göttlichen Willen. Damit hatte ich offensichtlich das gelernt, was zu beachten war, denn gleich am nächsten Tag ereignete sich Erstaunliches.

Zum Mittagessen bereitete ich Spaghetti mit Tomatensoße zu und noch bevor das Gericht fertig war, hatte ich schon ein paar Spritzer der roten Soße auf meinem T-Shirt. Horst nannte mich daraufhin mehrmals „Kleckerliesel". Das war sehr ungewöhnlich für ihn, da er mich wegen irgendeiner Schwäche, die ich besaß, normalerweise nie neckte, sondern eher hilfreich zur Seite stand.

Als ich das Essen servierte, bekam nun erstaunlicherweise Horst einen Tomatensoßenfleck auf sein Hemd. Dies überraschte mich, denn er war, was den Schmutz an seiner Kleidung anbelangt, das krasse Gegenteil von mir. Manchmal hatte ich den Eindruck, dass er den Schmutz geradezu abstoßen würde. Zum Nachtisch gönnten wir uns Schokoladeneis. Es dauerte nicht lange, bis ein Schokoladenfleck auf seinem frischen Hemd leuchtete. Kaum gewechselt, war auch auf dem neuen ein Fleck zu sehen.

Darüber musste ich sehr lachen, denn ich dachte, Horst sei dies passiert, weil er mich Kleckerliesel genannt hatte. Wie überrascht war ich jedoch, als ich von da an nicht mehr kleckerte, jeglicher Schmutz hielt sich von mir auf einmal fern. Offensichtlich hatte Horst durch sein dreimaliges Kleckern alles Weitere für mich abgegolten. Das, was ich mir so sehr gewünscht hatte, wurde nun als Geschenk gegeben. Darüber hinaus merkte ich, dass sich auch meine Einstellung gegenüber allem Existierenden änderte, ich begegnete allem mit mehr Achtung und mit mehr Respekt.

Während dieses Urlaubs wurde mir auch durch dieses Erlebnis Horsts absolute Reinheit bewusst. Bald verglich ich ihn mit einer Lotusblume. Die Blätter dieser Pflanze sondern einen Stoff ab, der jegliche Verunreinigung augenblicklich abstößt. Bei Horst verhielt es sich ähnlich. Auf dieser Reise kamen wir manchmal nur einmal in der Woche zum Duschen. Trotzdem war seine Haut nach dieser Zeit noch seidig glatt und rein und verströmte einen angenehmen Duft. Auf meine Anfrage, wie dies möglich sei, antwortete er mir, dass es sich bei ihm tatsächlich ähnlich verhalte wie beim Lotus. Überflüssige Materie, wie zum Beispiel abgestorbene Hautpartikelchen, entlasse er sofort, sie lösten sich in ihre Grundsubstanz auf, um irgendwo wieder für neue Materie zur Verfügung zu stehen.

Wenn wir auf einem Campingplatz eine Dusche aufsuchten, überprüfte Horst dort erst deren Sauberkeit. Damit bezeichnete er nicht nur das äußere, sichtbare Fehlen von Schmutz, sondern auch die feinstoffliche

Schwingung, die vom Raum ausging. Es konnte durchaus vorkommen, dass er sich weigerte eine auf diese Art unreine Dusche zu betreten, weil er sich nach der äußeren Reinigung schmutziger gefühlt hätte als zuvor. Lieber sprangen wir in einem solchen Fall in einen der vielen Seen Schwedens.

Schon bei unserer Hinfahrt nach Schweden hatte sich diesbezüglich etwas Interessantes ereignet. Wir hielten an einer Autobahnraststätte an, weil wir beide die Toilette aufsuchen wollten. Normalerweise brauchen Frauen dazu fast immer länger als Männer und ich wunderte mich, warum ich dieses Mal auf Horst warten musste. Als er nach einigen Minuten immer noch nicht kam, schaute ich vorsichtig durch die Tür zur Männertoilette. Da stand er vertraulich im Gespräch mit der Reinigungsfrau. Sie hatte soeben den Raum so liebevoll gereinigt, dass Horst sie mehrmals dafür lobte und ihr dankte. Sie erklärte gerade, dass doch jeder froh sei, wenn er einen solchen Raum sauber vorfände. Obwohl es erschreckend sei, wie manche diesen Ort verließen, wollte wenigstens sie dafür sorgen, dass der Nächste nicht darunter leiden müsse. Mir kamen fast Tränen in die Augen, als ich spürte, wie Horst sich mit höchstem Licht verband und diese Frau mit Segen geradezu überschüttete.

Während der Reise, in der Nacht vom 15. auf den 16. Juli 1988, hatte ich einen Traum, der so echt und plastisch war, dass ich ihn hier wiedergeben möchte:

Eine große Maus kam auf mich zu. Zuerst wollte ich sie verjagen, was mir aber nicht gelang. Offensichtlich war sie zahm und so versuchte ich sie zu streicheln. Da es ihr zu gefallen schien, begann ich mit ihr zu spielen. Auf einmal wollte sie mich beißen, doch ich reagierte sehr schnell und zeigte ihr mit einem Griff, dass es ihr nicht möglich sein würde, etwas zu tun, was ich nicht wollte. Von da an begleitete mich die Maus ständig. Sie verfügte über erstaunliche Fähigkeiten, die sie für mich einsetzte, und half mir, wo immer möglich.

Am Tag nach dem Traum sah Horst erstaunlicherweise zweimal eine große Maus in meine Richtung laufen. Dasselbe geschah noch einmal am darauffolgenden Tag.

Dieser Urlaub war für Horst und mich ein ganz besonderes Erlebnis. Sich über lange Zeit so nahe der Natur zu fühlen, die außergewöhnliche Ruhe, Nahrung, die man direkt aus dem Wald holen konnte (Pilze und Blaubeeren), die Erlebnisse in der Stille, das alles schätzten wir sehr. Ganz gratis waren jedoch weder diese noch folgende Schwedenreisen. Wir hatten meistens einen „Schwedenzoll" zu bezahlen. Bei dieser ersten Reise funktionierte gleich zu Beginn der Kühlschrank nicht mehr. Glücklicherweise erwies sich die Reparatur als erstaunlich einfach. Einiges Geschirr ging zu Bruch, nicht während der Fahrt, sondern weil mir die gefüllte Spülschüssel entglitt. Außerdem hatten wir Probleme mit der Auflaufbremse des schon etwas älteren Wohnwagens, sie quietschte immerzu. Ein einfacher Mechaniker in einem winzigen Ort half uns auf seine eigene Weise: Er ölte die Bremse. Fortan lief alles glatt.

Am 24. August 1988 verließen wir Schweden und am 26. August erreichten wir abends Überlingen. Nach so langer Zeit im Wohnwagen kam mir die Wohnung geradezu riesig vor und es dauerte ein paar Tage, bis ich mich mit allem wieder zurechtfand. Wir freuten uns unsere lieben Bekannten wiederzusehen und nach so langer Pause auch auf die Arbeit. Bis zum Winter sollte sich noch einiges ereignen, doch davon im nächsten Kapitel.

## *Du sollst Gott, deinen Herrn, lieben ...*

Nach der langen Sommerpause begannen im Herbst wieder die Yoga- und Meditationskurse. Die Hatha-Yoga-Übungen begeisterten mich inzwischen sehr und ich praktizierte sie mit viel Hingabe. Während der Meditationsstunden hatte ich dagegen noch Probleme mit der Sitzhaltung (Schneidersitz) und vor allem mit meinen Gedanken. Immerzu beschäftigte mich etwas Neues und die Ereignisse, welche nun folgten, waren für meine innere Stille alles andere als förderlich.

Schon seit einiger Zeit bemerkte ich, dass sich die Leberflecke an meinem Körper vermehrten. Im Herbst 1988 entdeckte ich einen, der sich seltsam veränderte. Sofort suchte ich einen Arzt auf, der mir eröffnete, dass es sich um Hautkrebs handle. Gleich in der nächsten Woche wollte er ambulant die notwendige, kleine Operation durchführen.

Mir war nicht besonders bange, denn ich hatte mein Leben bereits in Shrees Hände gegeben. Die Operation verlief ohne Probleme, die kleine Wunde am Rücken wurde mit zwei Stichen genäht. Da ich fast täglich in den Kursen Hatha-Yoga-Übungen vorführte, fragte ich den Arzt, ob ich diesbezüglich eine Pause einlegen solle. Er meinte, das sei nicht notwendig. Es kam mir etwas seltsam vor, denn bei den Asanas wird vor allem der Rücken intensiv in alle Richtungen bewegt. Als ich dies dem Arzt erklärte, hielt er es trotzdem für problemlos.

Am nächsten Abend führte ich daher so, als ob nichts gewesen wäre, einige der Asanas aus. Hätte ich doch nur auf mein Gefühl gehört, ein wenig vorsichtiger damit zu sein. Kurz darauf bekam ich solche Schmerzen, dass ich mich über Wochen nirgends mehr anlehnen konnte, die Übungen mussten ohnehin ausfallen. Trotz der Schmerzen heilte die Wunde schnell und sauber, dies allerdings nicht ganz ohne Grund.

Horst erklärte mir nämlich, wie der Heilungsprozess gefördert werden kann:

„Stell dir den absolut gesunden Rücken vor, sieh bildlich, wie du dich in alle Richtungen bewegen kannst. Fühle, wie göttliches Licht oder dessen zuständiges Element, das Erd-Element, die Wunde zusammenschweißt."

Diesen Rat hatte er schon mehreren Verletzten gegeben. Da kannte er zum Beispiel jemanden, der sich beim Fußballspielen häufig ein Bein oder den Fuß verletzte. Manchmal waren es die Sehnen, er hatte sich aber auch schon mehrmals das Bein gebrochen. Horst riet ihm, er solle sich, vor allem wenn das Bein bewegungslos im Gips liegt, vorstellen, wie er umherläuft, weiterhin Fußball spielt usw. Ebenso wichtig war die Lichtübung, sich vorzustellen, wie göttliches Licht alles heilt. Dieser junge Mann verblüffte nicht nur einmal die Ärzte, wenn seine Leiden in der halben üblichen Zeit heilten.

Auch bei mir war der Arzt überrascht. Er meinte nach zwei Wochen, ich hätte eine erstaunlich gut heilende Haut. Daraufhin entdeckte er jedoch leider auf meinem Rücken zwei weitere kritische Leberflecke. Er wollte sie ebenfalls entfernen. Obwohl ich mir sehr sicher war, dass dies nicht nötig war, ließ ich es zu. So kam es, dass ich einige Wochen später noch einmal auf seinem Operationstisch lag, dieses Mal waren die Wunden aber etwas kleiner. Auf die Asanas verzichtete ich die nächste Zeit freiwillig und dadurch schmerzte nichts.

Als die Fäden gezogen wurden, suchte mich der Arzt nach weiteren kritischen Flecken ab. Er entdeckte auf Anhieb sieben oder acht Stück. Schnell wurde mir klar, dass es in seiner Absicht lag, mir diese auch noch zu entfernen. Das sah ich allerdings als überflüssig an. Daraufhin erklärte der Mediziner, wie schlimm diese Krankheit verlaufen könne; wenn man nicht rechtzeitig handle, könne sie relativ schnell zum Tode führen.

Leicht verwirrt verließ ich den Arzt. Sehr wohl war mir nicht mehr zumute. Um auf andere Gedanken zu kommen, wollte ich auf dem Nachhauseweg bei einer lieben Bekannten vorbeischauen, die ein Geschäft führte, das ganz in der Nähe lag. Kurz nach mir kam eine Frau zur Tür herein, die früher sehr viel bei Horst gewesen war. Schon seit Jahren hatte ich sie nicht mehr gesehen. Die Frau gehörte zu den Leuten, die sich weder für noch gegen Horst aussprachen. Sie schlängelten sich so durch, wollten es sich mit keinem verderben und hatten dadurch die Möglichkeit, am meisten Schaden anzurichten. Trafen sie jemanden, der zu Horst hielt, gaben sie ihm zuerst recht und dann kam das große „Aber": „Pass auf, dass du nicht abhängig wirst, genieße dein Leben, Horst ist auch nur ein Mensch, es ist wichtig, dass man es zu etwas bringt" und so weiter. Mancher, der labil war, geriet dadurch ganz schön ins Schwanken.

Ausgerechnet auf so jemanden traf ich jetzt, wo ich mich doch innerlich gerade in einer solch unverdauten Situation befand. Seit ich bei Horst war, hatte ich Momente wie diese allerdings schon mehrmals erlebt. Immer, wenn ich dachte, mir geht es soeben am allerschlechtesten, kam Besuch und ich musste von einer Sekunde auf die andere meine Mundwinkel nach oben ziehen. Daraus hatte ich gelernt, dass diese Begegnungen keine Strafe bildeten, sondern eine große Chance. Das Lächeln sollte ehrlich sein und mir gelang dies auf folgende Weise: Man muss sich schnell von seinem Problem wegkonzentrieren und sich dafür vergegenwärtigen, dass es einem eigentlich sehr gut geht. Dadurch hebt sich die Stimmung meist augenblicklich und wenn man nun ausspricht, wie glücklich man ist, sagt man damit die Wahrheit. Schon oft löste sich anschließend das Problem fast von selbst.

Die Frau und ich erzählten uns nun gegenseitig, wie gut es uns jeweils geht, und als ich nach Hause kam, war ich schon wieder ganz guter Stimmung.

Trotzdem wurde, nachdem ich später in Ruhe über den Arztbesuch nachdachte, mein Vertrauen sehr auf die Probe gestellt. Hatte ich Shree wirklich vollkommen mein ganzes Leben übergeben? Dann durfte ich auch keine Angst um den Körper haben, denn dieser gehörte nun auch ihm. Ich merkte aber, wie sich gerade dieses Gefühl in seiner ganzen Heftigkeit einschleichen wollte – Angst! Musste ich nun bis an mein Lebensende täglich meine Haut absuchen, ob sich etwas veränderte? Würde ich daran sterben, vielleicht doch nicht später, sondern schon bald? Eines stand fest, ich wollte nicht mehr an mir herumschneiden lassen, wenn ich nicht von der Notwendigkeit überzeugt war. Immerhin würde es bei den nächsten Arztbesuchen sieben weitere Wunden geben und ich beobachtete, dass sich die Leberflecke auf meiner Haut nach wie vor vermehrten.

Schnell versuchte ich an etwas anderes zu denken, damit ich nicht in Panik geriet. Als ich wieder zur Ruhe kam, gab es ein langes, inniges Gebet. Noch einmal übergab ich mich ganz bewusst in die Hände von Shree. Anschließend bat ich darum, mir zu zeigen, ob diese Krankheit meine Sterbeursache sein würde und, wenn möglich, den Zeitpunkt meines Weggangs. Beides wurde mir in den nächsten Monaten deutlich und wiederholt gezeigt. Was den Zeitpunkt anbelangt, hatte ich einen Wunsch, der mir bestätigt wurde. Den Hautarzt suchte ich nicht mehr auf.

Bald darauf litt ich an einem Tag unter starken Depressionen. Das war äußerst ungewöhnlich für mich, denn ich bin eigentlich ein fröhlicher Mensch. Am Abend dieses Tages erfuhr ich, dass die Frau, die ich nach meinem Arztbesuch in dem Geschäft getroffen hatte, bei einem Autounfall ums Leben gekommen war. Ich war sehr erschüttert.

Einige Wochen später stellten sich bei mir Schmerzen in der Herzgegend ein. Dies verwirrte mich sehr und ich dachte darüber nach, was es wohl für einen Grund haben könnte. Dabei erforschte ich nicht die körperliche Seite, sondern ich suchte den Grund in meinem Inneren. Seit Langem versuchte ich mit ganzem Herzen für Shrees Werk da zu sein, was machte ich falsch, wenn es ausgerechnet hier wehtat? Mir fiel nichts ein und so wandte ich mich innerlich mit dieser Frage an Shree.

Kurz darauf schoss mir förmlich ein Satz durch den Kopf:

„Lass gütigst mein Herz die Wohnstätte Seiner Himmlischen Füße sein."

Dieses Anliegen hatte Ratnakar im Jahr 1965 Shree vorgetragen. Es war inzwischen viele Jahre her, dass ich darüber in Ratnakars Buch „Sadguru's Bestowal" [16] gelesen hatte. Diese Worte konnte ich jedoch all die Zeit nicht vergessen, weil sie mir so ungewöhnlich erschienen.

Damals überlegte ich lange, wieso Ratnakar solch eine für mich seltsame Formulierung wählte. Warum sagte er nicht zum Beispiel:

„Lass mich beständig in Liebe an dich denken",

oder etwas in der Art? Mir kam der Gedanke, dass man sich in Indien vielleicht lieber in Bildern ausdrückt. Dann sollte es aber meiner Meinung nach etwas sein, was man sich vorstellen kann. Füße sind viel größer als ein Herz, wie sollen sie da hineinpassen? Ganz offensichtlich musste es jedoch irgendwie gehen, denn die Antwort, die Ratnakar von Shree erhielt, war:

„Dein Anliegen ist erfüllt! Sie sind dort!"

Damals gab ich letztendlich auf, es verstehen zu wollen.

Nun bildeten ausgerechnet diese Worte die Antwort auf meine Frage. Sie gingen mir nicht mehr aus dem Kopf. Sobald ich nur den geringsten Druck in der Herzgegend verspürte, wiederholten sie sich in mir von allein wie ein Mantra:

„Lass gütigst mein Herz die Wohnstätte Seiner Himmlischen Füße sein."

Je länger es andauerte, desto mehr wurde ich davon emporgehoben, mein Gemüt füllte sich mehr und mehr mit Wonne. Bald konnte ich es kaum noch erwarten, endlich wenigstens einen leichten Schmerz in der Herzgegend zu verspüren. Dann dachte ich:

„Oh, ich spüre Seine Heiligen Füße!",

und Ratnakars Worte wiederholten sich in mir wieder und wieder.

Offensichtlich war mein Herz vor Jahren tatsächlich noch zu klein für Seine Himmlischen Füße gewesen. Jetzt hatte ich mit dieser Vorstellung keinerlei Probleme mehr, tatsächlich meinte ich sie hin und wieder zu spüren. Dies erfüllte mich mit großem Glück und meine Liebe zu Gott, dessen himmlisches Licht ich durch die heiligen Füße von Shree wiederholt spüren durfte, steigerte sich mehr und mehr.

Die Schmerzen in meiner Herzgegend verschwanden bald darauf. Fast vermisste ich sie danach, aber es gibt schließlich so unendlich viele Dinge, die an Gott erinnern können, dass sie einfach nicht mehr notwendig waren.

Der Leser hat sicherlich schon bemerkt, dass ich mich im Gebet häufig an Shree wandte. Für mich bildete es keinen Unterschied, ob ich Gott als unpersönliches höchstes Selbst oder seinen Boten, durch den sein höchstes Licht hindurchstrahlte, ansprach. Horst wurde manches Mal gefragt, an wen man sich mit seinen Gebeten wenden sollte: an Gott, den Höchsten selbst, oder an ein unpersönliches himmlisches Licht. Soll man sich an Gottes Boten oder seine Propheten wenden oder an eine versinnbildlichte Gottheit wie zum Beispiel Lord Ganpati.

Horst erklärte es folgendermaßen:

„Wenn ein Bote Gottes auf der Welt erscheint, befindet er sich ab einem bestimmten Zeitpunkt in dem Zustand:

Ich und der Vater sind eins.

In Indien werden diese Gottesboten Avatare genannt. Es sind höchste Wesenheiten, die nicht auf der Welt erscheinen, weil sie sich weiterentwickeln oder etwas für sich selbst erreichen wollen, sondern um der verirrten Menschheit wieder und wieder den rechten Weg zu weisen. Durch sie wirkt der Wille des Allmächtigen.

Gleichzeitig sind diese Boten Mittler zwischen Himmel und Erde. Sie sind dafür zuständig, Dinge in Bewegung zu bringen. Sich im Gebet an einen dieser Boten zu wenden ist eine gute Möglichkeit, um seine Lobpreisungen oder Anliegen direkt zur göttlichen Quelle zu senden.

Es bleibt uns überlassen, welche Verkörperung dieser göttlichen Wesenheiten wir uns für unsere Gebete aussuchen. Hauptsache, wir sind fest davon überzeugt, dass dieser Bote mit dem höchsten Licht eins ist.

Da unsere Verehrung letztendlich immer dieses alles durchdringende höchste Licht (Gott) betrifft, ist es ebenso möglich, sich an dieses direkt zu wenden, in welcher Vorstellung auch immer."

Seit ich zum ersten Mal von Horst und bald danach von Shree hörte, war mir sofort klar, dass ich mich innerlich an sie wenden würde.

Obwohl ich sehr katholisch erzogen wurde, konnte ich in meiner Jugend keine innige Beziehung zu Jesus Christus aufbauen. Das lag vor allem daran, dass er hauptsächlich als ein Mensch, der tot am Kreuz hängt, dargestellt wird, was mich schon immer abschreckte. Wie sollte ich Liebe zu so einem Abbild entwickeln können? Warum wurde Jesus nicht als der Auferstandene, der für uns Sorgende, der

Liebe Ausstrahlende abgebildet und verehrt? Das nächste Problem war, dass die Geistlichen, denen ich begegnete, mir die christlichen Lehren so weitergaben, dass sie mir unlogisch und ungerecht erschienen. Schlussendlich war es Horst, der mich den biblischen Lehren näherbrachte und sie mir verständlich erklärte. Auf diese Weise konnte ich auch Jesus Christus meine Verehrung entgegenbringen.

Bis dahin dauerte es jedoch einige Zeit. Wie erfreut war ich daher, als ich von lebenden Boten hörte. Tatsächlich wandte ich mich im Gebet zunächst stets an Horst und ich erhielt, wenn nötig, auch jedes Mal eine Antwort. Später, als ich Shree begegnen durfte und bald darauf nach Überlingen zog, richtete ich meine Gebete an Shree. Horst konnte ich nun direkt ansprechen.

Während meiner intensivsten Schulungsjahre war mir zeitweise nicht mehr bewusst, welch göttliche Kraft Horst stets durchdrang. Er spiegelte manchmal so sehr meine noch zu bewältigenden Eigenschaften, dass ich glaubte, er hätte diese Eigenschaften. Dann zweifelte ich an seiner Vollkommenheit. Hin und wieder wechselte er auch von hoher Schwingung zu ganz und gar menschlichen Verhaltensweisen, was mich sehr durcheinanderbrachte. Letztendlich führte er mich dahin, das ganze Spiel durchschauen zu dürfen. Es beschämt mich im Nachhinein sehr, welche Widerstände ich ihm manchmal entgegengebracht habe. Stets überwogen jedoch meine tiefe Liebe und Hingabe zu ihm, die es mir schließlich ermöglichten, alle Schranken und Barrieren überwinden zu können.

Wenn man die Gnade erhält, einem göttlichen Boten begegnen zu dürfen, so ist dies ein einzigartiges Geschenk für die eigene Entwicklung. Liebe und Demut, die beiden höchsten Eigenschaften, können durch ihn vermittelt werden. Viele Menschen haben Probleme damit, ihren Nächsten zu lieben. Für mindestens ebenso viele ist es allerdings auch schwer vorstellbar, wie es möglich sein soll, Gott, unseren Herrn, wirklich zu lieben.

In der Bibel steht mehrmals in ähnlichen Worten geschrieben:

> „Du sollst Gott, deinen Herrn, lieben von ganzem Herzen und von ganzer Seele und mit all deiner Kraft und mit deinem ganzen Verstande ..." 5. Mose 6.5, Lukas 10.27, Matthäus 22.37

Horst wurde wiederholt gefragt, wie es möglich sei, Gott zu lieben, etwas, das man nicht sehen kann, von dem man vielleicht noch nicht einmal überzeugt ist, dass es tatsächlich existiert.

Eine große Hilfe bieten auch hier wieder Gottes Boten. Ihr Leben und ihre Lehren sind meist bekannt. Man kann durch sie Gottes Wirken auf Erden erahnen. Über einen Heiligen ist es vergleichsweise einfach, Gott seine ganze Liebe und Hingabe entgegenzubringen. Indem man ihn oder ein Sinnbild des Göttlichen verehrt, kann man relativ schnell Liebe zu Gott entwickeln. Gleichzeitig wird durch die Verehrung von Hohem und Heiligem die Demut gefördert. Ist man in der glücklichen Situation, unter der Obhut eines spirituellen Meisters zu stehen, wird man selbstverständlich ihn zum Mittler seiner höchsten Gefühle wählen.

Will man sich die Liebe Gottes im täglichen Leben vergegenwärtigen, gibt es dafür eine einfache Möglichkeit. Bei allem Guten, das man erlebt oder erhält, macht man sich bewusst, dass dies eine Gabe Gottes ist, und bedankt sich bei ihm dafür. Selbst wenn man seinen berechtigten Lohn für eine Arbeit ausgezahlt bekommt, tut man gut daran, zu denken, wie glücklich man sein kann, eine solche Arbeit ausführen zu können, und dass es letztendlich Gott ist, der es einem ermöglicht, dadurch seine Familie zu versorgen. Hält man an diesem Gedankengut mehr und mehr fest, so wird man meist bald Liebe zu Gott fühlen können.

Nachdem ich von Horst zum ersten Mal von dieser Lebenseinstellung hörte, versuchte ich sie sofort umzusetzen. Der Erfolg stellte sich schnell ein. Danach wollte ich jedoch auch wissen, wie es sich verhält, wenn man mit unangenehmen Dingen konfrontiert wird. Kommt dies dann auch von höchster Quelle?

Zuerst winkte Horst diese Frage ab:

„Üb erst einmal mit den positiven Dingen und hebe dir das andere für später auf."

Das war ein guter Rat, den ich für kurze Zeit befolgte. Mit unbeantworteten Fragen hatte ich jedoch einige Schwierigkeiten und darum dauerte es nicht lange, bis ich bei Horst erneut mit dem gleichen Thema anfragte:

„Kommt das weniger Angenehme auch von Gott? Wie kann jemand Gott lieben, wenn er häufig Pech im Leben hat oder vielleicht schwer krank ist?"

Dies war ein sehr vielschichtiges Thema, welches man nicht einfach in ein oder zwei Sätzen beantworten konnte. Horst erklärte mir dazu zunächst noch einmal das Gesetz vom Karma:

„Du erntest, was du säst",

oder wie es wörtlich im Neuen Testament heißt:

> „Irret euch nicht! Gott lässt sich nicht spotten. Denn was der Mensch sät, das wird er ernten." Galater 6.7

Auch im Alten Testament ist davon die Rede:

> „Auge um Auge, Zahn um Zahn, Hand um Hand, Fuß um Fuß, Brandmal um Brandmal, Beule um Beule, Wunde um Wunde." 2. Mose 21.24

Mit diesem letzten Bibelzitat sollen keinesfalls, wie häufig interpretiert, Rachegedanken erlaubt und entschuldigt werden. Vielmehr wird darauf hingewiesen, dass alles, was wir einem anderen zufügen, uns irgendwann genauso widerfahren wird. Wir sind selbst unseres Glückes oder Unglücks Schmied. Wenn uns etwas Unangenehmes widerfährt, haben wir dafür selbst den Grundstock gelegt. Sollten wir uns nicht daran erinnern können, dann deshalb, weil es in einem vergangenen Leben gewesen ist. Hat man zum Beispiel jemandem etwas unrechtmäßig entwendet, so wird einem genau der gleiche materielle Wert verloren gehen.

Krankheit hat oft folgende Ursache: Durch ungute Gedanken und Taten entsteht Disharmonie im Körper und dieser reagiert entsprechend darauf. Schwere Krankheiten sind häufig einzigartige Gelegenheiten, über sie eigene Schwachpunkte in der Entwicklung aufspüren und dadurch beheben zu können. Dabei gibt die Art des Leidens den ersten Fingerzeig, in welcher Richtung man mit der Suche beginnen sollte. Jeder Körperteil findet eine Entsprechung in der Psyche. Dazu hält der Volksmund einige Beispiele bereit:

„Ein Herz aus Stein" oder ein „weiches Herz" ist schnell zu verstehen. Die Liebe oder das Mitgefühl werden hier angesprochen.

„Jemandem ist etwas über die Leber gelaufen." Die Leber ist für die Entgiftung zuständig, sie zeigt an, wenn wir psychisch nicht entgiftet haben, das heißt, nicht verzeihen können.

„Jemand wird in die Knie gezwungen." Knieschmerzen wollen häufig darauf aufmerksam machen, dass man Probleme damit hat, sich unterzuordnen, die Demut ist zu schwach entwickelt.

Dies sind nur einige wenige Beispiele. Es gibt Bücher darüber, welcher Körperteil zu welcher Eigenschaft in Beziehung steht. Man sollte aber auf Verallgemeinerungen achtgeben, denn mancher Ungesunde gleicht nur ein früheres Karma aus und hoch entwickelte Menschen oder gar Heilige nehmen häufig Leid für andere auf sich.

Ein Mensch, der sich ganz in Liebe Gott hingegeben hat, wird sich für alles Ungute, das ihm widerfährt, bedanken können. Er wird fragen, was er daraus lernen kann, und sich darüber freuen, ungutes Karma abbauen zu dürfen und damit frei davon zu werden.

Der Begriff Karma beinhaltet nicht nur das Gesetz von Ursache und Wirkung, sondern auch, wie wir uns aus diesem endlos erscheinenden Kreislauf befreien können. Gute Taten bedeuten in Bezug auf die Bindung goldene Ketten, ungute Taten rostige Ketten. Die guten Taten verlangen folglich ebenso einen Ausgleich wie die unguten!

Die Lösung heißt einerseits selbstloses Handeln, nicht an den Früchten seiner Taten zu hängen. Andererseits: Widmet man all seine Tätigkeiten in Liebe und Hingabe Gott, dann gibt es weder rostige noch goldene Ketten und man wird mehr und mehr vom Karma befreit. Gleichzeitig wächst das Vertrauen bis zu einem vollkommenen Vertrauen in Gott. Das vollkommene Vertrauen in die göttliche Führung ist eine Voraussetzung dafür, zum Werkzeug Gottes zu werden. Der zu erreichende Zustand findet seinen Ausdruck in den Worten von Jesus Christus:

„Dein Wille geschehe."

*

Doch nun zurück zum Jahr 1988. Der Verlag brachte es mit sich, dass ein trockener Lagerraum für die Bücher benötigt wurde. Eine neue, größere Wohnung wurde deshalb notwendig. Horst konnte ein kleines Haus in Überlingen-Goldbach mieten, das für diesen Zweck ideal war. Einige Tage vor dem Umzug, der am 10. Dezember 1988 stattfinden sollte, geschah etwas Merkwürdiges.

Soeben verstaute Horst in seinem Arbeitszimmer kleinere Gegenstände in einen Karton, während ich das Gleiche im Flur tat. Wir sortierten bereits beim Einpacken alles so, dass wir im neuen Haus die jeweiligen Schachteln gleich im richtigen Zimmer absetzen konnten. Dazu wurden die Kartons deutlich beschriftet. Im Flur räumte ich gerade das Bücherregal aus, auf dem unter anderem zwei Bilder standen. Weil ich nicht wusste, in welchem Zimmer sie anschließend aufgestellt werden sollten, rief ich Horst im Nebenzimmer zu:

„In welchen Karton hättest du gerne das Bild von Shree und das von Ratnakar?"

Er rief zurück:

„Welches Bild von Ratnakar? Im Flur steht kein Bild von ihm!"

Sehr verwundert sah ich mir die beiden Fotografien an. Es war eindeutig. Auf der einen sah ich Shree, auf der anderen Ratnakar. Während zweier Indienreisen hatte ich die Gelegenheit gehabt, Ratnakar zu begegnen. Da er ein markantes Äußeres hatte, war ich mir völlig sicher ihn jederzeit wiederzuerkennen. Doch da kam schon Horst zu mir in den Flur und ich zeigte ihm die beiden Fotos. Er sah mich überrascht an und erklärte, dass auf beiden Bildern Shree zu sehen sei. Jetzt war ich erstaunt. Nein, das war unmöglich. Auf dem einen Foto erkannte ich eindeutig Shree, auf dem anderen jedoch ebenso eindeutig Ratnakar.

Wir wussten beide um die Wirklichkeit solcher Phänomene. Ratnakar hatte alle seine Gebete, Wünsche und Verherrlichungen an Shree gerichtet und sich ihm ganz ergeben. Damit erreichte er eine solche Verbundenheit mit Shree, dass ihn bereits manche in Abbildungen von Shree zu erkennen meinten. Horst war dieser Effekt durchaus bekannt, denn er hatte das Gleiche bei sich erlebt. Sowohl er wie auch manche andere sahen in einem bestimmten Zeitraum auf Fotografien von Shree eindeutig das Abbild von Horst.

Es war für mich sehr beeindruckend, solch eine Identitätsverschmelzung auf einer Fotografie selbst erleben zu dürfen. Noch längere Zeit sah ich Ratnakar in dieser Fotografie von Shree. Wenn ich mir heute dieses Bild ansehe, so ist mir mein Empfinden von damals rätselhaft, denn es besitzt wirklich keinerlei äußerliche Ähnlichkeit mit Ratnakar.

## *Der Homa-Hof Heiligenberg entsteht*

„Es ist von großer Wichtigkeit, dass nun dauerhafte Plätze entstehen, an denen regelmäßig Homa-Feuer durchgeführt werden. Etwas Land sollte dazugehören, damit die heilende Wirkung sowohl auf den Menschen wie auch auf die Pflanzenwelt sichtbar wird."

Diese Worte von Shri Vasant Paranjpe, der am 11.5.1988 Horst besuchte, sind mir noch deutlich in Erinnerung. Viele Interessierte waren anwesend, um diesen großen Künder von Shrees Werk zu sehen und zu hören. Vasant erklärte im Folgenden, wie ein solcher Ort aussehen und wo er sich befinden sollte. Er empfahl einen landwirtschaftlichen Betrieb mit einem Haus zum Wohnen für einige Leute. Ein großer Raum, in dem sich viele Gleichgesinnte treffen könnten, wäre gut. Von Überlingen aus sollte er im Norden liegen. Das Wichtigste, die Feuerzeremonien, sollten regelmäßig und in einem eigens dafür vorgesehenen Raum ausgeführt werden. Homa ist ähnlich wie Yagna ein Oberbegriff für vedische Feuerzeremonien. Für einen Homa-Hof empfahl Vasant folgenden Tagesablauf:

Der Tag sollte um 5 Uhr morgens mit einem Vyahruti (sprich: Wairuti, eine spezielle, kurze Form eines Yagnas) beginnen, in dessen Anschluss verschiedene vorgeschriebene Mantras gesungen werden. Zu Sonnenaufgang folgt das morgendliche Agnihotra. Um 10, 12, 15, 18 und 21 Uhr sollte jeweils ein weiteres Vyahruti durchgeführt werden. Zwischenzeitlich sind mindestens 4 Stunden Yagna notwendig, nicht zu vergessen das abendliche Agnihotra.

Horst zögerte keinen Moment, solch ein Projekt in Angriff zu nehmen. Sogleich wurde mit der Suche nach einem geeigneten Bauernhof begonnen. Dies erwies sich als schwieriger als angenommen. Kleinere, erschwingliche Betriebe befanden sich oft in einem solch schlechten

Zustand, dass man am besten alle Gebäude abgerissen und neu errichtet hätte. Das kam für uns nicht in Frage. Gut erhaltene, größere Höfe hatten manchmal zur Auflage, dass sie nur von einem Landwirt bewirtschaftet werden durften. So jemanden gab es bei uns nicht. Wieder andere Betriebe waren zu teuer.

Doch dann klingelte eines Tages zu ungewohnt später Stunde M. an unserer Haustür. Sein strahlendes Gesicht ließ Gutes ahnen. M. war ein Familienvater mittleren Alters, der, nachdem er Horst näher kennengelernt hatte, seinen gut bezahlten Beruf gegen eine einfachere Arbeit eintauschte, nur um in der Nähe von Horst sein zu können. Seine Familie stand hinter ihm und war bereit auch mit weniger Einkommen zufrieden zu sein. An diesem Abend kam nun M. mit guten Neuigkeiten und einer großen, gerahmten Fotografie unter dem Arm. Nach längerer Suche war ein Bauernhof gefunden worden, der zwar etwas größer und teurer als gedacht war, ansonsten aber allen Anforderungen entsprach. M. zeigte uns das mitgebrachte Bild, auf dem das Anwesen und ein Teil der Umgebung von der Luft aus aufgenommen zu sehen waren. Noch bevor er die Vorzüge des Hofes beschreiben konnte, sprach Horst:

„Das ist er!"

Damit war die Sache so weit klar. Eigentlich fing es jetzt jedoch erst an: Wie sollte der Hof finanziert werden, wer würde das Land bewirtschaften, wer sollte am Hof wohnen, auf welchen Namen sollte er gekauft werden? Fragen über Fragen.

Es gab in der Folge einige Treffen aller Interessierten und eine Frage nach der anderen erfuhr eine Lösung. Horst regte die Gründung eines Vereins an. Wenn es einen einzelnen Besitzer gegeben hätte, wäre die Gefahr zu groß gewesen, dass dieser damit irgendwann tut und lässt, was er will. Einen solchen Fall gab es bereits einmal, als vor mehreren Jahren der Versuch eines Homa-Hofs in Privatbesitz unternommen wurde.

Am 9. November 1988 kam Vasant noch einmal zu Besuch. Wir fuhren mit ihm zu dem in Frage kommenden Hof, etwa 17 km nördlich von Überlingen. Er befindet sich in dem sieben Anwesen zählenden kleinen Ort Oberhaslach, welcher zur Gemeinde Heiligenberg gehört. Vom Bodensee aus steigt die Landschaft nach Norden beständig an, weshalb der Hof auf einer Höhe von 740 Metern liegt. Diese Höhe, verbunden mit den häufigen, kühlen Winden, ist grenzwertig für den Gemüseanbau. Dafür ist der Ausblick zauberhaft. Bei schönem Wetter kann man die höchste Erhebung des Schwarzwalds, den Feldberg, sehen. Er ist etwa 95 km Luftlinie entfernt. An Tagen mit ausgezeichneter Fernsicht sind sogar die Vogesen als Silhouette zu erkennen (Entfernung ca. 160 km Luftlinie).

Vasant zeigte sich vom Anwesen begeistert. Besonders angetan war er von der Obstwiese, auf welcher zum Teil alte und seltene Apfel- und Birnbäume standen. Darüber hinaus gab es auch Kirsch-, Zwetschgen- und Walnussbäume. Als Vasant die Größe des Hofes sah, war er realistisch genug, um mit uns über die Finanzierung zu sprechen. Er riet uns, ganz sicherzustellen, dass uns die finanzielle Last nicht erdrücken könnte.

Die Finanzierung des Hofs geschah dann über Privat- und Bankdarlehen. Verhandlungen mit dem bisherigen Besitzer machten es möglich, dass ein Teil des 20 Hektar umfassenden Landes erst nach fünf Jahren dazugekauft werden musste. Um später die anfallenden Zinsen decken zu können, sollte vielerlei Gemüse angepflanzt und zum Verkauf angeboten werden.

Am 16.11.1988 feierten wir den Geburtstag eines unserer lieben Bekannten. Während der Feier kam das Gespräch auf den Hof bei Heiligenberg und Horst gab sein endgültiges „Ja" dazu. Noch am gleichen Abend übermittelte M. telefonisch den bisherigen Besitzern das Kaufvorhaben.

Auf den 13.12.1988 datiert die Gründung des notwendigen Vereins mit dem Namen „Gemeinschaft für Homa-Landwirtschaft e. V.". Seine Werte und Ziele wurden zum Wohle aller festgelegt, worauf er im Bereich Umweltschutz als gemeinnützig anerkannt wurde. Um all die nötigen Verhandlungen, gesetzlichen Unterlagen, Verträge usw. kümmerte sich vor allem M., der auch in der Folge bewundernswerten Einsatz leistete. Der Vereinsname wurde später geändert in „Verein für Homa-Therapie e. V.". Es sollte damit deutlicher zum Ausdruck kommen, dass es hier nicht nur um Landwirtschaft ging.

Am 21. Dezember 1988 wurde der Homa-Hof Heiligenberg notariell gekauft.

Das Wohnhaus beherbergte zwei Wohnungen. In die obere, größere zog eine junge Familie mit zwei Kindern. Der Vater dieser Familie war freiberuflich tätig, sodass er auch von hier aus seiner Arbeit nachgehen konnte. Sie erklärten sich bereit, einen Großteil ihrer Freizeit für den Gemüseanbau einzusetzen.

Die Belegung der unteren Wohnung bereitete etwas mehr Kopfzerbrechen. Hier sollte eigentlich der zuständige Landwirt wohnen.

Wir gingen die Berufe aller Leute, die aktiv mitmachen wollten, durch: Lehrer, Kaufmann, jemand aus der Computerbranche, ein paar Studenten, eine Ärztin, eine Friseurmeisterin, Erzieherinnen, einige Hausfrauen ... – nicht nur, dass kein Einziger Ahnung von Landwirtschaft hatte, es war außer einem Installateur noch nicht einmal ein Handwerker dabei.

Für den Anfang ergab sich jedoch auch hier eine gangbare Lösung. In den Meditationskursen von Horst nahm seit Kurzem ein junger Mann mit seiner Partnerin teil, der vor längerer Zeit bereits einmal bei Shree gewesen war und die verschiedenen Feuerzeremonien kannte. Beruflich arbeitete er als Maurer, aber er war in einem landwirtschaftlichen Betrieb aufgewachsen. Von Horst wusste er lediglich, dass er Meditationstechniken weitergab, es war noch fraglich, wie er ihn anderweitig anerkennen würde. Das würde die Zukunft klären.

Der junge Mann erklärte sich bereit für einen geringen Lohn der Hauptverantwortliche für die Landwirtschaft zu sein. Mit seiner Partnerin bezog er die Wohnung im Erdgeschoss. Bei seiner ersten Arbeit zeigte es sich gleich, wie gut es war, dass er Maurer gelernt hatte. Zwei hintereinanderliegende Yagna-Räume wurden angelegt, die jeweils mit einem gemauerten Kamin versehen wurden. Der hintere Yagna-Raum war zur Durchführung von längeren Yagnas gedacht, der vordere für das morgendliche und abendliche Agnihotra und für alle Vyahrutis. Vom ersten Moment an achteten wir darauf, in beiden Räumen nicht zu sprechen. Bis heute wurden darin nur Yagnas durchgeführt und Mantras rezitiert. Dies bewirkt den Aufbau höchster, erhabener Schwingungen. Wenn man diese Räume betritt, wird das Gemüt sogleich emporgehoben, es setzt eine meditative Stimmung ein und man ist von wohltuenden, heilenden Energien umgeben.

Zu einem späteren Zeitpunkt erklärte Horst wichtige Hintergründe zu den Feuerzeremonien:

„Wie man in den heiligen Schriften verschiedener Religionen nachlesen kann, waren in früheren Zeiten Opferfeuer ein wichtiger Teil der religiösen Handlungen. Nach und nach wurden sie abgeschafft, weil sie missbraucht wurden und durch große Mengen an Fleischgaben ihren Sinn verfehlten. Mit dem Agnihotra und anderen Yagnas haben wir erneut die Möglichkeit erhalten, Feuerzeremonien anwenden zu dürfen. Führen wir sie auf die richtige Weise aus, so werden sie für uns und unsere Umwelt ein großer Segen sein.

Will man die Feuerzeremonie als religiöse Handlung vollziehen, dann ist es wie ein Opferfeuer. Wir können uns selbst - symbolisch durch Reis oder Ghee – dem höchsten Licht – symbolisch dem Feuer – darbringen. Es ist eine gute Möglichkeit, unserer Liebe und Hingabe an das höchste Licht Ausdruck zu verleihen.

Yagnas sind ein hervorragendes Mittel, um die Schwingung sowohl von sich selbst als auch von der Umgebung zu erhöhen. Wenn man sie ausführt, ist es ratsam, sich darauf äußerlich und innerlich vorzubereiten. Im äußeren Bereich sollte man darauf achten, dass man saubere Kleidung trägt. Eine einfache und wirkungsvolle Hilfe, um äußere und innere Reinheit zu erzielen, können symbolische Handlungen sein."

Dazu riet uns Horst, vor der Durchführung von Yagnas Wasser über unsere Hände laufen zu lassen und uns dabei vorzustellen, wie alle äußeren und gedanklichen Unreinheiten von uns hinweggespült werden. Darüber hinaus ist es hilfreich, den Mund auszuspülen, mit dem Gedanken, dass von da an bis zur Beendigung des Yagnas nur noch Positives, möglichst Mantras, über unsere Lippen kommt. Normalerweise ist es mit diesen Hilfsmitteln möglich, jeglichen düsteren Gedanken zu vertreiben. Zur inneren Verfassung während Opferhandlungen steht in der Bibel geschrieben:

> „Darum: Wenn du deine Gabe auf dem Altar opferst und dort kommt dir in den Sinn, dass dein Bruder etwas gegen dich hat, so lass dort vor dem Altar deine Gabe und geh zuerst hin und versöhne dich mit deinem Bruder und dann komm und opfere deine Gabe." Matthäus 5.23-24

Damit wird betont, wie wichtig ein reines Gemüt ist, wenn eine Opferhandlung durchgeführt werden soll. Führen wir Yagna aus, so sollten wir darauf achten, dass wir uns innerlich in einem harmonischen Zustand befinden und entweder keine oder gute Gedanken hegen. Wie ein großer Segen strahlt das, was wir gedanklich in das Feuer hineingeben, vielfach verstärkt auf uns zurück. Alles in Verbindung mit den Feuerzeremonien sollte mit größter Achtung erfolgen.

Am Homa-Hof wurden die vorgeschriebenen Feuerzeremonien auf alle Beteiligten verteilt. Fiel jemand aus, dann sorgte er selbst für Ersatz. Jeden Tag kam ein anderer an die Reihe, um die Disziplinen um fünf Uhr morgens durchzuführen. Das setzte allerdings voraus, dass alle erforderlichen Mantras beherrscht wurden. Für den Einzelnen ergab sich der Rhythmus, etwa alle drei Wochen einmal an der Reihe zu sein. Auch die täglichen vier Stunden Yagna wurden fest organisiert, sodass man jede Woche am gleichen Tag, möglichst zur gleichen Zeit, dafür verantwortlich war.

Später, im Jahr 2011, veröffentlichten Horst und ich das Buch „Agnihotra - Ursprung, Praxis und Anwendungen". Darin werden Agnihotra und weitere Yagnas sowie unsere Erfahrungen damit ausführlich beschrieben.

In den bereits angebrochenen Wintermonaten sah man viele Homa-Hof-Mitglieder ihre Zeit mit neuer, ungewohnter Lektüre verbringen: „Biologischer Feldanbau", „Der Bio-Landwirt", so oder ähnlich konnte man auf den Buchumschlägen lesen.

Vasant hatte uns erklärt, dass die Homa-Anbaumethode mit jeder herkömmlichen biologischen Anbauweise kombinierbar sei. Bis zum Frühjahr wurde also gelesen und beratschlagt, was, wo und wie angebaut werden sollte. Am 2.4.1989 kam Vasant noch einmal und gab weitere Informationen und Ratschläge zur Homa-Landwirtschaft.

Einige Tage zuvor hatte Vasant am 30.3. Horst zu einem Gespräch in der Wohnung in Goldbach getroffen. Dort war etwas geschehen, was mir Vasants absoluten Gleichmut vor Augen führte:

Bis ins kleinste Detail war ich darauf bedacht gewesen, dass alles in bester Ordnung sei, hatte jedes Zimmer noch gründlicher geputzt als sonst, reichlich zu essen eingekauft, falls Vasant Hunger verspüren sollte, und das 15-Uhr-Vyahruti bereits zwei Stunden zuvor vorbereitet.

Das Kaminzimmer, in dem Vasant und Horst miteinander sprachen, war zur Küche hin offen. Dort hatte ich, gleich als Vasant kam, ein Gefäß mit Ghee (Butterfett) auf den Herd gestellt. Beim Vyahruti wird etwas Ghee in die Flamme gegeben und ich wollte absolut sichergehen, dass es bis dahin flüssig war. Normalerweise stellte ich das Gefäß 10 Minuten vorher auf ein kleines Stövchen. Die beiden sprachen unter vier Augen und ich verließ die Küche. Etwa zwanzig Minuten später ertönte ein lauter Ruf von Horst:

„Birgitt, komm schnell!"

Sofort eilte ich zu ihnen und sah, wie aus dem Ghee-Gefäß helle Flammen loderten. Die Herdplatte stand auf voller Leistung schon seit fast einer halben Stunde. Die Hitze wurde so groß, dass sich das Ghee von selbst entzündete.

Horst, der mit dem Rücken zur Küche gesessen hatte, berichtete, dass Vasant die Flammen bemerkt hätte. Während des Gesprächs hielt er wohl kurz inne und sagte:

„Da ist ein Feuer in der Küche."

Offenbar verzog Vasant dabei keine Miene, der Gesichtsausdruck war eher so, als würde er fragen: „Habt ihr immer ein Feuer in der Küche?" Horst rief dann sofort nach mir, die Flammen konnten schnell erstickt werden.

Bis zum Vyahruti war nun tatsächlich nicht mehr viel Zeit. In aller Eile suchte ich nach einem anderen Ghee-Gefäß, füllte frisches Butterfett hinein und es gelang gerade noch, dass es bis 15 Uhr flüssig wurde. Bevor ich die Flamme für das Vyahruti entzündete und wir zusammen das entsprechende Mantra sangen, konzentrierte ich mich auf Param Sadguru Shree und gewann so meine gewohnte innere Ruhe zurück.

Dies war ein typisches Beispiel, wie es später in allen möglichen und kaum noch erdenklichen Variationen am Homa-Hof geschehen sollte.

Wir waren uns alle bewusst etwas Großes aufbauen zu dürfen, wollten die Arbeit für Gott tun, und zwar ganz besonders gut. Genau hierin lag das Problem: „Wir", also unser Ego, wollten unbedingt etwas Gutes tun. Das war auch mein Fehler bei diesem Besuch von Vasant. Meine Gedanken sahen etwa folgendermaßen aus:

„Ich will, dass alles richtig läuft. Ich habe alles bis ins Kleinste vorbereitet."

Es zeugt jedoch von ausgesprochener Arroganz, zu denken, auch nur irgendetwas tun zu können, wenn Gott es nicht zulassen würde. Das Feuererlebnis und viel Aufregung zuvor hätte ich mir ersparen können, hätte ich gedacht:

„Herr, wenn es Dein Wille ist, dann lass bitte bei diesem besonderen Besuch alles gut gelingen."

Mit Ausnahme von mir selbst nahm glücklicherweise niemand meinen Fehler allzu tragisch. Horst tadelte mich nie, wenn ich einen Patzer meinerseits einsah und bereute. Merkte er, wie ich daraus lernte, so freute er sich darüber und vergaß meist das Geschehnis einen kurzen Moment später – auch wenn er dabei Schaden in irgendeiner Form davontrug. Versuchte ich jedoch irgendetwas zu vertuschen oder dachte nicht darüber nach, dann konnte es geschehen, dass er aus einer Mücke einen Elefanten machte. Wenn schon etwas danebenging, sollte man daraus auch etwas lernen. Sonst war ja die ganze Aufregung umsonst.

Normalerweise sahen sich Vasant und Horst recht selten. Ihre Aufgaben im göttlichen Plan waren sehr unterschiedlich. Shree hatte stets dafür gesorgt, dass der Kontakt zwischen beiden nur selten zustande kam. Später am Homa-Hof kam Vasant nur, wenn er von Shree ein eindeutiges Zeichen dafür erhielt oder Horst ihn darum bat. Begegneten sich die beiden dann jedoch, war dies etwas ganz Besonderes. Ihre Augen leuchteten vor Freude und Liebe, und wenn sie sich zum Abschied umarmten, war dies auch ein Ausdruck tiefsten gegenseitigen Verständnisses, der inneren Zuneigung und der Achtung vor dem Wirken des anderen. Vasant war einer der ganz wenigen, welche vom ersten Moment an wussten, wer Horst wirklich ist.

Sobald es die Witterung zuließ, sollte der Homa-Hof offiziell eingeweiht werden. Horst hätte gerne den 14. April gewählt, weil wir diesen Tag in Gedenken an den Geburtstag des Meisters von Shree feierten. Damit möglichst viele daran teilnehmen konnten, wurde die Feier jedoch um einen Tag, zum Wochenende, verschoben.

Zur Einweihung wurden alle aus der Umgebung eingeladen, von denen wir wussten, dass sie Agnihotra praktizierten. Ebenso informierten wir die gesamten Nachbarn, die, wie sich herausstellte, alle nett waren. Es wurde für den Nachmittag Kuchen gebacken und für das Abendessen gesorgt. Die Sonne freute sich wohl mit uns über diesen Tag, sie konnte ihre wärmenden Strahlen ungehindert auf uns herabsenden.

Zum Vyahruti um 15 Uhr verteilten sich alle Anwesenden rings um die Grenzen des zum Hof gehörenden Landes. Die meisten hatten ihre eigene Ausrüstung zur Durchführung der Feuerzeremonie mitgebracht. Kurz vor 15 Uhr wurden die Feuer entzündet und um 15 Uhr das entsprechende Mantra gesungen. Das gesamte Hofgelände wurde damit von einer Lichterkette eingerahmt. Danach sang jeder, der sie konnte, die Mantras, die auch um 5 Uhr morgens rezitiert werden. Anschließend trafen wir uns zur gemütlichen Runde. Um 18 Uhr vollzog sich der gleiche Vorgang und zu Sonnenuntergang noch einmal mit dem Agnihotra.

Es war ein harmonischer, schöner Tag, zu dem auch manche kamen, die sonst keinen Kontakt mit uns hielten. Für den Homa-Hof bedeutete dies einen schönen Auftakt, es konnte mit dem Bepflanzen begonnen werden.

Später übernahmen wir diesen festlichen Tagesablauf für Shrees Geburtstag. Damit war jedes Jahr am 17.5. der Homa-Hof von vielen kleinen Feuern umgeben, was immer wieder ein stimmungsvolles und erhebendes Erlebnis war.

Interessant ist, dass Großbritannien in diesem Jahr Briefmarken mit folgendem Text herausgab:

„FOOD AND FARMING YEAR 1989"

zu Deutsch:

„Das Jahr für Nahrung und Landwirtschaft 1989"

Eine 19-Pence-Briefmarke mit diesem Aufdruck und reichlich Gemüse als Motiv erhielt ich zum Zeitpunkt dieser Niederschrift. Besser hätte man das Jahr 1989 für die Mitglieder vom Homa-Hof kaum beschreiben können.

Horst schrieb zu jener Zeit an seinem Werk über die „Enthüllten Geheimnisse der Mona Lisa“[14]. Seine Begeisterung bei der Entdeckung verborgener Geheimnisse in diesem weltberühmten Gemälde von Leonardo da Vinci steckte augenblicklich an. Über einen einfachen mathematischen Aufbau, den auffallenden Unterschied zwischen aktiv und passiv im Hintergrund des Gemäldes, die vollkommene innere Ruhe, welche Mona Lisa ausstrahlt, und vieles mehr kam Horst zu einem überwältigenden Schluss. Doch den verriet er erst, nachdem das Buch vollendet war.

Aufgrund der Schreibarbeiten und zahlreicher Yoga- und Meditationskurse konnten Horst und ich den Homa-Hof die erste Zeit mit unserer Arbeitsleistung kaum unterstützen. Allerdings lag Horsts Hilfe ohnehin auf anderem Gebiet.

Die Homa-Hof-Mitglieder waren von ihrer Art her unterschiedlicher, als man es sich je hätte vorstellen können. Bisher war das weiter nicht aufgefallen, sie kamen zu Horst, hörten über geistige Gesetzmäßigkeiten und jeder ging anschließend seiner eigenen Wege. Nun sollten sie jedoch zusammen etwas aufbauen, mussten aufeinander Rücksicht nehmen, gemeinsam arbeiten. Es gab manche, die zeigten sich recht selbstbewusst und meinten, ihre Idee, wie etwas zu tun sei, sei sicherlich die ideale. So viele Meinungen auf einen Nenner zu bringen bedeutete eine große Herausforderung; irgendjemanden traf es immer, der nachgeben musste. Gemeinsam waren allen eigentlich nur zwei Dinge:

Erstens: Sie hatten alle keine Ahnung von Landwirtschaft.

Zweitens, und das war das große Glück: Sie suchten alle nach Gott, hatten Vertrauen in Horst und wussten, wenn er etwas sagte, war es von oben abgesegnet.

Vom Alter her gab es zwei Hauptgruppen. Die einen waren zwischen 40 und 50 Jahre alt, sie hatten eine gewisse Lebenserfahrung und wollten diese auch einbringen. Die zweite und größere Gruppe war zwischen 20 und 30 Jahre alt. Sie brachten viel Tatendrang und Begeisterung mit und hatten immer wieder neue Ideen. Zunächst schien es schwierig, aus diesen beiden Gruppen ein harmonisches Ganzes entstehen zu lassen, doch später erwies es sich als Glücksfall. Während die Jungen mit viel Enthusiasmus und Neugierde bei der Sache waren, sorgten die Älteren für die nötige Stabilität und Ruhe.

Bis es so weit war, lag Horsts Hauptaufgabe zunächst im Vermitteln, Verständnis-füreinander-Schaffen und darin, bei Entscheidungen zu helfen. Obwohl auch er sich noch nie mit Gemüseanbau beschäftigt hatte und auch kein einziges Buch darüber las, konnte er zu jedem Moment sagen, wie man vorgehen sollte. Es gab einen Ausspruch von ihm, den wir zu jener Zeit oft hörten:

„Der Mensch hat einen Kopf, also sollte er ihn auch benutzen."

Häufig kann man zu einer guten Lösung kommen, wenn man logisch und nüchtern überlegt. Horst gab den Rat:

„Wenn du kein Landwirt bist, aber als solcher arbeiten willst, dann versetze dich einfach gedanklich in einen. Was würde er tun? Welche Überlegungen würde er anstellen?"

Diese Tipps waren eine große Hilfe. Manches Mal kam aber trotzdem keine einheitliche, zufriedenstellende Lösung dabei heraus und dann fragte man wieder bei Horst um Rat an. Shah Sahib, der große Seher aus Indien, hatte einmal gesagt:

„Horst hat eine gute Telefonverbindung zu Gott."

Wenn Horst einen Rat gab, so konnte man sicher sein, dass damit alle Bereiche abgedeckt wurden. Allerdings war es wichtig, sich bewusst zu sein, woher die Anweisung kam, denn Horst war in solch einem Fall tatsächlich wie ein Telefon nach ganz oben. Wir im Westen Lebenden hatten in den letzten Jahrhunderten wenig Gelegenheit, uns im Umgang mit einer Person zu üben, die mit Gott sehr verbunden ist. Wir sind nicht gewohnt etwas auszuführen, was wir nicht ganz verstehen – auch wenn es von einer höheren Quelle kommt. Ständig nagt der Intellekt mit Zweifeln und häufig antwortet man dann mit einem „Aber" oder einem „Warum". Doch eigentlich hätte man wissen müssen, woher der Ratschlag kam. Glücklicherweise entband uns Horst meistens dieser Verantwortung, indem er lediglich Vorschläge gab und einige Hintertürchen offenließ. Dadurch handelten wir nicht unmittelbar gegen das, was von oben kam, wenn wir die Ratschläge nicht direkt befolgten.

Aus dem täglichen Geschehen am Homa-Hof zog sich Horst so weit wie möglich zurück. Er wollte vermeiden, dass sich jemand von ihm und seinem Rat abhängig machte. Schließlich sollte jeder lernen seine eigene Telefonverbindung nach oben aufzubauen.

*

Am 13. Juli 1989 fuhren Horst und ich erneut mit einem Wohnwagen nach Schweden. Unser Aufenthalt dort dauerte nicht lange, denn, wohin wir auch kamen, wurde gezeigt, dass wir umdrehen sollten. Selbst zu Hause lief etwas nicht so, wie geplant. Die Bilder für das Buch über Mona Lisa befanden sich zur Herstellung in einem Fachbetrieb. Eine Bekannte, die in einem Architekturbüro arbeitete, hatte sich bereit erklärt die Andrucke zu überprüfen. Bei dem Bild der Mona Lisa geschah dies mittels einer Folie, die bereits für Horsts Bücher über das Abendmahl Verwendung fand. Diese Folie zeigt das mathematische Gerüst der großen Pyramide von Giseh und sollte genau auf das Bild der Mona Lisa passen.

Obwohl es eigentlich fast unmöglich ist, dass sich bei einer professionellen Reproduktion maßlich etwas verändert, geschah es doch. Dies war einer der Gründe, die uns zur Umkehr veranlassten.

Als wir zu Hause ankamen, suchten wir bei nächster Gelegenheit den Fachbetrieb auf. Die zuständige Dame beharrte darauf, dass sich bei ihren Reproduktionen niemals ein Maß verändern könne. Horst musste fast laut werden, damit sie sich wenigstens bereit erklärte, die entsprechende Maschine zu überprüfen. Tatsächlich war sie falsch eingestellt. Obwohl es sich eindeutig um ihren Fehler handelte und wir deshalb sogar die Reise abbrechen mussten, entschuldigte sie sich nicht einmal dafür.

Was mich betrifft, bewunderte ich wieder einmal Horst. Er wusste, dass sich bei einer Reproduktion wie dieser eigentlich nichts verändern kann, trotzdem hatte er für eine Überprüfung gesorgt. Horst verließ sich normalerweise nie auf die Aussage von irgendjemandem. Er war gewohnt abstrakt zu denken. Wenn jemand sagte, etwas könne nicht geschehen, dann wurde er schon hellhörig. Wenn etwas bisher nicht geschehen ist, bedeutet das noch lange nicht, dass es nicht doch in Zukunft geschehen kann. Es stand mir noch bevor, diese Denkweise zu lernen.

Auf die Frage, warum wir aus Schweden zurückfahren sollten, wurde Horst eine Brücke gezeigt. Sie erinnerte ihn an die Golden Gate Bridge. Wir bereiteten deshalb alles für eine Reise in den Westen der USA vor und flogen am 29.8.1989 nach Los Angeles. Über diese außergewöhnliche Reise hat Horst ausführlich geschrieben. Dennoch möchte ich hier einen Teil davon wiedergeben, weil es später erneut an Bedeutung gewinnen sollte (siehe Band II, S. 262). Für mich war sowohl Disneyland ein besonderes Erlebnis als auch die vielen Naturschutzparks, die wir besuchten. Vor allem der Grand Canyon faszinierte mich zutiefst. Es gibt wohl kaum ein zweites Gebiet auf der Erde, wo auf engem Raum so viele Naturschönheiten anzutreffen sind. Die außergewöhnlichen Formen und Farben der Felsen, die Weite der Landschaft, die Ausmaße der Höhen- und Tiefenunterschiede auf kurze Entfernung ... - das waren Eindrücke, die sich einprägten und den eigenen Horizont erweiterten. Und trotzdem beeindruckte mich etwas noch mehr als all das. Es war Horst, der sich hier bewegte, wie ich ihn noch nie zuvor erlebt hatte. Höchstes Licht durchströmte ihn und ich bekam eine Ahnung, wie es sein würde, wenn er auf Dauer endlich der sein dürfte, der er wirklich ist.

Einmal übernachteten wir in einem einfachen Motel, das eine ältere Dame führte. Schon seit zwei Jahren fiel in diesem Gebiet kein Regen mehr und sie bat uns aufgrund des Wassermangels, nicht zu duschen. Die Sonne schien heiß vom strahlend blauen Himmel, keine Wolke war zu sehen. Fast flehend äußerte die Dame, wie dringend sie Regen brauchen würden. Horst fragte sie:

„Ist das Ihr Wunsch?"

Sie bejahte. Daraufhin nahm Horst einen bestimmten Gesichtsausdruck an, bei dem ich später herausfand, dass sich höchste, göttliche Kräfte in ihm konzentrierten. Unglaubliche Macht strömte aus ihm, als er zu der Dame sprach:

„Es wird regnen."

Als wir am nächsten Morgen unser Gepäck soeben im Auto verstaut hatten, fielen die ersten Tropfen. Die schwarzen, regenschweren Wolken hinter uns lassend fuhren wir eiligst weiter.

Als letztes größeres Ziel auf dieser Reise stand San Francisco auf dem Programm. Unter anderem wollten wir uns die Golden Gate Bridge anschauen, weil eine solche Brücke in Schweden gezeigt worden war. Wie sehr staunte Horst, als er nun feststellte, dass die Golden Gate Bridge nicht mit der in Schweden gezeigten Brücke identisch war! Zuerst blieb nur die Überraschung, doch diese sollte sich etwas später in ein ergriffenes Staunen wandeln.

Der Rückflug von dieser Reise führte uns von Los Angeles zunächst nach New York. Schon vor der Reise hatten Horst und ich darüber gesprochen, dass wir gerne einen Zwischenaufenthalt in New York einlegen würden. Das wäre jedoch so teuer gekommen, dass wir darauf verzichteten. Als wir nun morgens in New York landeten, wurde uns mitgeteilt, dass unser Anschlussflug wegen Maschinenschadens ausfallen würde. Wir mussten bis zum Abend warten, um weiterbefördert zu werden.

Für uns bedeutete dies ein großes Geschenk. Wir hatten dadurch fast den ganzen Tag Zeit, um uns einen kleinen Teil der Stadt anzuschauen. Von einem früheren Besuch kannte sich Horst ein wenig aus und so fuhren wir mit öffentlichen Verkehrsmitteln auf dem kürzesten Weg zum World Trade Center, welches damals das höchste Gebäude der Welt war. Von hier aus hatte man normalerweise einen wundervollen Rundumblick über die Stadt - für die kurze Zeit unseres Besuches war es ein ideales Ziel.

Am Eingang des 108 Stockwerk hohen Gebäudes gab es eine Ernüchterung. Es wurde uns gesagt, dass man heute wegen vieler Wolken keine Aussicht genießen könne. Horst sagte zu mir, dass dieser Tag in New York ein Geschenk von Shree sei und wir daher sicherlich auch etwas sehen würden. Deshalb fuhren wir mit dem Lift nach oben.

Als wir oben ankamen, wartete eine große Überraschung auf uns. Wir sahen aus dem ersten Fenster und die Wolken davor verzogen sich im selben Moment. Bis zum Horizont konnten wir die Aussicht genießen.

Währenddessen waren aus den Fenstern rechts und links davon lediglich Wolken zu sehen. Das Gleiche geschah, als wir weitergingen und aus dem nächsten Fenster blickten. Nur hier bot sich freie Sicht. Beim darauffolgenden Fenster ebenso. Mich ergriff ein ehrfürchtiges Gefühl, denn hier wirkte ganz offensichtlich eine höhere Macht. Horst wurde zunächst ebenfalls sehr still, bevor er mir mitteilte, dass ihm Shree hier etwas zeigen würde. Mit einem Gemisch aus Staunen, großer Freude und Ergriffenheit gingen wir von Fenster zu Fenster und genossen jeweils auf die gleiche Art die hervorragende Aussicht. Die größte Überraschung wartete allerdings noch auf uns: Als wir nach Osten blickten, sahen wir auf eine große Hängebrücke – genau jene Brücke, die Horst in Schweden gezeigt worden war! Es war die Verrazano-Narrows Bridge (Manhattan Bridge).

Es war mehr als erstaunlich: Wir kamen nach New York, obwohl es eigentlich nicht möglich schien, und hatten trotz Wolken Rundumsicht vom höchsten Gebäude der Welt. Die 108 Stockwerke sprachen für sich, denn die 108 gilt in den meisten östlichen Religionen als heilig. Wir sahen die Freiheitsstatue und die gezeigte Hängebrücke, welche die längste weltweit war und den East River - den Ost-Fluss - überspannt. Eine Brücke ist immer etwas Verbindendes. Für Horst war das Gezeigte sofort verständlich, zumal auf der gesamten Reise spürbar höchstes Licht durch ihn wirkte.

Im Jahr 1976 hatte Horst von Shree die Zusicherung erhalten:

„Du gehst nicht allein. Wir sind, wo immer du bist."*

Wie deutlich wurde dies an jenem Tag. Und wie schön für mich, dass ich es miterleben durfte - es erschütterte mich regelrecht.

Tief beeindruckt kehrten wir Mitte September nach Hause zurück. Hier war Horst wieder der Schauspieler, den er all die Jahre spielte. Kaum jemand hätte mir wohl geglaubt, wenn ich ihm erzählt hätte, wie anders ich ihn die letzten Wochen erlebt hatte.

Doch schon gab es etwas Neues zum Staunen. Es war das Gemüse am Homa-Hof. Wir hatten von Vasant gehört, dass alles größer und besser

*In Shrees Muttersprache Marathi gibt es kein „ich", deshalb verwendete er stets „wir", wenn er von sich sprach.

wachsen würde als gewohnt, aber gleich so? Die Kohlrabi wurden so groß, dass wir vermuteten, sie seien holzig. Sie waren jedoch butterweich. Wir nahmen einen mit nach Hause und bereiteten ihn zu. Von dem ausgeprägten, feinen Geschmack waren wir sofort begeistert. Weil wir gewohnt waren kleine Portionen zu essen, reichte der Kohlrabi für mehrere Mahlzeiten.

Das erste Jahr hatten wir Probleme, all das gute Gemüse verkaufen zu können. In Überlingen konnte es auf dem Markt angeboten werden, aber niemand wusste, was Homa ist. Manche dachten, so großes und gesundes Gemüse könne nie und nimmer biologisch sein. Mit der Zeit gewöhnten sich die Kunden jedoch daran, sie stellten einen besonders guten Eigengeschmack bei allen Gemüsesorten und eine bessere Verträglichkeit bei den Kohlarten fest. Die Zwiebeln verloren im Homa-Anbau ihre Aggressivität, sie führten beim Schneiden kaum noch zu Tränen.

Ende Oktober folgte eine Reise nach Indien. Es gab einige neue Mitglieder am Hof, welche gerne die Wirkstätten von Shree kennenlernen wollten. Besonders für Horst war es nicht einfach, Shivapuri und das Math in Akkalkot das erste Mal ohne Shree zu erleben. Shree war für Horst mehr als ein Vater gewesen. Der Schmerz darüber, ihn und damit ein Zuhause verloren zu haben, kam Horst erst nach und nach richtig zu Bewusstsein. Bis zum Jahr 2002 schob er eine weitere Reise nach Indien immer wieder hinaus.

Trotzdem war es für alle Beteiligten ein großes Erlebnis. Die heiligen Schwingungen an diesen besonderen Plätzen sind nach wie vor erlebbar. Horst erhielt bei dieser Reise viele Zeichen von Shree, die ihn trösteten und ihm zeigten, dass Shree alle Zeit bei ihm ist.

Das Jahr 1989 neigte sich langsam dem Ende zu. Für viele war es ein großer Schritt in eine neue Zeit gewesen. Wir hatten etwas begonnen, das für alle neu war, von dem eigentlich noch keiner so recht wusste, was sich daraus entwickeln würde. Jeder war davon überzeugt, dass unser Hauptaugenmerk nicht auf dem Gemüseanbau liegen würde. Doch schon zu Anfang des folgenden Jahres nahmen die Schwierigkeiten mit dem im Erdgeschoss wohnenden Landwirt derart zu, dass die Wohnung neu belegt werden musste. Der Gemüseanbau lag nun nach nur einem Jahr auf den Schultern aller Beteiligten. Damit wurde für sie schon bald die Arbeit auf dem Feld ihr hauptsächliches Tätigkeitsgebiet. Dass dies nicht zufällig geschah, sondern sich genau hier ein großer Teil ihrer geistigen Entwicklung abspielen würde, davon wussten sie nichts. Der Homa-Hof entwickelte sich zu einer Art geistigen Schulungsstätte, nach dem Grundsatz:

„Bete und arbeite!",

oder vielleicht besser ausgedrückt:

„Bete, während du arbeitest, und arbeite, während du betest!"

Den ersten Teil dieses Gedankens hatte ich inzwischen recht gut umgesetzt. Aber dass meine Gebete zu regelrechter Arbeit an mir selbst werden würden, das lernte ich erst ab Ende des nächsten Jahres kennen. Zuvor gab es schöne Geschenke: zuerst die Erfüllung meines großen irdischen Sehnens, danach ein gewaltiges geistiges Erlebnis in Verbindung mit Horst.

## *Hochzeit – Hoch-Zeit!*

Am Bodensee gibt es eine Jahreszeit, die so manchem auf das Gemüt schlägt. Sie fängt im November mit häufigen, kühlen Nebeln an und erreicht mit Nässe, Kälte, aber kaum Schnee im Januar ihren Höhepunkt. Genau diese Jahreszeit suchte sich Horst aus, um, anstatt mit trübsinniger Miene aus dem Fenster zu sehen, lieber in Prospekten über die traumhaften Atolle der Malediven zu stöbern.

„Sieh dir nur diese Bilder an! Immerzu Sonnenschein und diese Unterwasserwelt ..."

Horst schwärmte mir so vor, dass ich nicht umhinkam, mich von seiner Begeisterung anstecken zu lassen. Wir besorgten uns Bücher über die Malediven und einen Katalog von einem Reisebüro mit Angeboten. Fasziniert blätterten wir alles durch, bis - ja, bis ich im Katalog zu dem Teil kam, wo die Preise standen.

Von da an wollte ich nichts mehr davon wissen. Ich empfand es als aussichtslos, uns jemals diesen Traum erfüllen zu können. Die Enttäuschung darüber wollte ich mir ersparen, indem ich mich einfach nicht mehr damit beschäftigte. Nicht so Horst:

„Woher willst du wissen, dass wir nie dorthin können? Vielleicht will Gott uns genau diese Freude gewähren. Es gibt für ihn unzählige Möglichkeiten, uns zu solch einer Reise zu verhelfen. Wenn du jedoch von vornherein denkst, es sei unmöglich, dann wird es möglicherweise auch unmöglich sein."

Horst hatte recht, aber trotzdem ... In meinem Leben hatte ich mich schon oft auf etwas gefreut und wenn es dann nicht eintrat, war ich sehr traurig und enttäuscht. Besser, ich freute mich erst gar nicht darauf, so dachte ich mir. Aber Horst war anderer Ansicht:

„Freue dich um der Freude willen. Freue dich, dass Gott etwas so Herrliches erschaffen hat. Doch hänge nicht an der Erfüllung dessen, worüber du dich freust. Falls der Grund der Freude dann vergeht oder nicht eintrifft, hattest du wenigstens eine herrliche Zeit der Freude!"

Horst war ein Künstler, was die Freude anbelangt. Davon hatte ich bereits vor etwa vier Jahren ein eindrucksvolles Beispiel erlebt.

Damals brachte er mir einen Blumenstrauß mit. Glücklich bedankte ich mich bei ihm dafür, stellte den Strauß in eine passende Blumenvase und ging danach weiter meiner Arbeit nach. Etwa eine halbe Stunde später kam Horst zu mir und fragte mich:

„Freust du dich denn gar nicht darüber?"

Sehr erstaunt über diese Frage sah ich ihn an, bedankte mich noch einmal für die Blumen und beteuerte ihm meine Freude. So bei mir dachte ich, Männer sind doch komische Wesen. Wenn man sich nicht mehrmals für etwas bedankt, denken sie gleich, man würde sich nicht darüber freuen.

Dieses Ereignis vergaß ich bald darauf, bis sich fast die gleiche Situation in umgekehrter Weise ereignete. Zwischen Horst und mir gab es ein kleines Missverständnis und wir hatten keine Gelegenheit, es zu klären, da ich außer Haus musste. Unterwegs wurde ich sehr traurig, weil es hauptsächlich an mir gelegen hatte, dass es zu diesem unharmonischen Zustand gekommen war. Um mich gebührend entschuldigen zu können, kaufte ich einen Blumenstrauß. Dadurch kam ich etwas später zurück und Horst wartete schon vor der Eingangstür auf mich. Ihm war es wohl nicht viel anders ergangen als mir und wir begrüßten uns mit einem gegenseitigen „Entschuldigung". Daraufhin überreichte ich ihm die Blumen.

Man hätte es filmen müssen, wie Horst sich freute. Offensichtlich dachte er, dass er mich etwas zu hart auf meinen Fehler aufmerksam gemacht hatte, und dafür brachte ich ihm auch noch Blumen mit. Er war so außer sich vor Freude, dass er sich wieder und wieder für den Strauß bedankte. Eigentlich mochte er abgeschnittene Blumen gar nicht, weil sie oft schnell welken, und das ist ein trauriger Anblick. Über diese freute er sich jedoch ganz ungemein. Die nächsten drei

Tage erzählte er nicht nur mir, sondern auch jedem, der zu Besuch kam, von seiner unbändigen Freude.

Danach war mir sehr bewusst, wie nüchtern dagegen meine Reaktion auf seine Blumen gewesen war. Weder für ihn noch für mich selbst hatte ich aus seinem Geschenk die Freude entnehmen können. Wahre Freude ist eine Kunst, die man üben kann und die sich steigert, wenn man sie mit anderen teilt.

Die Situation mit den Blumen fiel mir nun wieder ein, als Horst mir von seiner Freude darüber, dass Gott etwas so Schönes wie die Malediven erschaffen hat, erzählte. Nun ja, seine Begeisterung war auch zu ansteckend. Durch sie gelang es mir tatsächlich, mich über dieses schöne Land zu freuen, auch wenn es finanziell nicht danach aussah, dass wir irgendwann dorthin reisen könnten. Tatsächlich steigerte sich die Freude durch das Fehlen jeglicher Erwartung immer mehr. Der Höhepunkt war indes noch nicht erreicht.

Am 20. Februar sahen Horst, meine Mutter und ich einen Videofilm über die Malediven. Als der Film zu Ende war, erklärte Erika, dass jemand beabsichtigte uns eine Reise dorthin zu schenken. Er hätte eine große Reise mit selbst zu wählendem Ziel gewonnen, die er aber nicht antreten wollte – er wollte sie lieber uns schenken.

Das war eine Freude! In der Nacht konnte ich kaum schlafen. Immer wieder wachte ich auf und freute mich. Vielleicht war es gut, dass ich nicht ahnte, was am nächsten Tag auf mich zukam, sonst hätte ich wohl überhaupt kein Auge zugetan. Tatsächlich war noch einmal eine Steigerung möglich.

Nach dem Aufstehen meinte Horst, ich solle heute das blau-goldene Kaffeeservice aufdecken, welches wir aufgrund seiner außerordentlichen Zartheit und Schönheit nur zu ganz besonderen Festtagen verwendeten. Horst wartete immer wieder mit seltsamen Ideen auf. Deshalb hatte ich es inzwischen aufgegeben, ihn jedes Mal nach dem Grund dafür zu fragen. Sicherlich würde ich diesen bald erfahren. Daher deckte ich das spezielle Kaffeeservice und harrte auf das Besondere, das offensichtlich noch kommen sollte.

Und es kam!

Kaum saßen wir gemütlich am Kaffeetisch, da hielt Horst mit strahlendem Gesicht um meine Hand an!

Das war nun wirklich eine Überraschung und ich brauchte all meine Beherrschung, um meiner unbändigen Freude darüber so weit Herr zu werden, dass es mir möglich war, auf meinem Stuhl sitzen zu bleiben. Es ist sehr erstaunlich, wie weit es den Mundwinkeln möglich ist, sich nach oben zu schieben. Dieser Gesichtsausdruck wich die nächste Zeit kaum noch von mir.

Für mich ging an diesem Tag ein lang gehegter Traum in Erfüllung. Schon als Kind verbrachte ich oft Stunden damit, mein Lieblingsmärchen – Aschenputtel – zu lesen und mich in die großformatigen, bunten Bilder zu vertiefen. Mit diesem Aschenputtel konnte ich mich all die Jahre identifizieren. Obwohl ich in einer wohlbehüteten Familie aufgewachsen bin und es mir nie an etwas mangelte, kam ich mir doch sehr häufig wie ein Außenseiter vor und ich hatte das Gefühl, ganz anders als die anderen zu sein.

Als ich zu Horst kam, änderte sich dieses Gefühl schlagartig. Nachdem wir uns näher kennengelernt hatten, war mir sogleich klar, dass nur er mein ersehnter Märchenprinz sein konnte. Unsere Beziehung stand jedoch am Anfang aufgrund der äußeren Umstände auf wackligen Beinen. Horst lebte damals zwar von seiner früheren Partnerin getrennt, aber er war noch nicht geschieden. Bis es so weit war, verging einige Zeit. Selbst als es ihm möglich gewesen wäre, mich zu heiraten, tat er es nicht. Zuerst musste sich die Voraussetzung dafür erfüllen, indem Shree unmissverständlich zeigte, dass dieser Schritt richtig ist. Dafür hatte ich nicht nur Verständnis, sondern es war mir ebenfalls sehr wichtig. Inzwischen waren jedoch fast fünf Jahre vergangen und ich hatte schon ganz die Hoffnung verloren.

Seit Anfang dieses Jahres mehrten sich jedoch die Hinweise auf eine Hochzeit. Einige bekam ich mit, andere erzählte Horst mir nun bei diesem Frühstück. Die Reise auf die Malediven war eine der letzten Bestätigungen gewesen. Es wurde unsere Hochzeitsreise.

Die nächsten Wochen vergingen mit Vorbereitungen für den großen Tag. Wohin wir auch kamen, ob wir die Ringe aussuchten oder das Hochzeitskleid, überall fanden wir liebevolle Hinweise von Shree. Er bestätigte und zeigte uns jede Kleinigkeit, auch den exakt passenden Tag für die Vermählung.

Wir wollten uns in dem in der Nähe liegenden Ort Salem trauen lassen. Salem bedeutet Frieden. Melchisedek, König von Salem, von dem in der Bibel die Rede ist (Hebräer 7.1-3), war einer der großen Gottesboten. Gott nimmt in unserem Leben die allererste Stelle ein und dies wollten wir auch bei unserer Hochzeit bestätigen.

Am 6. April 1990 war es so weit. Horst hatte sich etwa ein Jahr zuvor einen großen Autotraum erfüllt und einen weißen Mercedes gekauft. Ein idealeres Hochzeitsauto hätte es kaum geben können. Mit diesem Wagen, der mit einem üppigen Blumenarrangement geschmückt war, fuhren wir am Vormittag nach Salem und ließen uns dort standesamtlich trauen. Schon hier war die Atmosphäre von Freude erfüllt und diese hielt den gesamten Tag an. Horst übernahm mit der Trauung meinen Nachnamen und hieß ab jetzt Horst Heigl. Anschließend fuhren wir nach Hause und mein frisch angetrauter Ehemann trug mich tatsächlich über die Schwelle! In unserem Kaminzimmer führten wir ein gemeinsames Vyahruti durch und besiegelten damit vor dem Feuer unsere Verbindung.

Danach suchten wir einen Fotografen auf, der unsere strahlenden Gesichter in Bildern festhielt. Mit unseren Trauzeugen und meiner Mutter aßen wir in einem guten Lokal zu Mittag. Zum Nachmittagstee, den wir zusammen mit etwa zwanzig unserer lieben Bekannten einnehmen wollten, fuhren wir zum Homa-Hof. Nur wenige Tage zuvor war hier im Erdgeschoss der kleine Gemeinschaftsraum vergrößert worden, indem eine nicht tragende Zwischenwand abgerissen wurde. Bis zum Schluss hielt die Spannung an, ob alles bis zur Hochzeit fertig sein würde. Doch es wurde nicht nur fertig, sondern alles war traumhaft geschmückt und verziert. Viele fleißige Hände waren hier tätig gewesen. Den Eingangsbereich des Wohnhauses zierten zahlreiche bunte Papierblumen, die unsere Bekannten angefertigt und angebracht hatten. Überall war der Ausdruck ihrer Liebe und ihrer Freude über unser Glück zu spüren und zu sehen.

Der gesellige Höhepunkt in großer Runde kam am Abend. In einem guten Hotel in Andelshofen bei Überlingen hatten wir einen Saal gemietet. Schon Wochen vor der Hochzeit hatte Horst unsere gesamte

CD- und Plattensammlung durchstöbert und ein Musikprogramm für den Abend zusammengestellt. Zuerst wartete allerdings ein Buffet auf uns, das so arrangiert war, dass alle Beteiligten einstimmig zu der Überzeugung kamen, noch nie ein so ausgefallenes, schönes und harmonisch zusammengestelltes Buffet gesehen zu haben – und das, obwohl außer etwas Fisch kein Fleisch verwendet wurde. Entsprechend lecker schmeckte es dann auch. Allein das Essen war ein Fest für alle Sinne.

Für den Eröffnungstanz hatten wir uns etwas Besonderes einfallen lassen. Wir wollten gerne ganz klassisch mit einem Hochzeitswalzer beginnen. Allerdings konnte uns die Vorstellung, mehrere Minuten vor versammelten Zuschauern im Walzertakt zu tanzen, nicht begeistern. Das wäre auch zu langweilig gewesen. Deshalb hatte Horst heimlich mit demjenigen, der die Stereoanlage bediente, vereinbart, dass er nur etwa zehn Takte eines Walzers spielen sollte, um anschließend auf eines der schnellsten Stücke der flotten Musikgruppe Gipsy Kings umzuschalten. Es klappte hervorragend und Horst und ich hatten unseren Spaß an den zuerst verdutzten, danach jedoch lachenden Gesichtern unserer lieben Gäste. Sie klatschten im Takt mit, bis wir unseren Eröffnungstanz beendeten.

Es war ein herrlicher Tag - eine Traumhochzeit - gewesen und wir hätten sicherlich noch wochenlang davon geschwärmt, wenn wir nicht bereits fünf Tage später zu unserer Hochzeitsreise aufgebrochen wären. Von München aus flogen wir am 11. April 1990 zu den Malediven. Unsere Unterkunft lag auf der kreisrunden Insel Bandos. Gleich am ersten Tag schwammen Horst und ich mit Flossen, Maske und Schnorchel ausgerüstet bis zur etwa 15 Meter entfernten Riffkante. Als wir zurückkamen, brauchte ich dringend eine Pause, um all die Eindrücke zu verarbeiten. So traumhaft hätte ich es mir nie vorgestellt. In diesem kurzen Stück, das wir zurücklegten, sahen wir derart viele verschiedene, leuchtend bunte Meeresbewohner, dass mir fast schwindelig von dieser Vielfalt wurde. Selbst einen ca. 1,80 m langen Riffhai bekamen wir zu sehen. Die Pause dauerte nur kurz, denn schnell zog es uns wieder ins Wasser. Nun war ich darauf vorbereitet und konnte mir alles mit mehr Ruhe ansehen. Unser Gefühl war, als würden die Farben der Fische von innen heraus leuchten, ein Eindruck, der uns sehr faszinierte.

Am nächsten Tag begann unsere erste Stunde des Geräte-Tauchkurses. Bereits zu Hause hatten wir diesen Kurs gebucht, wir wollten hier den Tauchschein erwerben. Für mich war das Tauchen mit Gerät etwas ganz Neues, Horst hatte dies dagegen schon zu Zeiten getan, wo noch niemand auf die Idee gekommen war, dass man dafür eine Ausbildung benötigt. Die Übungsstunden hier auf den Malediven zu absolvieren, war auf jeden Fall ein großartiges Erlebnis.

Ohne Zweifel gehört die Unterwasserwelt der Malediven zu den schönsten der Welt. Beim Tauchen offenbart sie sich in ihrer ganzen Vielfalt. Auf den Malediven darf nicht harpuniert werden. Dadurch haben die Fische keine Angst vor den Menschen. Aus nächster Nähe beobachteten wir Rotfeuerfische, Muränen, Rochen, verschiedene Kaiserfische oder gar einen großen, gutmütigen Napoleonfisch. Gleich beim ersten Tauchgang begegnete uns ein zutraulicher, größerer, bunter Zackenbarsch, der uns ein Stück begleitete. Kurz danach sahen wir einen Schwarzflossenhai. Der Tauchlehrer beachtete ihn kaum, der Hai war hier bekannt und hatte sogar einen Namen erhalten. Später konnten wir bei vielen Tauchgängen einige Vertreter dieser schnellen und wendigen Unterwasserjäger beobachten. Einmal schwamm Horst in eine Gruppe von Süßlippen, seine Lieblingsfische, hinein. Die Fische sorgten in ihrer Mitte für etwas Platz und so konnte er sich unter ihnen für kurze Zeit wie eine Süßlippe unter Süßlippen fühlen.

Was mich zusätzlich zu diesen Eindrücken besonders begeisterte, war das Gefühl der Schwerelosigkeit beim Tauchen. Es ist, als würde man kurzzeitig von seinem Körper befreit werden, ein wunderbares Empfinden.

Der Rückflug von dieser erlebnisreichen Reise erfolgte am 26. April. Noch nach Wochen hatte ich das Gefühl, als würden sich alle meine Zellen auf einer höheren Schwingungsebene befinden. Zu Horst fühlte ich seit der Hochzeit eine noch innigere Verbundenheit als zuvor. Mein irdisches Glück hatte seinen Höhepunkt erreicht.

Dadurch, dass ich mit dem Gefühl der Freude und des Glücks fast zu verschmelzen schien, kam ich dem Göttlichen wohl ein ganzes Stück näher. Jedenfalls folgten kurze Zeit darauf besondere geistige Erlebnisse.

Es begann einige Wochen später in der Nacht vom 5. auf den 6. Juni. Das Datum erinnerte Horst und mich an den Tag unserer ersten Fahrradtour am Bodensee, wo wir viele Fische beobachten konnten (siehe Seite 76). Nun sah ich in einem Traum, der mir vollkommen real erschien, wie sich hinter Horst an der Wand sein Herzchakra widerspiegelte. Es war ganz in lila Farben und seine Speichen drehten sich rechtsherum.

Am 21. Juni 1990 sah ich wieder etwas bei Horst, und zwar während eines Meditationskurses. Nachdem Horst die etwa 45 Minuten dauernde Meditationsübung beendet hatte, öffnete ich die Augen und blickte ihn an. Da gewahrte ich eine goldene Lichtsäule über seinem Haupt.

Dasselbe geschah nun immer wieder. Nur war das Licht manchmal weiß, manchmal golden, einmal sah ich es als Säule, ein anderes Mal um das gesamte Haupt.

Auch andere Personen im Kurs durften ähnliche Erfahrungen machen. Immer wieder einmal berichtete jemand, dass er Licht um Horsts Haupt sah, meist als runden Schein.

Dann folgte das Erleben, das mich so sehr erschütterte und ergriff, dass ich nicht fertigbrachte, es aufzuschreiben. Daher weiß ich auch das genaue Datum nicht mehr. Selbst Horst erzählte ich davon erst viel später.

Wieder war es während eines Meditationskurses. Es handelte sich um einen privaten Kurs in Überlingen, bei dem ausschließlich ernsthaft Interessierte teilnahmen. Horst beendete bei den Fortgeschrittenen meist mit folgenden Worten die Übung:

„Wir atmen wieder etwas tiefer, machen uns unsere Umgebung bewusst und öffnen dann die Augen."

Mir gelang es nach dieser Meditationsstunde zwar, tiefer zu atmen und die Augen zu öffnen, aber der Raum kam mir vor, als wäre er nicht ganz existent. Da begann Horst zu den Anwesenden zu sprechen. Das tat er meistens die letzten Minuten im Kurs. Er erklärte etwas zu den Übungen, gab Anregungen, wie man Gott auch im täglichen Leben näherkommt, und vieles mehr. An diesem Tag konnte ich jedoch den

Inhalt seiner Worte nicht verstehen. Ich erlebte eine so hohe Lichtschwingung, wie ich sie noch nie zuvor erfahren hatte.

Während ich mich in diesem nur halb bewussten Zustand befand, versuchte ich Horsts Worten zu lauschen. Es gelang mir jedoch nicht, denn es geschah etwas, das mir fast den Atem stocken ließ: Die Stimme, die ich hörte, war

die Stimme von Gott!

Es war mir nicht möglich, mich zu bewegen. Die Schwingung, die ich wahrnahm, erreichte eine Intensität, die längst meine vermeintlichen Grenzen überschritt. Fast meinte ich das Bewusstsein zu verlieren. Dieser Zustand hielt nun schon mehrere Minuten an. Hörte ich die Wahrheit? Ich riss die Augen weiter auf und atmete tiefer, jedoch dies alles bewirkte keine Änderung. Schräg vor mir saß Horst, er sprach, aber diese Stimme war Gottes Stimme!

Sie schien keinen Anfang zu haben und kein Ende. Sie durchdrang jedes Atom im Raum, ich hörte sie aus der Lampe genauso wie aus dem Teppich oder meiner Trainingshose. Die Lautstärke empfand ich von allen Seiten gleich, nirgendwo nahm ich sie lauter oder leiser wahr. Trotzdem wusste ich, dass sie Horst entströmte, denn der Klang war der Klang seiner Stimme.

Auf dem Nachhauseweg war es mir kaum möglich, mit jemandem zu sprechen. Das Erleben war zu groß gewesen. Mein Verstand und mein Intellekt versuchten eine Erklärung dafür zu finden. Vielleicht war es nicht die Stimme Gottes, sondern die Stimme von irgendetwas anderem gewesen, vielleicht eine besondere Art des kosmischen Klangstroms, vielleicht, vielleicht ...?

Tage-, ja wochenlang durchforschte ich alles, was es sonst noch hätte sein können. Das Resultat war, dass es nichts Vergleichbares gibt. Wenn man diese Stimme hört, dann weiß man, dass es diese Stimme ist. Man hört sie wie in allen Atomen gleichzeitig - nah und fern.

Schließlich war ich mir absolut sicher die Wahrheit gehört zu haben und wollte Horst davon berichten. Dafür wählte ich einen besonderen Moment, in dem wir allein waren. Horst erklärte mir daraufhin:

„Bei meinem größten Erlebnis, Gottes Stimme zu hören, sprach Gott in seiner unendlichen Liebe mit meiner eigenen Stimme. Du hast also richtig gehört. Aber erzähle keinem davon."

Daran habe ich mich bis heute gehalten.

*

Nach diesem so gewaltigen und besonderen Erlebnis mit Horst folgte bald darauf ein persönliches großes Erleben.

Es war in der Nacht vom 26. auf den 27. August 1990. In dieser Nacht hatte Horst einen Traum von Shree. Mein Erleben begann kurz vor Sonnenaufgang:

Während ich im Bett lag, beschäftigte ich mich mit geistigen Übungen. Mein Bewusstsein befand sich im Übergangsstadium vom Schlaf zum Wachzustand. Ich sang gerade Mantras, als ich plötzlich überall Licht in einem sehr speziellen, hellen, blauen Ton wahrnahm. Sofort stoppte ich jeglichen Gedanken, denn in diesem Licht herrschte absolute Ruhe und Stille. Aus dieser Stille heraus formten sich folgende Worte:

„Ich bin ES",

und im gleichen Moment spürte ich, wie ich Alles war! Eingehüllt in Wellen der Glückseligkeit tastete mein Bewusstsein verschiedene Gegenstände im Raum ab. Überall nahm ich das Gleiche wahr: Der Boden, das Bett, mein Kissen, die Luft - alles war eins, alles war ES, alles war ich! Dieses Empfinden wollte sich immer mehr ausweiten, doch da kam mir der Gedanke, warum ausgerechnet mir so etwas Besonderes widerfahren sollte. Im selben Moment war alles vorbei.

Dieses Erleben, das nur wenige Sekunden andauerte, ließ mich in ein vollkommenes Glücksgefühl eintauchen. Alles ist eins, Gott ist allgegenwärtig. Mein Bewusstsein war kurzzeitig damit verschmolzen. Das, was ich bisher nur angenommen hatte, wurde dadurch zur inneren Gewissheit.

Dann kam jedoch dieser Gedanke, der alles zunichtemachte: Ich fühlte mich nicht würdig dafür. Wenn ich den Gedanken nur hätte verhindern können! Aber er drückte genau aus, was in mir vor sich ging. Mein Bestreben war, Gott dienen zu dürfen. Dies bedeutete für mich das höchste Glück. Für mehr fühlte ich mich nicht würdig und nicht gut genug.

Obwohl durch diese Ansicht so ein großes, göttliches Geschenk, dieses besondere Erleben, beendet wurde, fiel es mir doch sehr schwer, sie zu ändern. Mein größtes Glück bedeutete, Gott dienen zu dürfen. Horst hatte einen göttlichen Auftrag zu erfüllen, ihm wollte ich meine Arbeit widmen, durch ihn hatte ich die beste Möglichkeit, für Gott da zu sein. Nichts konnte meiner Meinung nach mehr Erfüllung bringen. Für mich bedeutete dies das größte Glück, den Gipfel aller Freude.

Jedoch nur kurze Zeit später wies ein sehr plastischer, wirklichkeitsgetreuer Traum auf das gleiche Thema hin:

Horst, Vasant, zwei hohe Yogis und ich saßen in einer Art Bambushütte. Die Männer verhielten sich sowohl äußerlich als auch innerlich absolut still. Nur ich wollte nicht so lange ruhig sitzen. Ständig überlegte ich, was ich für die anderen Gutes tun könnte. Irgendwie kam ich mir sehr fehl am Platz vor. Vier Männer von außergewöhnlicher innerer Größe und ich dazwischen. Hier gehörte ich nicht hin. So war mein Empfinden. Die Hütte hatte einen überdachten Vorplatz, der soeben von einer jungen Frau liebevoll gesäubert wurde. Zutiefst beneidete ich die Frau. Welche Gnade, dass sie diesen großen Yogis den Vorplatz kehren durfte, während ich nichts für sie tun konnte. Dieser Zustand war für mich fast unerträglich, es war mir jedoch nicht möglich, ihn zu ändern. Von mir wurde verlangt still neben den anderen zu sitzen.

Innerlich aufgewühlt wachte ich auf. Wie gut, dass es nur ein Traum war, versuchte ich mich zu beruhigen. Aber ich kam nicht umhin mir langsam ernsthaft Gedanken darüber zu machen. Ja, ich konnte das Göttliche in vielen Dingen wahrnehmen, ihm dienen und es ganz und gar akzeptieren: zuerst natürlich in Horst, aber auch in jedem anderen Menschen. In den Tieren, Pflanzen, in jeder Materie, sogar in der Teekanne oder im Küchenstuhl. In der gesamten Welt ist Gott gegenwärtig, kann dort verherrlicht und ihm gedient werden. Doch nun merkte ich, dass es eine Stelle gab, an der ich ihn weder fühlen noch vermuten noch ihn anerkennen konnte:

Dieser Platz war in mir!

Diese Erkenntnis erschreckte mich regelrecht. Sobald ich mir jedoch nur vorstellte, dass Gott auch in mir sein könnte, wehrte sich in mir etwas vehement dagegen. Vielleicht hatte ich während meiner katholischen Erziehung zu lange verinnerlicht, dass ich ein unwürdiger Sünder sei. Das schien sich in meinem Unterbewusstsein verankert zu haben. Wie konnte ich das ändern?

Die Antwort kam wenige Tage später über einen Besucher. Er wollte wissen, welche geistige Übung er während des Tages durchführen könne, und bekam von Horst folgenden Rat:

„Stelle dir vor, wie du zum Kanal des Göttlichen wirst. Stelle Gott deine Sinne zur Verfügung. Wenn du dir etwas ansiehst, dann stell dir vor, Gott sieht ebenfalls durch deine Augen. Lauschst du dem Gesang eines Vogels, dann soll dein Bewusstsein von dem Gedanken erfüllt sein, dass Gott durch deine Ohren mithört. Nimmst du den Duft einer Blume wahr, so verfahre ebenso."

Etwas überrascht hörte ich zu. Normalerweise gab Horst meist den Rat, dass man alles, was man tut, in Liebe und Hingabe für Gott tun sollte. Weshalb empfahl er diesem Besucher die andere Möglichkeit, Gott in sein tägliches Leben mit einzubeziehen?

Schon am nächsten Tag kam freudestrahlend der gleiche Besucher. Er konnte vor Begeisterung kaum an sich halten und schwärmte uns augenblicklich vor:

„Ich habe es ausprobiert. Gleich gestern nach unserem Gespräch unternahm ich einen Spaziergang und es war ganz unglaublich, was mir passiert ist. Ich stellte mir vor, dass Gott durch meine Augen sieht, und was geschah? Die Farben änderten sich plötzlich! Derart schöne Farben habe ich noch nie wahrgenommen. Sie leuchteten viel mehr als sonst. Und dann das Gezwitscher der Vögel. Nie zuvor habe ich es als so melodiös und vielfältig empfunden ..."

Der Eindruck hatte ihn sichtlich überwältigt. Im ersten Moment wurde ich fast ein bisschen neidisch. Ein Erlebnis wie dieses hatte ich noch nie. Dann dachte ich jedoch wieder daran, wie glücklich ich mit meiner Übung war, ich durfte durch den Umweg über Horst für Gott da sein.

Doch konnte ich das wirklich? Wenn ich mich selbst nicht anerkannte und wenn ich unter dem ständigen Zwang stand, immerzu etwas für Gott tun zu wollen? In meinem letzten Traum wurde von mir nur verlangt still neben den anderen zu sitzen. Es war mir nicht möglich gewesen.

So sehr ich mich auch dagegen wehrte, es wurde mir immer klarer, dass es Zeit wurde, meine Übungen zu ändern. Wie ich lernen konnte, Gottes Licht in mir zu akzeptieren, dafür hatte Horst mir durch den Besucher den Schlüssel gegeben.

Verzweifelt suchte ich nach einer Lösung, um bei meiner alten Übung bleiben zu können. Das Wissen darüber, dass eine Änderung nötig war, ließ sich indes nicht vertreiben. Schließlich fragte ich Horst und er bestätigte mir, was ich schon befürchtet hatte. Eine Änderung war nötig! Obwohl ich meinte, den Gipfel des Glücks und der Freude erreicht zu haben, stand ich doch erst auf halbem Weg. Hier konnte ich nicht aufhören, auch wenn ich es bereits als so herrlich empfand. Es ging weiter und es war klar, wie:

„Gott spült durch mich das Geschirr ab, Gott spült durch mich ..."

Voller Tatendrang stand ich mit diesem Gedanken am nächsten Tag vor einem Berg Geschirr. Normalerweise gehörte jeglicher Reinigungsvorgang zu meinen Lieblingsbeschäftigungen. Reinheit ist ein Aspekt des Göttlichen. Ich durfte das Geschirr in einen Zustand bringen, welcher dem Göttlichen entsprach, für Gott etwas säubern!

Doch nein, ich sollte ja umgekehrt denken. Er reinigt durch mich! Wie sollte ich das nur in meinen Kopf bekommen? Dies war etwas, was ich mir ganz und gar nicht vorstellen konnte. Meine Tätigkeiten waren noch so unvollkommen. Niemals wollte ich damit Gott in Verbindung bringen.

Aber Horst sagte, dass dieser Weg der richtige sei. Sich vorstellen, wie Er durch mich wirkt. Also noch einmal von vorn:

„Er spült durch mich das Geschirr ab!"

Es war wirklich überhaupt nichts dabei zu fühlen. Keine Freude, kein Glücksgefühl, nur ein leichtes Grollen darüber, dass ich nicht bei meiner Glück bringenden alten Einstellung bleiben konnte.

„Aua!"

Jetzt schlug ich mir auch noch den Kopf an, obwohl ich mich so bemühte! Er musste doch sehen, wie es mir erging, dass ich guten Willens war, wieso musste ich mir dann auch noch den Kopf anschlagen?

An diesem Tag gab ich mein Bemühen auf. Am nächsten Morgen wählte ich das Bettenmachen als mein neues Übungsfeld. Wieder empfand ich diese Vorstellung als zu abstrakt, es wirkte einfach nicht. Tagelang versuchte ich es bei jeder nur erdenklichen Gelegenheit – doch nichts!

Mir kamen schon die Tränen, wenn ich nur daran dachte, wie entwurzelt ich mir vorkam. Alles, was ich meinte bereits erreicht zu haben, war mit einem Mal weg. Ich gab auf! Diese Übung war wohl nichts für mich und die alte war momentan tabu.

Am nächsten Morgen machte ich die Betten ohne jegliche Vorstellung oder Erwartung und wollte anschließend in die Küche gehen. Auf halbem Weg hielt ich jedoch plötzlich inne. So schnell war ich doch noch nie mit dem Bettenmachen fertig gewesen! Eine unglaubliche Zufriedenheit durchströmte mich. Wo kam sie her? Um der Sache auf den Grund zu gehen, ging ich noch einmal ins Schlafzimmer zurück. Eine ganz und gar besondere Ordnung strahlte mir hier entgegen. Die Bettdecken lagen glatt und faltenfrei auf ihrer Unterlage, die Schranktüren waren ganz geschlossen und die Vorhänge vorbildlich aufgezogen. Das war bei meinem zeitweiligen Überschwang an Luft-Element keinesfalls selbstverständlich, normalerweise musste ich mich dafür immer sehr konzentrieren. Aber ich war heute nur sehr kurz hier gewesen und es sah trotzdem so harmonisch aus. Woran hatte ich während meiner Tätigkeit in diesem Zimmer gedacht? Dazu war nur eine kurze Rückversetzung nötig, um zu erkennen, dass ich an gar nichts gedacht hatte. Es war einfach so geschehen – und ich war sehr zufrieden dabei gewesen.

War das der Schlüssel? Sich selbst zurücknehmen? Vielleicht gar nichts wollen? Ist man dann bereit, dass Gott einen als Kanal benutzen kann? Ist dies die Voraussetzung, dass Sein Wille geschieht? Unwillkürlich musste ich daran denken, wie bei Horst vor einiger Zeit die übrig gebliebene Falte auf der Bettdecke beim Darüberstreichen fast von selbst verschwunden war. Horst hatte in dem Moment sicherlich nicht lange darüber nachgedacht, sondern es einfach geschehen lassen. Wenn ich das Fließen der göttlichen Energie nicht durch meine eigenen Überlegungen blockierte, dann musste es demnach möglich sein, Gott durch mich wirken zu lassen.

Die nächsten Tage und Wochen hatte ich das gleiche Erlebnis nicht mehr. Aber ich hatte es ein Mal erlebt! Ich wusste nun, dass es funktioniert. Der Weg war richtig. Der nächste Schritt bedeutete, alle Störfaktoren in mir auszuschalten, sodass es wieder geschehen konnte.

Was für ein Unterfangen das war, hätte ich mir nicht träumen lassen. Was nun folgte, war:

Arbeit am Selbst.

## *Guten Morgen*

Ab dem Herbst 1990 wurde zunehmend gezeigt, dass eine Änderung unseres Wohnorts von großer Wichtigkeit war. Wie sich Vasant einmal ausdrückte, sei es Horsts Vikarma (ein unveränderliches Schicksal, verbunden mit einer großen Aufgabe; s. S. 306), an einem Platz wie dem Homa-Hof zu wohnen.

Einer der vielen Gründe, die uns aus der Goldbacher Wohnung geradezu vertrieben, war, dass dieses Haus viele ungünstige Eigenschaften wie Wasseradern, Elektrosmog usw. aufwies. Auf diese Störungen reagierte Horst zunehmend empfindlicher. Der Kunstfaser-Teppichboden unter dem Bett schadete ebenso wie dessen Lackierung oder Metallteile. Häufig wachte Horst nachts auf und konnte es im Bett kaum noch aushalten. Nach und nach zogen wir mit unseren Matratzen von einem Zimmer zum nächsten, immer in der Hoffnung, dass im anderen Zimmer die Strahlungsintensität geringer wäre. Doch in keinem Raum hielten wir es länger aus. Mit der Zeit wurde es so schlimm, dass auch ich meine Grenzen erreichte. Fast jede Nacht wurde der Schlaf für eine oder mehrere Stunden unterbrochen und am nächsten Morgen wartete stets ein arbeitsreicher Tag auf uns. Fast flehend wandte ich mich deshalb eines Tages mit der Bitte an Horst, er möge diesen Zustand doch ändern. Ich wusste, dass er aus dem Geistigen alle Hilfe bekommen würde, er hätte nur bei Shree anfragen müssen. Obwohl sich Horst körperlich und nervlich in einem noch viel schlimmeren Zustand befand als ich, antwortete er mir:

„Wieso sollte ich wegen des Körpers Shree belästigen? Sein Segen ist immer mit uns. Deshalb hat es auch seinen Grund, warum er uns diese Schwierigkeiten sendet. Es wäre nicht klug, dieses Geschenk abzuweisen. Wir sollten lieber nachforschen, was wir daraus lernen können."

Meine Augen wurden sehr groß. Das nannte Horst ein Geschenk? Was sollte man lernen können, wenn man total am Ende war?

Nur kurz darauf bahnten sich jedoch gleich mehrere Lösungen an. Nach und nach bekam Horst nämlich heraus, welche Materialien für den Menschen gut und welche schädlich sind. Wo wird der Mensch ungünstig beeinflusst, ohne dass er es merkt? Wie kann man diese oder jene Strahlung umgehen? Über all diese Faktoren hat er in seiner Autobiografie geschrieben.

Manche Menschen, die Horst nicht wohlgesinnt waren, bezichtigten Horst der dunklen Magie. Im Mittelalter waren solche Anschuldigungen eine beliebte Methode, um unbequeme Zeitgenossen aus dem Weg zu räumen. Auch heute noch scheint dies eine gute Möglichkeit zu sein, um den Ruf eines Menschen derart zu schädigen, dass viele mit ihm nichts mehr zu tun haben wollen. Horst war für diejenigen, die zu ihm kamen, wie ein Vergrößerungsspiegel. Begegnete man ihm mit Liebe, so strahlte diese Liebe vielfach verstärkt zurück. Waren es andere Bewusstseinsinhalte, mit denen man sich ihm näherte, so konnte es sein, dass man in ihn seine eigenen dunklen Seiten hineininterpretierte. Um nicht bei sich selbst nachsehen zu müssen, wählte man einen äußerst bequemen Ausweg: Man bezichtigte Horst der schwarzen Magie. Sich gegen solche Anschuldigungen zu wehren ist beinahe aussichtslos, weil jene, die davon hörten, Angst vor dunklen Beeinflussungen bekamen und mit Horst weder sprechen noch ihm begegnen wollten. Es gab sogar Menschen, welche Horst aus dieser Angst heraus vernichten wollten. Das Mittelalter scheint noch nicht lange genug zurückzuliegen.

Spätestens nach dem Erlebnis mit den Schlafstörungen musste ich über solche Anschuldigungen sagen, dass Horst nichts, aber auch gar nichts an geistigen Kräften für sich selbst in Anspruch nahm. Anderen zeigte er die Wirkungsweise geistiger Energien nur zu ganz seltenen Momenten und auch dann nur, um ihre Zweifel zu zerstreuen. Einen demütigeren Menschen als Horst konnte ich mir nicht vorstellen. Er war stets für den anderen Menschen da, ganz gleich, wie dieser von ihm dachte. Shree äußerte einmal, als man ihm erzählte, Horst würde sich mit dunkler Magie beschäftigen:

„Bei jemandem wie L. würde er, Horst, nicht einmal als Schüler der Grundlagen und vorbereitenden Dinge angenommen werden."

L. war ein Schwarzmagier, dessen Fähigkeiten bekannt waren. Bis zu diesem Geschehen in Goldbach hatte ich angenommen, geistige Energien im Notfall für gute Zwecke einsetzen zu können. Nun kam ich zu einer anderen Ansicht. Das, was ich als Notfall bezeichnete, war ja vielleicht ein Geschenk, aus dem ich etwas lernen sollte. Dazu erklärte Horst einmal:

„Alles, was uns umgibt, ist nur ein Spiegelbild von uns selbst. Durch die äußeren Umstände werden wir darauf aufmerksam gemacht, was wir lernen, ändern oder in welche Richtung wir weitergehen sollten. Die Menschen neigen dazu, ständig das Widerspiegelnde ändern zu wollen, wo doch der Spiegel gar nichts dafür kann."

Mit großen Ohren hörte ich zu und versuchte herauszufinden, ob auch ich dazu neigte, mein Spiegelbild und nicht mich selbst zu ändern. Eines war klar, nämlich dass ich Schwierigkeiten noch nicht so liebevoll begegnen konnte wie Horst. Häufig versuchte ich noch sie zu bekämpfen. Jetzt wurde mir jedoch gezeigt, dass der Kampf nicht die richtige Lösung war. Mit etwas Geduld, etwas Verständnis und etwas Verhandlungsbereitschaft war ein viel dauerhafteres und besseres Ziel zu erreichen. Damit gab Horst mir einen Schlüssel, mit dem ich den heftigen Kampf, der mir schon bald bevorstand, hätte umgehen können.

Es begann damit, dass ich, wie am Ende des letzten Kapitels beschrieben, das Göttliche durch mich wirken lassen wollte. Zuvor musste ich jedoch meine restlichen Widerstände gegen die neue Übung bezwingen. Der Fehlschlag mit der Überlegung, Gott durch mich abspülen lassen zu wollen, saß noch zu tief. Mir war nicht klar, dass ich mit dem Schwierigsten angefangen hatte. Horst hatte gesagt, man solle sich vorstellen, Gott durch seine Augen sehen o d e r durch die Ohren hören zu lassen. Er sagte nichts davon, mit allen fünf Sinnen gleichzeitig zu üben. Der Misserfolg war dadurch unvermeidlich. Es sollte noch fast ein Jahrzehnt ins Land gehen, bis mir die Übung, die ich mir für den Anfang ausgesucht hatte, gelang.

Mein Problem war, dass mir in meiner Kindheit beigebracht wurde, dass jeder, der sich um sich selbst kümmere, ein Egoist sei. Das sei jedoch eines vom Schlimmsten für einen Menschen, der zu Gott will. Bis jetzt konnte ich dieses Problem einfach umgehen, indem ich mich bemühte alle Tätigkeiten in Liebe für Gott auszuführen. Um mich selbst hatte ich mich nicht besonders gekümmert, ich dachte, ich würde auch so nach und nach vorwärtskommen. Das war im Prinzip auch richtig, doch nun befand ich mich an einem Punkt, an dem auf diese Art ein weiteres Vorwärtsschreiten nahezu unmöglich war. Ganz eindeutig sollte ich mich mit mir selbst beschäftigen, ja sogar das Göttliche in mir suchen. Vor einigen Jahren hätte ich das noch als Lästerung empfunden.

Wieder bekam ich Hinweise auf die Richtigkeit des Weges. Zum einen rief Horst mir die Bibelworte ins Gedächtnis:

„Du sollst deinen Nächsten lieben wie dich selbst."

Matthäus 22.39

Das heißt, wenn ich nicht lernte mich selbst oder, wie Horst es zu nennen pflegte, „mein Selbst" zu lieben, dann würde es mir auch nicht bei anderen gelingen. Um „mein Selbst" lieben zu können, musste ich aber zuerst wissen, was das ist. Und um dies zu erforschen, muss man sich ganz notgedrungen mit sich selbst beschäftigen.

Den zweiten Hinweis, nun endlich damit anzufangen, bekam ich über Horsts Autobiografie. Zu jener Zeit war ich mit dem Einbessern von Korrekturen beschäftigt und erreichte ausgerechnet jene Stelle, als Shree folgende Worte sprach:

„Widerwillen zu empfinden ist ein
Hindernis auf der göttlichen Suche."

So bezwang ich denn meinen Widerwillen und fing an. Die Aufgabe bestand darin, Gott durch mich wirken zu lassen. Während der Meditationsstunden konzentrierte ich mich auf Gott und bekam auf diese Weise meine Gedanken zum Stillstand. Dadurch konnte ich das Göttliche in Form von Licht, Ton und Schwingung wahrnehmen. Aber im täglichen Leben bedrängten mich die Gedanken so sehr, dass es mir nicht möglich war, irgendwo in mir auch nur eine Spur des Gesuchten zu entdecken. Es musste jedoch meiner logischen Folgerung nach gelingen, wenn ich die Gedanken ausschalten konnte. Mein Erlebnis mit dem Bettenmachen, bei dem ich an gar nichts gedacht hatte und dadurch Sein Wille geschehen konnte, bestätigte diese Theorie.

Wenn nun die Gedanken die Störenfriede waren, dann wollte ich als Nächstes untersuchen, woher sie kamen und vor allen Dingen, w e r da in mir dachte.

Den ersten Fingerzeig fand ich, als ich mich an das bis noch vor Kurzem häufige nächtliche Aufwachen erinnerte. Oft meinte ich danach mit meiner Energie ganz und gar am Ende zu sein. Manchmal dachte ich vor Erschöpfung keine Minute länger wach bleiben zu können. Wenn dann jedoch keine Möglichkeit zum Schlafen bestand, so verschwand die Müdigkeit erstaunlicherweise bald wieder.

Dieses Phänomen durfte ich mehrmals erleben und ich begann darüber nachzudenken. Weshalb meldet der Körper Müdigkeit und wenn ich ihm dann sage, dass er jetzt nicht schlafen kann, ist er plötzlich wieder für Stunden fit, bis eine neue Müdigkeitsmeldung kommt? Irgendetwas stimmte hier nicht. Entweder war die erste Meldung viel zu früh oder völlig falsch. Am seltsamsten fand ich aber, dass mein Körper offensichtlich denken oder zumindest gedankliche Signale senden konnte.

„Ich bin müde."

Genau das hatte ich gedacht. Seit wann kann jedoch ein Körper denken?

Die Hatha-Yoga-Übungen halfen mir bei meinen Überlegungen weiter. Während ich eine Asana ausführte, beobachtete ich nun ganz genau, welche Gedanken dabei in mir abliefen. Die Übung lautete zum Beispiel, auf dem Rücken am Boden zu liegen und das rechte gestreckte Bein sehr langsam bis zur Senkrechten anzuheben. Wie ich bereits wusste, gab der Teil in mir, der sich „Geist" nannte, den Befehl dazu. Jener Teil, der sich „Seele" nannte, sandte ein Gefühl und der Körper selbst führte die Bewegung aus. Dieses Mal war ich jedoch noch viel aufmerksamer und achtete auf die Gedanken in mir und vor allem, woher bzw. von wem diese Gedanken kamen. Das sah bei dieser Übung folgendermaßen aus:

(Horst sagte die Übung an.)

1. „Oh nein, nicht schon wieder diese Übung!"
2. „Sie hat immer sehr gutgetan."
3. „Beginne nun das rechte Bein langsam nach oben zu bewegen."
4. „Das ist anstrengend für die Bauchmuskeln." (Das Bein beginnt sich etwas schneller zu bewegen.)
5. „Wirst du wohl bei deinem alten Tempo bleiben!"
6. „Ist ja schon gut." (Das Bein bewegt sich wieder langsamer.)

Und nun untersuchte ich ganz genau, wer welches Signal gesendet hatte. Das Ergebnis sah so aus:

1. „Oh nein, ..." Das war ein Signal des Körpers.
2. „Sie hat immer sehr gutgetan." Die Seele meldete sich.
3. Der Geist schaltete sich ein.
4. Eindeutig Körper
5. Seele oder Geist
6. Körper

Das war ja interessant. Am meisten überraschte es mich, dass der Körper eigenmächtig handeln konnte. Er hatte heimlich versucht die Übung etwas einfacher zu gestalten und gehofft, dass es nicht bemerkt würde. Allerhand!

Am nächsten Tag bot sich wieder eine günstige Gelegenheit, der Sache weiter auf den Grund zu gehen. A. besuchte mich meist einmal in der Woche, um mit mir Korrekturen durchzusprechen. Eine unbewusste Angewohnheit hatte sich bei mir eingeschlichen. Kaum klingelte sie an der Tür, verspürte ich jedes Mal einen unglaublichen Appetit auf Schokolade und holte mir meist sofort ein kleines Stück aus dem Kühlschrank.

Doch heute geschah dies unter Beobachtung.

Es klingelte, A. kam herein. Während sie schon am Tisch Platz nahm, bewegte sich mein Körper von allein zum Kühlschrank.

„Mhm, ein Stück Schokolade." (Körper)

„Das wird langsam zur Gewohnheit und Gewohnheiten machen abhängig." (Seele)

„Ich brauche das jetzt, aber das verstehst du sowieso nicht." (Körper)

In der Zwischenzeit geht der Körper unaufhörlich in Richtung Kühlschrank.

„Bleib stehen, Schokolade ist ungesund und macht dick." (Seele)

„Na, das eine Stück, also hör mal." (Körper)

Der Körper geht immer noch weiter.

„Du könntest dich in der Angelegenheit ruhig auch mal melden." (Seele zu Geist)

„Ja, also mich hat man bisher doch nie danach gefragt." (Geist)

Der Körper ist vor der Kühlschranktür angekommen, der Arm hebt sich bereits zum Öffnen.

„Stopp!" (Geist)

„Das Ganze war eine unbewusste Aktion des Körpers und dies wird ab heute nicht mehr akzeptiert! Keine Schokolade!" (Geist)

Im Hintergrund nahm ich noch vage die Antwort des Körpers darauf wahr:

„Unterschätz mich nicht, wir werden ja sehen."

Wie ich herausfand, kam der Geist, derjenige, der stets das Sagen, die Führung in uns haben sollte, sehr, sehr oft überhaupt nicht zu Wort. Meistens war es so, dass der Körper über die fünf Sinne eine Meldung erhielt, selbst reagierte und agierte. Den Widerspruch von der Seele war er gewohnt, ihr Signal reichte häufig nicht für eine Änderung. Der Geist war der diskrete Beobachter im Hintergrund, ich musste ihn erst entdecken und hervorlocken.

Schon bald unterschied ich zwischen Körper und Körperbewusstsein. Der Körper war das Sichtbare, welches alle Handlungen ausführte. Das Körperbewusstsein war das, was mir die Gedanken sandte, ja selbst Gedanken produzierte.

Schnell merkte ich, dass das Körperbewusstsein stark von außen beeinflussbar und um sein Wohlergehen besorgt war. Die Seele meldete ebenfalls keine nüchternen Signale. Sie bemühte sich zu jedem Moment darum, dass alles gut und richtig ablaufen sollte. Der Geist dagegen verhielt sich wie ein Schwert, wie ein Richter, er wog ab, was Seele und Körper ihm meldeten, und traf eine unbeirrbare Entscheidung. Aber, wie gesagt, oftmals kam es nicht dazu. Der Geist wurde einfach nicht um seine Meinung gefragt und so hielt er sich im Hintergrund.

Wenn ich bei meiner Suche nach dem Göttlichen in mir irgendwo ansetzen wollte, dann nicht beim Körper. So viel war mir klar. Ihn sah ich als den großen Störenfried an. Die Seele schien ganz gute Ideen zu haben. Hier würde sich die Suche eventuell lohnen. Den Geist empfand ich als etwas zu gefühllos, andererseits war er der Einzige, der nüchterne Entscheidungen treffen konnte. Auch hier war ein Nachforschen sicherlich interessant.

Mein erstes Bemühen ging nun dahin, mich nicht mehr so einfach vom Körper mit seinem Bewusstsein dirigieren zu lassen. Geist und Seele sollten die Führung übernehmen. Allerdings wollte ich keinen Kampf hervorrufen, lieber hielt ich mich etwas zurück und verbrachte die nächste Zeit mit Beobachten. Erst musste ich den Gegner näher kennenlernen, sonst war an Verhandlungen um die Herrschaft nicht zu denken.

Die nötige Ruhe für meine Beobachtungen erhielt ich bald darauf, als wir auf den Homa-Hof Heiligenberg umzogen. Das geschah am 29.12.1990. Schon vor einer ganzen Weile hatte Horst den deutlichen Impuls erhalten, direkt am Hof erreichbar zu sein. Bei der Familie, die bisher hier gewohnt hatte, war auch der dritte Nachwuchs gekommen, wodurch die Wohnung ohnehin zu klein für sie wurde. Wir bezogen nun die Räume im oberen Stockwerk.

In der Nacht nach dem Umzug, vom 30. auf den 31.12.1990, wurde mir ein sehr plastischer Traum geschenkt:

Horst, eine Gruppe von Leuten und ich hielten uns in Shivapuri auf. Mir wurde gesagt, dass ich als Erste in den Darshan-Raum zu Shree gehen könne. Bevor ich den Raum betrat, kam mir in den Sinn, dass Shree bereits die Erde verlassen hatte und ich wahrscheinlich nur ein Bild von ihm vorfinden würde. Daher war ich äußerst überrascht, als ich beim Betreten des Raumes Shree auf seinem Platz sitzend vorfand. Überglücklich darüber verneigte ich mich vor ihm und berührte dabei mit meiner Stirn seine Füße. Dabei strömte von seinen Füßen ausgehend eine solche Fülle himmlischen Lichts in mich ein, dass ich nicht mehr fähig war mich zu erheben. Es dauerte eine ganze Weile, bis es mir unter Zuhilfenahme meines gesamten Willens möglich wurde, mich wieder zu entfernen. Von himmlischem Licht berauscht verließ ich den Raum.

Draußen stellte ich fest, dass von den Leuten niemand mehr da war, und ich begann nach ihnen zu suchen. Dabei kam ich an einem Raum vorbei, in dem sich nun Shree aufhielt. Er sprach mich an und wir unterhielten uns wie zwei gute Bekannte. Vom Inhalt des Gesprächs weiß ich nur noch, dass Shree mich fragte, ob wir die heilende Wirkung der Heilkräuter aus Shivapuri spüren würden. Meine Antwort darauf war die Frage, wie wir eine heilende Wirkung spüren sollten, wo wir doch alle gesund seien.

Noch im Traum erzählte ich Horst diesen Traum.

Am nächsten Morgen waren wir bereits sehr früh munter. Horst befand sich in einer sehr hohen Lichtschwingung. An diesem Tag sorgte er dafür, dass die geistigen Disziplinen am Homa-Hof ab sofort strikter eingehalten wurden. Wie wir erfahren hatten, waren die Vyahrutis nicht immer oder teilweise nicht zur richtigen Zeit durchgeführt worden.

An diese erste Zeit am Homa-Hof erinnere ich mich sehr gern. Die Ruhe der Weihnachtszeit war noch zu spüren, draußen lag Schnee und im Wohnzimmer verströmte der große Kachelofen wohltuende Wärme. Was für eine friedliche Atmosphäre! Hinzu kam, dass Horst sich in dem angenehmen Glauben befand, mit der Arbeit an den Büchern vorerst fertig zu sein.

Die Disziplinen am Hof verhalfen zu einem wundervollen Tagesrhythmus. Kaum jemand ist es möglich, 24 Stunden täglich sein Bewusstsein auf Gott zu richten. Da am Hof tagsüber jeweils nach spätestens drei Stunden ein Vyahruti durchgeführt wurde, waren die Pausen nie zu lang und man wurde regelmäßig daran erinnert, sich auf Gott zu konzentrieren.

Um etwas Abwechslung in den Alltag zu bringen, beschlossen Horst und ich uns ein Keyboard zu kaufen. Dies schien für uns beide das ideale Instrument zu sein, weil Horst sehr gut Klavier spielen konnte und ich früher Unterricht auf einer Elektroorgel erhalten hatte. Wir besorgten uns Noten einiger sehr rhythmischer Stücke und hatten beide viel Freude daran, sie zu interpretieren. Schon bald wurde Horst so sehr von der Musik erfüllt, dass er eigene Kompositionen spielte. Einige davon nahm er auf Kassette auf. Es zeigte sich, dass Horst innerlich geradezu erblühte, wenn er sich mit Musik beschäftigte. Hier konnte er sein Wesen zum Ausdruck bringen und musste sich nicht hinter seiner gewohnten Maske verstecken. Häufig kam er dabei in sehr hohe Lichtschwingung. Nach etwa einem Jahr kauften wir ein besseres Keyboard. Davon und von Horsts Musik werde ich an späterer Stelle ausführlicher berichten.

Der Bekannte, der uns die Reise auf die Malediven geschenkt hatte, besaß noch immer ein Reise-Restguthaben, das er uns zur Verfügung stellte. Mit einer kleinen Zuzahlung war ein weiterer Urlaub auf den Malediven möglich. Wir wählten den Zeitraum so, dass wir unseren ersten Hochzeitstag auf Bandos feiern konnten. Zwei Bekannten boten wir an uns zu begleiten. A. und ihre Freundin F. freuten sich mit uns auf die Reise.

Es kam nicht von ungefähr, dass wir A. eine Mitreise anboten. Auch wenn sie bereits längere Zeit von Horst geschult wurde, bezeichnete er sie manchmal doch noch als „die Weltmeisterin im Schwarzsehen". Tatsächlich kannte ich niemanden, der Äußerungen oder Geschehnisse negativer auslegen konnte als sie. Auf der anderen Seite lachte sie auch gerne, sodass ein gewisser Ausgleich vorhanden war.

Unermüdlich versuchte Horst, A. zu einem positiveren Denken zu animieren. Die Reise zu den Malediven sollte eine weitere Motivation werden. Palmen, weißer Strand und eine herrliche Unterwasserwelt - wer gerät da nicht ins Schwärmen. Vielleicht gelang es A. dort, mehr Freude zu empfinden und das Gute in den Dingen zu sehen.

Am 25.3.1991 flogen wir von München ab. Bei der Ankunft auf Bandos gestand uns A., dass sie unendlich große Angst vor Haien habe. Schon seit Wochen versuche sie diesem Gefühl Herr zu werden, doch vergeblich. Horst beruhigte sie und sagte ihr, sie solle im Wasser in seiner Nähe bleiben. Bei unserem ersten Ausflug mit Schnorchel und Maske begegneten wir gleich einem Hai. Wie durch ein Wunder bekam ihn A. nicht zu sehen, weil ihr eine große Koralle die Sicht verdeckte. Auch bei unserem zweiten Schnorchel-Ausflug sah sie als Einzige keinen Hai. A. erkannte, dass dies ein großes Geschenk war und sie unter einem sicheren Schutz stand. Dadurch konnte sie ihre Angst überwinden, und als sie später endlich ihren ersten Hai zu sehen bekam, bildete dies für sie kein Problem mehr.

Am 3.4.1991, während eines Ausflugs mit Schnorchel und Maske, lag es an mir, meine Furchtlosigkeit unter Beweis zu stellen. An der Stelle, an der wir uns aufhielten, war das Wasser nur so tief, dass man gerade noch stehen konnte. Horst sah einen jungen Mann, der offenbar mit seiner Filmkamera nicht zurechtkam, und bot ihm seine Hilfe an. In der Zwischenzeit schwammen F. und ich ein bisschen umher und erfreuten uns an der traumhaften Unterwasserwelt. Ein besonders farbiger Fisch, den ich noch nie zuvor gesehen hatte, veranlasste mich ihm zu folgen. Dadurch gewann ich zu Horst unbemerkt einen immer größeren Abstand. Plötzlich hielt ich erschrocken inne, denn ein etwa zwei Meter langer Weißflossenhai schwamm direkt auf mich zu. Etwas komisch war mir schon zumute, obwohl ich wusste, dass dieser Hai normalerweise nicht angreift. Nun begann er doch tatsächlich mich zu umkreisen. Hatte ich nicht vor Kurzem gelesen, dass Haie genau dann gefährlich seien, wenn sie jemanden umkreisten? Wenn jetzt nur Horst in meiner Nähe gewesen wäre! F. befand sich in einigem Abstand zu mir und konnte das Geschehen beobachten. Schnell überlegte ich, was ich tun könnte.

„Bewundern!"

Dieser Gedanke schoss mir durch den Kopf. Ausgiebig bewunderte ich deshalb den schlanken, schnellen Fisch, der mich nach wie vor umkreiste. Dann begann ich innerlich mit ihm zu sprechen und erzählte ihm, was auch Horst bereits einmal einem Grauhai erzählt hatte: Der göttliche Lichtfunke ist in ihm und in mir und darum sind wir im Grunde genommen gleich. Anschließend bewunderte ich ihn wieder und weil er mich immer noch umkreiste, begann ich seine Kiemenöffnungen zu zählen. Leise versuchte ich ihm gedanklich zuzuflüstern, dass ich ihn eigentlich gar nicht sooo lange bewundern wollte, ob er jetzt nicht lieber woanders schwimmen möchte. Der Hai umkreiste mich ein weiteres Mal, danach drehte er endlich ab.

Für heute hatte ich vom Meer genug und die nächsten Tage wich ich im Wasser nicht mehr von Horsts Seite. Obwohl durch das Sprechen mit dem Weißflossenhai keinerlei Angst hatte aufkommen können, war ich keineswegs begierig darauf, das Gleiche noch einmal zu erleben.

An den restlichen Urlaubstagen genossen wir Wasser und Sonne und erfreuten uns an der Unterwasserwelt. Angefüllt mit vielen guten Eindrücken von dieser wundervollen Reise flogen wir am neunten April wieder nach Hause.

Der Homa-Hof hatte inzwischen eine recht fruchtbare Zeit hinter sich. Seit Beginn des Jahres 1990 stellten die Mitglieder unter Beweis, was mit begeistertem Einsatz zu leisten ist. Ohne Landwirt wurden die Felder gepflügt, bestellt, gejätet, geerntet. Das war eine bewundernswerte Leistung, die offensichtlich honoriert wurde. Wie durch Zufall lernte unser Vorstand im Juli 1990 einen arbeitssuchenden jungen Landwirt kennen, der sich freute am Hof eine Anstellung zu finden. Er war überzeugt vom biologischen Anbau und nahm die Homa-Methode begeistert an. Für die Homa-Hof-Mitglieder bedeutete dies eine große Erleichterung und Hilfe.

Horst und ich wollten in diesem Jahr noch einmal verreisen. Wir flogen am 4. September nach Orlando und unternahmen eine kleine Florida-Rundreise. Am 12. September erlebten wir durch Zufall aus einiger Entfernung einen Shuttle-Start mit.

Auf dieser Reise wurde mir massiv mein Thema, mit dem ich mich seit Ende des letzten Jahres beschäftigte, wieder ins Bewusstsein gerufen. Nachdem ich mich eine Zeit lang damit begnügt hatte, die Körperebene zu beobachten, startete ich bald darauf den Versuch, sie beherrschen zu wollen. Doch damit gelangte ich nun an einen Punkt, wo ich nicht so recht weiterwusste. Fast jedes Mal, wenn ich meinen Körper dazu zwang, etwas zu tun, wozu er keine Lust hatte, zahlte er es mir rücksichtslos zurück. Er wartete, bis sich mein Geist-Seele-Verbund in Sicherheit wiegte, nur um danach die Herrschaft wieder an sich zu reißen.

Jetzt auf der Reise ereignete sich etwas, was mich veranlasste dem Körperbewusstsein den offenen Kampf anzusagen.

Es geschah in Disney World. Das erste Mal, als ich einen solchen Freizeitpark besuchte, hatte ich einfach nur meinen Spaß daran gehabt, so wie Horst auch. Doch dieses Mal erlebte ich es etwas anders. Zuerst fing alles ganz harmlos an. Wir besuchten verschiedene Attraktionen und erfreuten uns daran. An einem Schießstand blieben wir eine Weile stehen und schauten zu. Man schoss mit Gewehren, welche anstatt Kugeln ein Licht aussandten. Als Ziel dienten verschiedene kleine Attraktionen in einer Landschaft. Traf man zum Beispiel einen Erdhügel, so kam ein Erdhörnchen heraus, traf man den Pfosten, auf dem ein Rabe saß, krächzte dieser. Zielte man auf eine Wolke, schien ein Gewitter loszubrechen. Es war das erste Mal, dass mich ein Schießstand faszinierte. Trotzdem machte ich Horst gegenüber folgende Bemerkung:

„Um am Schießen gefallen zu finden, muss man wohl ein Mann sein."

Das ließ Horst jedoch nicht gelten. Schnell kam er darauf, dass ich nicht die geringste Ahnung vom Schießen hatte, und er zeigte es mir. Er erklärte mir, was „Kimme und Korn" bedeutet und wie ich atmen sollte, damit meine Hand beim Abdrücken ruhig blieb. Anschließend hatte ich richtig Spaß am Schießen, es war ja eigentlich ganz einfach. Ich glaube, es gibt kein Vorurteil, von dem Horst mich nicht irgendwann befreit hätte.

Aber dann folgte das Erlebnis, das mich so aus der Fassung brachte. Wir waren bereits viele Stunden auf den Beinen und setzten uns deshalb in eine langsame Bahn, die in einem Gebäude verschwand. Hier schien sie plötzlich an Geschwindigkeit zuzunehmen, mich drückte es regelrecht in den Sitz und es wurde mir fast schlecht dabei (ich war kein Held, was zum Beispiel eine Achterbahn anbelangt). Daraufhin schien sich unsere Bahn auch noch zu drehen, während wir durch eine Art Tunnel fuhren. Ich schloss kurz die Augen und mit einem Mal war weder von dem Andruck noch von dem Drehen etwas zu spüren. Als ich die Augen wieder öffnete, sah ich, dass wir uns mit unverminderter Geschwindigkeit vorwärtsbewegten. Es kam mir etwas komisch vor und deshalb schaute ich seitlich an unserem Wagen hinunter auf das Gleis. Wir fuhren in einer Bummelbahn! Alles, was ich an Geschwindigkeit wahrgenommen hatte, war nur meinen Augen vorgegaukelt worden. Uns entgegenschießende und drehende Wolken und Bilder wurden auf die Tunnelwand projiziert und erweckten im Betrachter den Eindruck von Geschwindigkeit.

Als wir die Bahn verließen, war ich außer mir. Den Augen wurde Geschwindigkeit vorgetäuscht und ich bekam nur allein dadurch das Gefühl, dass es mich in den Sitz drückte. Es wurde mir sogar leicht übel. Das war doch nicht zu glauben. Horst musste sich von mir eine Bemerkung nach der anderen anhören:

„Er hat mich betrogen! Der Körper hat falsche Meldungen durchgegeben und ich habe es geglaubt, sogar das Gefühl hat darauf reagiert! Er ist ein Schwindler!"

„Bisher hatte ich stets Vertrauen zu dem, was der Körper sagt, er sollte ja nur nicht die Macht über mich haben, aber das ..."

Und zum Körperbewusstsein, nach innen gewandt, sagte ich:

„Das wäre nicht nötig gewesen. Aber mit mir kannst du das nicht machen. Jetzt wirst du erfahren, wer der Herr im Hause ist!"

Der Kampf war ausgebrochen.

Er dauerte viele Wochen lang. Obwohl ich über den Körper zusehends mehr Herrschaft erlangte, fühlte ich mich danach völlig erschöpft. Nur ein paar Minuten Unaufmerksamkeit reichten aus, um meine hart erkämpfte geistig-seelische Vormachtstellung wieder in Gefahr zu bringen. Auf Dauer konnte ich das nicht halten. Ein Beispiel:

Wenn Horst mich etwas fragte, antwortete ich seit einiger Zeit mit „mhm" für „ja" bzw. „mm" für „nein". Das hatte ich mir so angewöhnt, weil ich stets die Wahrheit sagen sollte. Immer wieder einmal vergaß ich jedoch etwas, weshalb ich mir dachte, wenn ich nicht „ja", sondern nur „mhm" sagte, dann war es wenigstens nicht ganz gelogen.

Mit solchen Halbherzigkeiten war ich bei Horst natürlich an der falschen Adresse. Er erklärte:

„In der Bibel steht geschrieben:

‚Eure Rede sei: Ja, ja; nein, nein ...' Matthäus 5.37

Von ‚mhm' habe ich noch nie etwas gelesen. Solche Schummeleien sind nicht in der Ordnung."

Da ich merkte, dass es für Horst sehr unschön war, wenn ich „mhm" oder „mm" aussprach, versuchte ich es möglichst schnell zu ändern. Ich befahl also meinem Körper von nun an nur noch ein klares „Ja" oder ein klares „Nein" auszusprechen.

Es funktionierte auf Anhieb, allerdings konzentrierte ich mich auch sehr darauf, dass der Geist bei jedem Gespräch die Oberhand behielt. Schon bald war das „Ja" bzw. „Nein" zur Gewohnheit geworden und ich achtete daher nicht mehr darauf.

Nach etwa einer Woche fragte Horst mich, ob er denn gar keiner Mühe wert sei. Seit mehreren Tagen würde ich sehr häufig wieder mit diesen Brummlauten antworten.

Das konnte ich kaum glauben. Ich hatte es doch beherrscht! Aber das Körperbewusstsein hatte wohl nur gewartet, dass ich nicht mehr darauf achten würde, und es war ihm gelungen, mehrere Tage lang unbeobachtet mit „mhm" zu antworten. Es war zum Verzweifeln.

Schließlich sah ich ein, dass ich so auf Dauer nicht weiterkam. Es war an der Zeit, mir eine neue Taktik zu überlegen. Krieg war nicht die Lösung, denn Druck erzeugt Gegendruck.

Meine momentane Erkenntnis war, dass das Körperbewusstsein der Feind in mir war, das Dunkel, welches Schuld daran hatte, wenn ich in Schwierigkeiten geriet. Was hatte Horst jedoch erst kürzlich über Schwierigkeiten gesagt? Wir sollten sie nicht vernichten wollen, sondern dankbar dafür sein und hinhorchen, was sie uns sagen möchten. Horst erklärte einmal:

„Ein Meister ist wie eine hell leuchtende Lampe. Wohin er auch kommt, wird es hell sein. Wenn man ihm sagt, dass es einen Raum gibt, der absolut dunkel ist, und er geht hin und sieht nach, dann wird er keinen dunklen Raum vorfinden können. Sein Licht hat den Raum bereits erleuchtet. Für ihn kann kein Dunkel existieren."

Wenn ich davon ausging, dass mein Körper das Dunkel in mir war, dann musste ich vielleicht nur lernen anders mit ihm umzugehen. Ein

Meister braucht nicht zu kämpfen, weil sich der Gegner buchstäblich vor ihm auflöst. Sofort überlegte ich, was einen Meister besonders auszeichnet, denn das musste es sein, was den Gegner dahinschmelzen ließ. Es konnte sich meiner Meinung nach nur um die beiden göttlichen Eigenschaften handeln: Liebe und Demut.

So weit war ich mit meinen Überlegungen, als Horst ganz unbemerkt ein großes Übungsfeld für mich aufstellte, um mir zur Lösung zu verhelfen. Er gab mir nicht etwa weise Ratschläge, nein, das Ganze sah völlig anders aus:

Es begann im Herbst. Die Natur bereitete sich auf eine lange Ruhepause vor, ich ebenfalls. Horst jedoch offensichtlich nicht. Eines frühen Morgens hörte ich, noch im Halbschlaf, seine ruhige, liebevolle Stimme:

„Guten Morgen."

„Guten Morgen, schon Zeit zum Aufstehen?",

antwortete ich ihm. Seltsam, dass ich noch so müde war. Wie spät es wohl sein mochte? Da beantwortete Horst schon von selbst meine ungestellte Frage:

„Es ist erst fünf Uhr, aber ich bin schon völlig munter. Hast du Lust, heute etwas früher Tee zu trinken?"

Meine Hand glitt zum Lichtschalter, damit ich Horst sehen konnte. Er strahlte mich so liebevoll an, wie hätte ich es da übers Herz bringen können, keine Lust auf frühen Tee zu haben.

Wir tranken also recht früh Tee, hatten einen langen Vormittag und konnten dadurch wesentlich mehr arbeiten als sonst. Abends waren noch Leute da, mit denen wir bis in die späten Abendstunden zusammensaßen und dadurch erst gegen 23 Uhr schlafen gingen.

Der nächste Morgen: Horsts Stimme erreichte in den sanftesten Tönen mein Ohr:

„Guten Morgen."

„Guten Morgen, schon Zeit zum Aufstehen?",

fragte ich zurück und unterdrückte dabei ein leises Gähnen. Irgendwie kam mir das bekannt vor und ich schaute lieber gleich selbst zum

Wecker. Es war 4.30 Uhr. Horst war ebenso munter wie gestern, der Tag lief ähnlich ab. Hoffentlich wurde das jetzt nicht zur Gewohnheit.

„Guten Morgen."

„Wie spät?"

Nein, nicht noch früher. Heute war es vier Uhr und Horst strahlte mehr Frische aus als je zuvor. Jedoch als gute Ehefrau bereitete ich heute eben um 4.30 Uhr den Tee zu.

Horst traf meinen empfindlichsten Punkt. Seit der Zeit in Goldbach, wo der Schlaf nachts so häufig unterbrochen wurde, gab es nichts, worauf ich mehr Wert gelegt hätte als eine schöne, lange, durchschlafene Nacht, die zu Sonnenaufgang zu enden hatte. Keineswegs jedoch früher!

„Guten Morgen!"

Dieses Mal war es drei Uhr! Woher nahm Horst nur seine Energie? Es fiel mir schwer zuzugeben, wie müde ich war. Schließlich war ich um einiges jünger als er und musste daher meiner Meinung nach mehr Reserven haben. Mein Körper wollte immer wieder Müdigkeit melden, dagegen sagte ich ihm, dass dies nicht sein konnte, schließlich war Horst energievoll wie nie.

Horst fand richtig Gefallen am frühen Aufstehen:

„Die Morgenstunden sind am schönsten zum Arbeiten. Alles ist ruhig, keine Aktivitäten, keine Geräusche, wann hat man das sonst?"

Da musste ich ihm recht geben. Es war wirklich besonders angenehm am frühen Morgen. Auch die Konzentration fiel morgens leicht. Gegen Mittag merkte ich allerdings, dass mir hin und wieder fast die Augen zufielen. Trotzdem hielt ich tapfer durch. Nur nichts anmerken lassen, mein Ehrgeiz war geweckt.

Die Wochen vergingen und jede zweite oder dritte Nacht endete zwischen drei und fünf Uhr. Mein Wille, durchzuhalten, wurde auf eine harte Probe gestellt. Gleichwohl wollte ich nicht gegen Horsts Begeisterung, früh aufzustehen, ankämpfen. Vom Kämpfen hatte ich genug. Mein ganzer Wille zielte darauf ab, das zu tun, was einen Meister auszeichnet: mich den Dingen in Liebe und Demut zu stellen, um herauszufinden, was ich lernen sollte. Es war zu ungewöhnlich, irgendetwas musste dahinterstecken.

Mein Körper meldete mir Müdigkeit, die aber irgendwie nicht stimmen konnte. Sonst hätte sie Horst auch verspürt. Trotzdem machte ich mir langsam ernsthaft Sorgen. Kann man bleibende Schäden davontragen, wenn man über einen längeren Zeitraum so wenig schläft? Eisern überwand ich weiterhin jede Versuchung, Horst Widerstände entgegenzusetzen.

An einem Tag war es draußen empfindlich kalt und unser Kachelofen verströmte angenehme Wärme. Da geschah es. Nach dem Mittagessen setzte ich mich in die Nähe des Ofens in einen Sessel und schlief augenblicklich vor Übermüdung ein.

Genau nach zehn Minuten, ich hatte auf die Uhr gesehen, wachte ich wieder auf. Ich fühlte mich ausgesprochen ausgeruht, frisch und voller Energie. Zehn Minuten hatten dazu ausgereicht und ich hatte mir solche Sorgen wegen des Schlafes gemacht.

Daraufhin ging ich in Gedanken genau durch, was die letzte Zeit mit mir geschehen war. Der Körper meldete Müdigkeit, ich kämpfte nicht dagegen an, sondern sagte ihm mit voller Überzeugung, dass er nicht im Recht sein konnte, und brachte ihm den Beweis in Form von Horsts Energie. Diese Überzeugungsarbeit musste mein Geist geleistet haben. Darauf hatte der Körper noch nicht einmal widersprochen, nicht versucht mich auszutricksen, einfach nur gehorcht. Obwohl später seine Grenzen eigentlich längst überzogen waren, gehorchte er immer noch willig und ohne zu murren. Als es ihm tatsächlich zu viel wurde, verfiel er in einen Tiefschlaf von nur zehn Minuten und holte dadurch alles wieder auf.

Wenn mein Geist also absolut sicher war und dies dem Körper überzeugend vermitteln konnte, dann gehorchte dieser willig und voller Freude. So wie es aussah, hatte Horst mich das Ziel erleben lassen, den Idealzustand, der eintritt, wenn der Geist Herrschaft über den Körper erlangt. Die Frage war nur, wie ich meinen Geist ohne Horsts Hilfe in diesen sicheren Zustand bringen konnte, so sicher, dass ihm niemand dazwischenreden konnte. Noch waren mir die Zusammenhänge nicht ganz klar. Jedoch beschloss ich nun meinem Dreiergespann von Körper, Seele und Geist mit dieser bewährten Einstellung zu begegnen: mit Liebe und mit Demut. Die Arbeit an mir begann spannend zu werden.

Beinahe hätte ich vergessen es zu erwähnen: Nachdem ich mit meinen Erkenntnissen an diesem Punkt angelangt war, schlief Horst wie ein Murmeltier und morgens reichten zwei Wecker kaum aus, um ihn aufzuwecken.

## *Körper - Seele - Geist und Horsts Musik*

Mit dem Jahr 1991 hatten in mir einige innere Veränderungen begonnen, die allerdings längst nicht abgeschlossen waren. Auch am Homa-Hof konnte man positive Veränderungen feststellen. Es gab inzwischen neue Mitglieder, die, begeistert von der Homa-Methode, gerne mithalfen. Vor allem schätzten sie die vielen geistigen Anregungen von Horst und seine wertvollen Tipps, wie das Geistige mit dem Alltag zu verbinden ist. Weil die Neuankömmlinge auch gerne in Meditation unterwiesen werden wollten, kamen wir auf die Idee, einen Teil des Speichers im Wohnhaus zu einem Meditationsraum auszubauen. Die langjährigen Mitglieder freuten sich natürlich ebenso darüber. Unter der Leitung von zwei Handwerkern entstand daraufhin ein schlichter, aber gemütlicher Meditationsraum und daneben ein kleiner, separater Yagna-Raum für Horst und mich. Der Tag für die Einweihung der beiden Räume wurde uns genau gezeigt: Es war der 11.1.1992.

Der Ausbau des Meditationsraums war eine der seltenen Gelegenheiten, zu denen am Hof Handwerker beschäftigt wurden. Dabei achteten wir darauf, dass sie die am Homa-Hof üblichen Richtlinien einhielten. Das bedeutete unter anderem, den Genuss von Fleisch und Alkohol und das Rauchen auf dem gesamten Hofgelände einzustellen, um jegliche Absenkung der Schwingung zu vermeiden. Eine der Aufgaben am Homa-Hof ist es, die Schwingung anzuheben und diese in einem immer größer werdenden Radius abzustrahlen. Aus diesem Grund baten wir auch alle Besucher sich an unsere Richtlinien zu halten.

Nach wie vor gab Horst Meditationskurse im Rahmen der Volkshochschulen. Doch schon seit einiger Zeit spürte er, dass es Zeit für ihn war, damit aufzuhören. Die Zeichen, welche darauf hinwiesen, wurden immer deutlicher und Horst ertrug es kaum noch, Kurse geben zu müssen. Obwohl unser Verlag bisher mehr Ausgaben brachte, als dass wir davon hätten leben können, wagte Horst den Sprung ins Ungewisse. Am 19. Mai 1992 gab er in Donaueschingen und am 29. Mai 1992 in Radolfzell die letzte Stunde in Meditation. Ab dem Herbst unterrichtete er nur noch am Homa-Hof. Eine Erbschaft, welche eine sehr liebe Dame Horst hinterlassen hatte, versorgte uns finanziell mit dem Nötigsten.

*

Meine Suche nach Gott hatte sich zur Reise nach innen entwickelt. Bisher hatte ich dort die drei Ebenen Körper, Seele und Geist entdeckt. Nun wollte ich mich in Demut und Liebe zunächst mit meinem Körperbewusstsein beschäftigen. Meine Idee war, zuerst einmal mit dem Körperbewusstsein zu sprechen. Wenn man im Gespräch einen Hai bezwingen kann, dann muss es mit dem Körper doch auch möglich sein. Daher begann ich das zu tun, was ich bisher versäumt hatte: Ich bedankte mich beim Körper, dass er mir die ganze Zeit über so gesund und voller Energie zur Verfügung stand. Ohne ihn wäre ich in der materiellen Welt handlungsunfähig. Dann entschuldigte ich mich bei ihm, dass ich ihn grob behandelt und ihn einen Schwindler genannt hatte. Daraufhin bat ich darum, ihn besser verstehen zu dürfen, denn sicher lagen einige Missverständnisse zwischen ihm und meinem immer noch bestehenden Seele-Geist-Verbund vor.

Und nun, im Frieden, offenbarte sich mir eine neue Welt. Bevor ich darüber schreibe, möchte ich einfügen, dass Horst an diesen Erkenntnissen maßgeblich beteiligt war. Die Grundlage dafür bildeten seine Ausführungen über Körper, Seele und Geist, welche er in den Kursen vermittelte. Darüber hinaus sparte er nie mit kleinen, aber gezielten Hinweisen, die mir weiterhalfen. Das Ergebnis sah folgendermaßen aus:

Der Körper, das ist sowohl unsere sichtbare Hülle, die wir brauchen, um auf der Erde handeln zu können, wie auch sein unsichtbarer Teil, eine Art Eigenbewusstsein. Er ist sowohl dem Raum als auch der Zeit unterworfen. Das Körperbewusstsein macht zunächst einen schlichten Eindruck. Es urteilt nicht, denn es kennt nur sich. Man könnte es mit einem kleinen Kind vergleichen: einfach im Gemüt, aber begierig zu lernen. Willig speichert es alle Informationen, die es erhält. Dabei besitzt es eine unglaubliche Speicherkapazität und ist in der Lage, alles, was es gelernt hat, auf den kleinstmöglichen Nenner zu bringen.

Dazu folgendes Beispiel:

Ein Klavierschüler lernt die Tonleiter zu spielen. Beim ersten Mal muss sein Körper dazu die Befehle einzeln und genauestens erhalten: Daumen auf die Taste c, Zeigefinger auf Taste d usw., bis er die gesamte Tonleiter gespielt hat. Nach kurzer Zeit merkt sich das Körperbewusstsein, dass genau diese Tonabfolge „Tonleiter" genannt wird. Danach benötigt der Körper den Befehl nicht mehr für jeden einzelnen Finger, sondern es reicht ihm aus, wenn er das Wort „Tonleiter" hört.

Auf diese Art ist es dem Körper möglich, Tätigkeiten auszuführen, für die er im Einzelnen keine separaten Befehle benötigt. Das hat natürlich unglaubliche Vorteile, jedoch auch den Nachteil, dass dadurch das sogenannte unbewusste Handeln möglich wird. Der Körper handelt, ohne dass der Geist oder die Seele daran beteiligt sein müssen.

Im Fünffachen Pfad beinhaltet der Punkt Tapa unter anderem die Disziplin, Gewohnheiten zu brechen. Dies führt dazu, die Vorherrschaft des Körperbewusstseins zu schwächen. Nichts liebt der Körper mehr als Gewohnheiten, hier ist er Herr, er braucht weder Geist noch Seele dafür zurate zu ziehen.

In gewissem Sinn könnte man den Körper als sehr einfach und genügsam bezeichnen, was jedoch an seiner Urteilslosigkeit liegt. Hat zum Beispiel jemand die Angewohnheit zu rauchen, dann wird der Körper pünktlich zu den gewohnten Zeiten Appetit auf eine Zigarette melden. Obwohl er weiß, dass Nikotin schädlich für ihn ist, reichen ein paar gegenteilige Programmierungen, um ihn dies nicht mehr melden zu lassen. Ist man der vollen Überzeugung, dass das Rauchen einige Vorteile bringt, wird der Körper es in den meisten Fällen glauben. Wahrscheinlich wird er erst wieder eine Abneigung dagegen melden, wenn bereits offensichtliche gesundheitliche Schäden vorliegen.

Die Programmierungen, welche der Körper erhält, können auf verschiedene Weise geschehen. Häufig ist der Intellekt daran beteiligt. Dieser baut hauptsächlich auf theoretischen Erfahrungen auf. Sie beinhalten alles, was man gehört und gelesen hat oder über Experimente herausfindet, also rein äußerliche Erfahrungen. Wenn mit dem irdischen Tod der Körper abgelegt wird, vergeht damit auch jegliches Wissen, das über den Intellekt gespeichert wurde. Dies ist einer der Gründe, weshalb der geistig Strebende stets bemüht ist, seine Handlungen vorrangig über den Geist zu steuern. Der Geist kann im Gegensatz zum Intellekt zwischen vorteilhaft und nicht vorteilhaft unterscheiden und sein Wissen erlischt nicht mit dem körperlichen Tod.

Das Körperbewusstsein kann man als den männlichen Teil im Menschen bezeichnen. Irdisch aktiv, jedoch geistig passiv.

*

Obwohl mir zu jener Zeit der Wirkungsbereich der Seele noch nicht sehr bewusst war, möchte ich doch an dieser Stelle darüber schreiben:

Die Seele ist das Gegenstück zum Körperbewusstsein, der weibliche Teil im Menschen. Irdisch passiv, jedoch geistig aktiv.

Sie besitzt ebenfalls einen Körper, allerdings viel feiner als der für uns sichtbare. Dieser Körper ist für weltliche Tätigkeiten nicht geeignet, wird aber nach dem Tod dringend benötigt. Wir leben danach in ihm weiter. Für sensible Menschen ist dieser feine Körper manchmal zu sehen, man sieht dann sogenannte Geistwesen.

Die Seele ist nicht mehr dem Raum unterworfen, sie kann sich darin frei bewegen. Allerdings ist sie von der Zeit abhängig.

Der Seelenbereich hat mit dem analytischen Computer-Denken des Körperbewusstseins nichts gemeinsam. Er ist gewissermaßen dessen Gegenpol. Die Gefühle gehören zum Seelenbereich, sie kommen und gehen, manchmal mit und manchmal ohne Grund.

Was der Seele entspricht, ist vor allem Musik und die Natur. Sie besitzt keinen Speicher, in den etwas nüchtern logisch eingeordnet werden kann. Stattdessen benutzt sie ein System, welches Wissen dauerhaft erhält: Der Verstand wird ihr zugeordnet. Verstand, also das, was wir wirklich verstehen, unterscheidet sich sehr vom Intellekt. Um etwas zu verstehen, muss man keine Bücher auswendig lernen, sondern die Dinge erleben. Dies geschieht zunächst durchaus über die fünf Sinne des Körpers: das Sehen, Fühlen, Riechen, Tasten und Hören. Es kann aber auch über Träume oder Visionen geschehen.

Während der Körper mehr oder weniger auf sich konzentriert ist, nimmt die Seele sowohl den Körper als auch sich selbst wahr. Immerzu ist sie am Vergleichen und dadurch schnell am Urteilen. Sie will alles, was sie als gut empfindet, durchsetzen, auch wenn es manchmal unlogisch ist. Denn die Logik entspricht ihr nicht.

*

Körper und Seele haben meist große Verständigungsschwierigkeiten. Glücklicherweise gibt es jedoch den Geist, den neutralen Aspekt in uns. Er versteht sowohl den Intellekt als auch das Gefühl und kann beides verwerten, analysieren und nüchterne Entscheidungen fällen.

Der Geist ist weder aktiv noch passiv und er drängt sich auch nicht vor. Wenn wir in uns abtauchen, ist er anfangs schwer auszumachen. Häufig verirrt man sich zunächst zum Intellekt oder man hält den Verstand für den Geist. Beides ist in uns und beides denkt. Der Geist besitzt jedoch ein unverkennbares Merkmal: die Zeit. Der Geist ist nicht mehr an sie gebunden. Meldet er uns ein Ergebnis, so geschieht dies meist augenblicklich. Seele und Körperbewusstsein brauchen dazu länger.

Der Vorgang, wie die drei Ebenen in uns wirken, sieht etwa folgendermaßen aus:

Der Körper bekommt Signale, etwas zu tun. Er urteilt nicht, sondern ist bemüht es auszuführen. Da meldet sich plötzlich die Seele, das Gewissen. Ist dies auch richtig, was du tun möchtest? Die Seele versucht den Körper von der Vorgehensweise zu überzeugen, die sie als richtig erachtet. Dabei kann es geschehen, dass sie auf Widerstand stößt, denn ihre Argumente sind oft zu emotional. Spätestens dann ist es gut, den neutralen Dritten, unseren Geist, um Rat zu fragen und uns in unserem Handeln danach zu richten.

Da wir Menschen häufig zur Bequemlichkeit neigen, hat Gott uns eine große Hilfestellung im Leben verschafft. Er schuf Mann und Frau. Im Mann herrscht das Agieren des Körperbewusstseins vor, in der Frau das der Seele. Eine unwiderstehliche Anziehungskraft lässt sie sich miteinander verbinden. Wollen sie das Denken des anderen verstehen, werden sie häufig ihren Geist um Rat fragen müssen, denn von Seele zu Körper oder umgekehrt ist die Verständigung schwierig.

Der Geist agiert in Mann und Frau gleichermaßen. Wenn wir vor unserem Handeln oder unseren Äußerungen kurz innehalten, ist dies eine Möglichkeit, um seine Signale wahrzunehmen. Der Gemütszustand sollte dabei neutral sein. Bei unbewussten, gewohnheitsmäßigen oder emotionalen Reaktionen ist der Geist normalerweise nicht beteiligt. Wenn wir weise sind, nähern wir uns durch das eigene Bemühen zusehends unserem Geist, immer öfter fragen wir ihn um Rat und verhelfen ihm damit langsam zu der Vormachtstellung, die ihm gebührt.

Wenn man diese Zeilen liest, wird der Intellekt versuchen, das darin enthaltene Wissen einzuordnen. Verschwindet es in einer seiner Speicherschubladen, so werden wir es nicht verstehen können, denn wir haben es nicht erlebt. Spätestens nach dem Tod ist alles erloschen, im nächsten Leben fangen wir von vorn an. Deshalb gibt es nur eines: selbst ausprobieren, selbst nach innen tauchen, prüfen, wie es dort aussieht, ob das Geschriebene richtig ist. Damit wird es der Verstand übernehmen. Die Seele lebt nach dem körperlichen Tod weiter und wird nach einiger Zeit in einem neuen Körper geboren. Wenn so jemand dann diese Zeilen liest, wird er merken, dass ihm das Geschriebene irgendwie bekannt vorkommt, als hätte er schon einmal davon gehört. Fühlt er nun nach innen, wird er das Gesuchte relativ schnell verstehen können.

Meine Beziehung zu meinem Körper änderte sich von nun an sehr. Viele Frauen haben Probleme damit, ihren Körper anzuerkennen, und ich bildete da keine Ausnahme. Jetzt machte ich mir aber seine Stärken bewusst und lobte ihn dafür. Wenn er eine Handlung durchführen wollte, mit der ich nicht einverstanden war, so erklärte ich ihm, warum die andere Handlungsweise besser wäre. Es gab einige Dinge, die ich nicht mehr akzeptieren wollte, und auch das erklärte ich ihm, sogar mit Nachdruck. Am Anfang versuchte er noch ab und zu mich auszutricksen, er wollte offenbar herausfinden, wie ernst es mir war. Das nahm ich ihm jedoch nicht übel, das war sein Recht. Es war wichtig, ihm nun seine Grenzen aufzuzeigen. Schon bald sah ich es als ein Spiel an und wenn es ihm gelang, mich zu überlisten, sagte ich zu ihm: „Eins zu null für dich, ich habe dich unterschätzt." Fortan passte ich besser auf. Es machte mir zusehends Spaß, ihn zu beobachten und trotzdem langsam die Führung zu übernehmen. Tat ich dies weise und erklärte ihm, dass jeder seine Stärken und Schwächen hat und der Geist nun einmal die besseren Entscheidungen treffen kann, ihn, den Körper, aber dringend braucht, um diese auszuführen, dann konnte er es akzeptieren.

Die Seele, das war die gute Seite in mir – so meine Überzeugung. Es war mir nicht bekannt, dass sie zwar das Gute will, jedoch nicht immer das Gute erreicht. Wenn man jemanden auffordert, er solle „ich" sagen und dabei eine entsprechende Handbewegung ausführen, so wird sein Finger wie von selbst zur Herzgegend zeigen. Dies ist die Stelle am Körper, wo die Seele ihren Sitz hat. Es zeigt allerdings gleichzeitig, dass wir uns mit diesem „Ich" identifizieren. Wir denken, wir seien die Seele. Auch ich dachte lange so. Wenn ich aber wollte, dass „Sein Wille geschehe", musste ich dieses „Ich" – meine Seele - überwinden.

Davon hatte ich keine Ahnung und der Weg bis zur Erkenntnis war schmerzlich, voller Enttäuschungen und für mich oft unverständlich. Ohne Horst hätte ich es niemals geschafft. Häufig stolperte ich, doch er war stets zur Stelle, mich aufzufangen. Immer wieder zeigte er mir, wohin der Weg wies, wie egoistisch und undankbar diese Seele manchmal sein konnte und wie klein ihre Art von Liebe. Erst als ich die „große" Liebe lernte, konnte ich die Seele mit ihrem Kleinmut langsam durchschauen, sodass sie sich zu einer angenehmen Verbündeten entwickelte. Ein langer Weg. Indem ich weiter über mein Leben an Horsts Seite berichte, wird der Leser diesen Weg langsam mit mir beschreiten können.

Zur Vervollständigung möchte ich noch erwähnen, dass mit der Seele (der Psyche), von der ich schreibe, nicht die All-Seele, das Göttliche, gemeint ist. Der Geist wiederum hat nichts mit dem Intellekt zu tun.

Während all der Jahre hatte ich nicht viel Zeit, um Bücher zu lesen, bei den wenigen stellte ich jedoch manchmal fest, dass Begriffe wie „Geist" und „Seele" oder „Bewusstsein" unterschiedlich eingesetzt werden. Vor allem bei Texten aus dem asiatischen Kulturraum, die zuerst ins Englische und von da aus in die deutsche Sprache übersetzt wurden, sind hier oftmals Unterschiede zu bemerken. Auch in westlichen philosophischen Richtungen werden möglicherweise andere Definitionen verwendet. Aus meinen Erklärungen dürfte jedoch eindeutig hervorgehen, welcher Bereich jeweils gemeint ist.

*

Horst fühlte, wie gut ihm die Beschäftigung mit der Musik tat. Deshalb beschlossen wir ein besseres Keyboard, diesmal ohne automatische Begleitung, zu erwerben. Am 8. Januar 1992 kauften wir uns das neue Instrument. Kaum war es ausgepackt und an die Lautsprecher angeschlossen, da strömte geradezu jegliche Art von Musik aus Horst heraus. Bei jedem neuen Klang, den er einstellte, entstand eine komplette Komposition. Das konnte soeben noch eine Art Dixie sein, schon entführte er einen in Traumwelten, um danach über einen schlichten Walzer in ein gewaltiges Orchester überzugehen. Welchen der unzähligen Klänge er auch einstellte, bei jedem strömte es musikalisch aus ihm heraus. Der einzige Wermutstropfen daran war, dass er in seiner Begeisterung nicht ein Mal auf den Knopf zum Speichern gedrückt hatte. Schlussendlich entstand aus diesem ersten Strom nur ein einziges Musikstück, das den Titel „Am Meer" erhielt.

Nur kurz darauf wurde Horst unmissverständlich gezeigt, dass es sich bei seiner Musik um einen erneuten Auftrag handelte. Er sollte CDs erstellen. Wenngleich er zunächst etwas darüber erschrak, so war ihm doch keineswegs bange davor. Wenn man von oben einen Auftrag erhält, wird auch für die Umsetzung gesorgt.

Den Sommer wollten wir gerne wieder in Schweden verbringen. Horst kam die Idee, das Keyboard mitzunehmen. Wie er feststellte, inspirierte ihn ein Wechsel der Umgebung. Andererseits brauchte er Ruhe, um die Musik umsetzen zu können. Schweden bot sich hierfür an.

Wir kauften einen Wohnwagen, der groß genug und nicht ganz so alt wie der letzte war. Einer der Männer am Hof war ein Bastler und

Tüftler. Er baute in den Wohnwagen eine zweite starke Batterie ein und einen Gleichrichter für den Strom. Für Lautsprecher war kein Platz, deshalb besorgten wir uns gute Kopfhörer. Auf das Dach unseres Autos kam ein Kanu, das uns jemand für die Zeit der Reise auslieh (siehe Abb. 12, Seite 163).

Bereits am 30. Mai fuhren wir los. Wir wollten dieses Mal weiter nördlich sein, wenn die Zeit kam, in der in Nordschweden die Sonne nicht mehr untergeht. Zum Mittsommer, am 20. Juni, hatten wir eine schöne und friedliche Gegend weit nördlich des Silijan-Sees, in der Nähe von Östavall, erreicht. Wir liebten es, an einsamen Plätzen in der Natur zu stehen. Wenn es ab und zu noch kühl war, hatten wir damit kein Problem. In dieser Zeit beschäftigten wir uns im Wohnwagen und die beiden Batterien versorgten uns für zwei oder drei Tage mit Strom. Neue Kompositionen entstanden.

Am 26.6.1992 beendete Horst seine Arbeit an einem neuen Musikstück. Er nannte es „Neptuns Reich". Mit Neptun wird allgemein der Herrscher der Meere bezeichnet. Horst erklärte mir, das sei so zu verstehen, dass diese große göttliche Wesenheit über das Wasser-Zeichen Fische herrscht, das letzte Zeichen, welches wir in unserer unendlich langen kosmischen Entwicklung erreichen können.[12] Dieses hat nichts damit zu tun, wenn jemand im Zeichen Fische geboren wurde. Dann handelt es sich um das irdische Zeichen Fische. Über Neptun wird auch die allerhöchste Form der Liebe ausgedrückt, jene Liebe, die von den Menschen meist nicht mehr verstanden wird. Der Bereich der Musik unterliegt ihm ebenfalls. Die Darstellungen von Neptun mit Dreizack und wallenden Haaren besitzen rein symbolischen Charakter. Es wird damit auf das Zeichen Fische hingewiesen, der Dreizack drückt zusätzlich seine Herrschaft über die drei Welten aus: die materielle (Körper), die astrale (Seele) und die kausale Welt (Geist). Neptun ist der Herrscher über die 7. Hierarchie, die höchste Sphäre, die jemals erreichbar ist.

Zwei Tage nach Fertigstellung des Stückes, am 28.6.1992, wurde Horst mit einer außergewöhnlichen Vision gesegnet. In dieser durfte er Neptun sehen. Zutiefst ergriffen erzählte er mir am nächsten Tag davon:

„Was ich sah, war so beeindruckend, dass es sich mit irdischen Begriffen nicht ausdrücken lässt. Ich sah eine transparente Lichterscheinung mit einer unbeschreiblichen, überirdischen Aura. Ein wunderschöner Körper, welcher einerseits hermaphroditisch erschien, andererseits dennoch kräftig und männlich anmutete. Die Ausstrahlung war von erhabener königlicher Macht und Würde, dabei voll reinster Liebe. Neptuns helles Gewand hatte einen seidigen Glanz, seine Augen strahlten unsagbare Liebe aus. Seine Haare waren kurz, voll und leicht gewellt, weder dunkel noch hell. Sie umgab ein eigenartiger, bläulicher Schimmer. Sein würdevoller Gang drückte höchste herrschaftliche Erhabenheit aus."

Der Eindruck, den Neptun in Horst hinterlassen hatte, war für ihn überwältigend, unbeschreiblich! Es kam ihm vor, als wäre er Shree in seiner höheren, wirklichen Gestalt begegnet.

Auch für mich wurde in dieser Zeit für ein schönes Erlebnis gesorgt. Einige Wochen vor der Reise hatte Horst mir Aquarellfarben samt passendem Papier und Pinseln geschenkt. Weil ich nur noch selten zum Malen kam, dachte er sich, dass ich es mit dieser Maltechnik einfacher haben würde und auch mit wenig Zeit meinem Hobby nachgehen könnte. Ausgestattet mit einem Buch über Aquarellmalerei probierte ich in diesem Urlaub zum ersten Mal, mit dieser mir fremden Technik etwas Schönes auf Papier zu bringen. Wenn man jedoch bisher nur mit Öl gemalt hat, ist eine solche Umstellung alles andere als einfach. Bei meinen Versuchen hatte ich fast jedes Mal zu viel Farbe auf dem Papier. Schließlich überlegte ich mir, nur noch Bleistiftzeichnungen anzufertigen und vielleicht später einmal einen Aquarell-Malkurs zu besuchen.

Als ich „Neptuns Reich" hörte, entstand in mir ein Bild, das ausdrückte, was ich bei dieser Musik empfand, und ich begann es sogleich zu zeichnen. Da es recht gut gelang, überlegte ich mir, ob ich es nicht vielleicht doch farbig anlegen sollte. Zaghaft griff ich zu den Aquarellfarben. Es war der Tag, an dem Horst mir seine Vision von Neptun erzählte. Dies hob mich so empor, dass ich mir nun zutraute, ein Aquarell zu malen. Dabei dachte ich mir (ein erneuter, mutiger Versuch):

„ES malt."

Ohne große Erwartungen, aber in Gedanken an Neptun, entstand auf diese Weise mein allerersten Aquarell, das später als Titelbild für Horsts erste CD „Arisaka" [18] verwendet wurde.

Wir hatten während dieser Reise viel Freude am Fahren und erreichten dadurch bereits am 6. Juli 1992 Abisko, weit im Norden Schwedens gelegen. Von dort aus führte uns eine landschaftlich traumhafte Strecke nach Narvik in Norwegen. Schon mehrmals hatte Horst mir von den Lofoten, einer hier ganz in der Nähe gelegenen Inselgruppe, vorgeschwärmt. Auf Bildern hatte er sie bereits gesehen. Wir fuhren über zahlreiche Brücken durch eine atemberaubende Szenerie. Die Straße führte fast stets am Meer entlang, das uns hier mit seiner hellgrünlichen bis dunkelblauen Farbe faszinierte. Obgleich man in der Ferne stets Wolken sah, war über uns der Himmel blau und die Sonne schien warm auf uns herab. Mit einer kleinen Fähre erreichten wir schließlich die Lofoten.

Zum Übernachten stellten wir uns mit unserem Wohnwagen auf einen Campingplatz. Nachts brach ein Sturm los. Leider befand sich unser Standplatz direkt neben einer Fahnenstange, deren Drahtseil nun dauernd gegen die Metallstange schlug. Das Geräusch empfand ich als nervenaufreibend, immer im Takt, klack, klack, klack. Ich hielt mir die Ohren zu, zog die Decke über den Kopf, dann auch noch das Kopfkissen. Je mehr ich mich jedoch vor diesem Geräusch schützen wollte, desto besser schien ich zu hören. Wie es wohl Horst erging? Er schlief erstaunlicherweise tief und fest, obwohl er sonst ein Gehör hatte wie ein Luchs. Für mich war es kaum noch zu ertragen. Wenn es wenigstens einmal eine Unterbrechung gegeben hätte, nur eine kurze Pause, doch gleichmäßig ging dieser Metallton weiter. Am liebsten wäre ich nach draußen gegangen, um wenigstens irgendetwas unternehmen zu können, was das Geräusch unterbunden hätte. Jedoch bei diesem Sturm, was sollte man da tun?

Schließlich meinte ich schon den Ruin meiner Nerven zu spüren. In diesem Moment fiel mir ein, was Horst häufig über Geräusche gesagt hatte. Wenn sie stören, sollte man bewusst hinhören und sich für sein gutes Gehör bedanken. Das tat ich nun. Ich lauschte immer feiner und meine Widerstände schmolzen dahin. Klang das nicht wie – wie – ja, ganz genau wie Zimbeln; diese kleinen Metallscheiben, mit denen in Indien oftmals die Mantragesänge begleitet werden? Sogleich stimmte ich innerlich das rhythmischste Mantra an, welches ich kannte. Es war das Hare-Ram-Mantra. Der Takt stimmte, obwohl meine Begleitung jeweils noch einen Zwischenschlag einfügte. Glücklich sang ich etwa zwanzig Minuten lang mit automatischer Zimbelbegleitung das Mantra. Damit schlief ich schließlich sehr zufrieden ein.

Dies war wieder ein Beispiel dafür, was ich nun schon seit Langem lernen durfte: meinen Spiegel, die materielle Welt um mich, nicht als Feind anzusehen. Wenn ich meine Einstellung änderte, so veränderte sich damit das scheinbar Böse (in diesem Fall die unliebsamen Geräusche) in etwas Wundervolles (eine Mantrabegleitung).

Zwei Tage später, am 9. Juli 1992, durchfuhren wir die Lofoten bis zu ihrem südlichen Ende. Die Straße wurde zusehends enger und war irgendwann nur noch so breit wie unser Wohnwagen plus ein klein wenig Platz rechts und links. Viele kleine Brücken mussten passiert werden. Sie waren so gebaut, dass sie steil in die Höhe führten und sich dann genauso steil wieder auf der anderen Seite absenkten. Das bedeutete, dass man erst auf der Mitte der Brücke sehen konnte, ob Gegenverkehr kam. Kam welcher, musste einer von beiden rückwärts die Brücke wieder verlassen, denn zwei nebeneinander hatten keinen Platz. Horst fuhr und ich bekam den Eindruck, dass sich seine Stimmung umso mehr anhob, je gefährlicher es war. Seine Intuition funktionierte hervorragend, wir mussten nicht ein Mal zurücksetzen.

Von Moskenes setzte die Fähre nach Bodô über. Am Abend, gegen 19.15 Uhr, legten wir ab. Die Fahrt dauerte etwas länger, weil wir mit einem Schiff fuhren, das auch andere Inselchen ansteuerte, eine davon nur einmal die Woche, und das war heute. Als wir diese Insel erreichten, wurden einige Passagiere aufgenommen, dann fuhren wir wieder weiter. Schon nach Kurzem hielt die Fähre jedoch plötzlich an, drehte um und legte erneut an. Jemand hatte die Fähre verpasst und den Kapitän angefunkt, der sogleich darauf reagierte. Wir warteten nun im Hafen, bis der verspätete Gast kam. Es dauerte noch gut zehn Minuten, ehe wir wieder ablegten.

Diese Fahrt die Nacht hindurch war einer unserer schönsten Eindrücke in Norwegen. Die Sonne ging nicht unter und der Himmel glühte stundenlang in sämtlichen Rottönen. Horst saß ganz vorn im Schiff mit herrlichem Panoramablick nach draußen. Wenn ich nicht gerade anderweitig beschäftigt war, saß ich neben ihm. Meistens war ich jedoch anderweitig beschäftigt, denn die See war rau, und ich wusste seit dieser Nacht, dass ich nicht seefest war.

Gegen vier Uhr morgens erreichten wir Bodô. Hier fuhren wir auf den nächsten größeren Rastplatz und schliefen in unserem Wohnwagen erst einmal ein paar Stunden. In den nächsten Tagen ging es über Mo i Rana wieder nach Schweden zurück.

Ab dort wurde uns zunehmend gezeigt, dass es an der Zeit war, nach Hause zu fahren. Wir begaben uns deshalb auf den Rückweg und erreichten am 28. Juli 1992 den Homa-Hof. Hier wurden wir voller Freude begrüßt.

Schon am nächsten Tag musste Horst wegen sehr starker Zahnschmerzen, verbunden mit Fieber, einen Zahnarzt aufsuchen. Leider wurde er häufig von Schmerzen heimgesucht und dies nahm in den nächsten Jahren immer mehr zu. Tat er etwas dagegen, so verlagerten sie sich in einen anderen Bereich. Wenn Horst mir sagte, seine Zahnschmerzen seien vorbei, konnte ich ihn mit Sicherheit fragen:

„... und wo tut es jetzt dafür weh?"

Horst war daran gewöhnt, er wusste, dass er diese Schmerzen nicht für sich durchlief. Als ich ihn einmal voller Mitgefühl darauf ansprach und ihn trösten wollte, gab er mir relativ nüchtern zur Antwort:

„Für irgendetwas muss der Körper ja gut sein. Auf diese Art wird sein Dasein für andere wenigstens ganz ausgeschöpft."

Dabei konnte er mich völlig zufrieden anlächeln, obwohl er vielleicht gerade fürchterliche Schmerzen verspürte.

Trotz seiner Zahnschmerzen und Fieber setzte sich Horst noch am selben Tag nach unserer Rückkehr von Schweden an sein Keyboard und überprüfte alle in Schweden entstandenen Kompositionen. Über die großen Lautsprecher hörten sie sich in manchen Feinheiten etwas anders an. Die nächste Zeit verbrachte er deshalb damit, die Stücke zu überarbeiten.

Wenn Horst ein neues Stück gespeichert hatte, dann spielte er es als Erstes mir vor. Es war ihm wichtig, zu erfahren, ob es mir gefiel, ob ich vielleicht einen Fehler hörte usw. Manchmal saß ich auch nur schweigend neben ihm, diente sozusagen als zusätzliche Antenne. Auf diese Weise war es ihm möglich, sein Stück durch „andere Ohren" zu hören.

Bei diesem gemeinsamen intensiven Hören konnten wir etwas Erstaunliches feststellen. Jeder Mensch hört anders! Vor allem eine Begebenheit veranlasste uns dies zu erkennen. Ein Stück, das den Titel „Accelerando" erhielt, war so aufgebaut, dass es langsam begann und danach immer schneller wurde. Als Horst mich nach meiner Meinung fragte, sagte ich ihm, dass ich es sehr besonders und außergewöhnlich fände, mir der Schluss jedoch etwas ungewöhnlich erscheine. Mitten im Lauf hörte das Stück plötzlich auf, es fehlten mindestens vier oder fünf Töne zu einem harmonischen Ende.

Obwohl ich es Horst mehrfach erklärte, konnte er nicht nachvollziehen, was ich meinte. Er empfand den Schluss des Stückes anders als ich. Beim Keyboard besteht die Möglichkeit, die Geschwindigkeit, mit der ein Stück abgespielt wird, zu verändern, ohne dass sich dabei die Tonhöhe ändert. Horst stellte ein ganz langsames Tempo ein, ich sollte ihm nun genau sagen, was mir nicht gefiel. Doch, oh Wunder, plötzlich waren die fehlenden Töne da. Jetzt stellte er wieder auf normale Geschwindigkeit und gleichzeitig hörte ich die Töne nicht mehr.

Früher hatte Horst einmal erzählt, was er an sich festgestellt hatte. Er konnte schneller sehen als andere, das bedeutet, mehr Bilder pro Sekunde. Jetzt erkannten wir eindeutig, dass er auch schneller hören konnte. Die Tonfolge am Ende des Stückes war so schnell gewesen, dass ich dadurch gar nichts mehr hörte. Als Horst nun das Tempo der letzten Takte ein klein wenig reduzierte, wurden die Töne auch für mich hörbar.

Eine interessante Frage tauchte in mir auf: Ist die Stille tatsächlich still oder vielleicht nur zu schnell?

Das Stück „Accelerando" liebte ich sehr, denn es hat einen besonderen Effekt. Die Kundalini, auch Schlangenkraft genannt, die ihren Sitz am unteren Ende der Wirbelsäule hat, wird angeregt. Hörte ich dieses Stück, so konnte es geschehen, dass sich nicht nur diese Kraft in der Wirbelsäule bemerkbar machte, sondern mein gesamter Körper dabei mitschwang. Selbst meine Zunge fing an zu tanzen, und ich verstand zum ersten Mal, dass mittels der Zunge ein ganz besonderes, hohes Lichterlebnis möglich ist. Horst hat dieses Erlebnis, den Kechari Mudra (sprich Ketschari Mudra), in seiner Biografie beschrieben. Ich durfte ihn bisher leider nicht erleben.

Bevor Horst ein Musikstück als fertig bezeichnete, bat er manchmal einen bestimmten Bekannten es anzuhören. V., ein Mann mittleren Alters, reagierte sehr empfindlich auf Schwingungen und konnte jeweils mit großer Genauigkeit sagen, welches Chakra durch die Musik angesprochen wurde. Horst spielte nicht bloß ein Instrument und erzeugte dadurch Musik, sondern er tat das, was er zu jedem Moment seines Lebens tat: Er wandelte die Materie in von göttlichem Licht durchströmte Materie um. Seine Musik wurde ebenfalls zum Träger göttlicher Energien.

V. hörte nun zum ersten Mal das Stück „Accelerando", doch bereits nach einer Minute Spielzeit sah man ihn schweißüberströmt dasitzen. Wenn die Kundalini durch äußere Einflüsse zu stark angeregt wird, kann es geschehen, dass eine Reaktion wie diese auftritt. Anderen wird vielleicht nur heiß. Eine so intensive Reaktion hatte Horst allerdings nicht erwartet. Er nahm daraufhin einige Änderungen am Stück vor, welche die Wirkung etwas herabsetzten. Die Testperson reagierte daraufhin normal.

Möglicherweise wird man sich nun die Frage stellen, ob etwas Unerwünschtes mit einem geschehen kann, wenn man diese Musik hört, weil man sich vielleicht nicht in der entsprechenden Schwingung befindet. Dieses Problem löst sich ganz einfach. Hohes Licht schützt sich von selbst. Wenn für jemand die Musik nicht geeignet ist, dann wird sie ihm nicht gefallen und er wird sie nicht hören wollen. Dazu erklärte Horst:

„Seid froh, dass ihr himmlische Musik nicht hören könnt. Ihr würdet euch die Ohren zuhalten wollen. Jede Entwicklungsstufe hat ihre entsprechende Musik und genau diese oder die ein klein wenig darüberliegende empfindet man als schön. Ist die Musik aber weit über oder unter der eigenen Stufe, so möchte man sie keine Minute länger hören als unbedingt notwendig."

Eine Aufgabe von Horst war es, die Musik auf eine Weise zu interpretieren, dass sie hohe Schwingungen in sich trug und dabei trotzdem von einer breiten Masse als schön empfunden wurde. Später bestätigten Hörer immer wieder, dass sie sich von der Musik wie emporgehoben fühlten. Einige stellten auch einen heilenden Effekt fest, der sowohl den Körper als auch die Seele betraf.

Es gab ein Stück, welches mich bereits in der Rohfassung tief beeindruckte. Mit einem tiefen Bass beginnend spielte Horst eine über acht Minuten lange, sehr langsame Komposition ein, einfach so aus dem Kopf, ohne Unterbrechung. Ich fand sie derart schön, dass ich meinte, das Stück wäre fertig. Für Horst war es jedoch nur die Grundlage, er wählte noch dieses und jenes Instrument und fügte nach und nach immer hellere Töne dazu. Schlussendlich entstand daraus die „Morgendämmerung", bis heute eine meiner Lieblingskompositionen. Für mich kommt diese Musik einer Meditationsstunde gleich. Die tiefen Töne zu Beginn holen mich aus den Tiefen des Alltags und gleich dem Aufgang der Sonne wird es in mir heller und heller, bis alles nur noch Licht ist. Dass mit Musik so etwas ausgedrückt und vermittelt werden kann - es fasziniert mich jedes Mal aufs Neue!

Horst und ich stellten fest, dass wir in einigen weiteren Bereichen unterschiedlich hörten. So nahm ich zum Beispiel ganz, ganz leise Töne wahr, die entstanden, wenn zusätzlich eine Taste aus Versehen leicht berührt wurde. Für die meisten war solch ein Ton unhörbar. Horst hingegen reagierte besonders empfindlich, wenn irgendwo die Betonung nicht stimmte. Hier war ich viel schneller zufrieden als er. Es erstaunte und faszinierte uns, derart deutliche Unterschiede im Hören festzustellen.

Als Horst das Stück „Tor zum Licht" das erste Mal hörte, war er sehr ergriffen. Horst hörte seine zu komponierende Musik stets zuerst innerlich, danach brauchte er sie nur noch einzuspielen. Dies war der schwierige Teil, denn die perfekte Umsetzung scheiterte manchmal an den technischen Möglichkeiten. Das Musikgerät hatte seine Grenzen und daher konnte er die innerlich gehörte Musik eben nur so gut wie irgend möglich wiedergeben. Bei dem Stück „Tor zum Licht" hörte Horst als musikalischen Hintergrund die Vereinigung des aus Indien stammenden Hare-Ram-Mantras mit dem christlichen Halleluja, das von einer Art Chor angestimmt wurde. Erst nach diesem Stück wurde ihm richtig bewusst, was für ein besonderes Geschenk Musik für die Menschheit ist. Welche Sprache sie auch sprechen, wie gebildet sie sind, wo ihre Heimat liegt, welcher Religion sie angehören – Musik verbindet alle Menschen, sie wird von allen verstanden. Diese Erkenntnis trug dazu bei, dass Horst seine neue Arbeit als großes Geschenk empfand, an das er mit viel Freude heranging.

Am 16. August 1992 erlebte Horst in der Nacht eine sehr plastische Vision:

Er und einige Leute standen am Ufer eines Sees, als plötzlich dichter Nebel aufzog. In Horst entstand das Gefühl, als würde jeden Moment ein Ungeheuer aus dem Nebel auftauchen. Stattdessen erschien eine riesige Königskobra. Sie maß über vier Meter, als sie sich nun direkt vor ihm aufrichtete. Die Kobra sah sehr liebevoll aus und bestand aus reiner, weißer Lichtmaterie.

Zu dieser Zeit hatte Horst zwölf Musikstücke fertig eingespielt und überarbeitet. Am 31. August suchten wir ein Studio in Freiburg auf, die Produktion der ersten CD konnte beginnen. Fast auf den Tag genau neun Monate nach dem Kauf des Keyboards, am 9. Oktober 1992, hielten wir seine erste CD mit dem Titel „Arisaka – Im Zauberreich der Klänge“ [18] in den Händen. Wir freuten uns sehr darüber.

## *Aufgabe, Vertrauen und Loslassen*

Bereits seit etwa einem Jahr unterrichtete Horst keinen Hatha-Yoga mehr. Am Homa-Hof gab er ausschließlich Kurse über Meditation. Sowohl einigen seiner ehemaligen Teilnehmer wie auch mir selbst fehlte der Hatha-Yoga sehr. Wir versuchten Horst davon zu überzeugen, weiterhin diese Kurse anzubieten. Aber er war gerade in diesem Bereich besonders froh, keinen Unterricht mehr geben zu müssen. So kam es, dass mich eines Tages jemand fragte:

„Warum unterrichtest du uns nicht im Hatha-Yoga?"

Diese Frage hielt ich für absurd. Sicher, ich hätte genauso gerne die Übungen weiter gemeinsam in einem Kurs praktiziert wie viele andere, aber ich sollte Unterricht geben? Das war ganz und gar nicht, was ich wollte.

Während unserer Schwedenreise im Sommer 1992 kam an einem Tag das Gespräch auf Hatha-Yoga. Horst war bereits mehrfach danach gefragt worden, ob nicht doch am Homa-Hof die Möglichkeit bestehen würde, Yoga zu praktizieren. Wenn man Hatha-Yoga übt, so erreicht man dadurch relativ schnell innere Ruhe, was für die Meditation sehr förderlich ist. Das Gespräch im Sommer 1992 endete damit, dass Horst mich beauftragte, Hatha-Yoga am Homa-Hof zu unterrichten.

In jener Zeit gab es immer wieder Menschen, die geistiges Wissen weitergaben, obwohl sie nur irgendwo ein oder zwei Kurse besucht hatten. In ihrer Begeisterung wollten sie sofort ihre neuen Erkenntnisse anderen vermitteln - auch wenn ihnen noch jede Erfahrung dazu fehlte. Zu diesen Menschen gehörte ich eindeutig nicht!

Für mich zählte dies mit zum Schlimmsten, was man je von mir verlangen konnte. Es war mir bewusst, welche große Verantwortung es bedeutet, andere in geistigen Prinzipien jeglicher Art zu unterrichten. Ab diesem Moment musste ich für alles, was durch den Kurs mit den Teilnehmern geschah, geradestehen. Darüber hinaus besteht bei einem Lehrer schnell die Gefahr, dass sein Ego wächst, zumindest mit großer Wahrscheinlichkeit nicht schrumpft. Das alles widersprach dem, was ich anstrebte. Daher fühlte ich mich überhaupt nicht reif für diese Aufgabe, ich war noch nicht so weit und wollte es auch nicht.

Andererseits, so überlegte ich, kam dieser Auftrag von Horst. Er stand hinter mir, demnach hatte er sich bestimmt überlegt, ob ich solch einer Aufgabe gewachsen sei. Dadurch, dass er mich beauftragte, übernahm er auch gleichzeitig die Verantwortung. Dieser Sorge war ich eigentlich enthoben. Das Können auf der rein körperlichen Seite bildete kein Thema. Mit vierzehn Jahren hatte ich meinen ersten Hatha-Yoga-Kurs besucht, seit sieben Jahren war ich fast täglich in den von Horst geleiteten Anfänger- und Fortgeschrittenenkursen dabei gewesen. Genauso lange hatte ich Übungen vorgeführt und die Teilnehmer bei Bedarf korrigiert. Das Wissen, das Horst im Einführungskurs vermittelte, hätte ich auf der Stelle auswendig vortragen können. Nein, hier gab es kein Problem.

Es lag woanders. Es handelte sich um meine Unsicherheit, wenn ich vor mehr als ein oder maximal zwei Personen sprechen sollte. Als ich in Horsts Kursen das erste Mal die Entspannungsübung anleiten sollte, war dies für mich schrecklich gewesen. Wie oft hatte ich mich versprochen, den Teilnehmern beispielsweise einmal gesagt, sie sollten den Bauch hängen lassen. Richtig wäre gewesen: die Bauchmuskeln locker lassen. Mit großem Schreck erinnerte ich mich wieder daran. Manchmal wurde ich auch noch rot im Gesicht, dann brachte ich überhaupt kein vernünftiges Wort mehr hervor. Und nun sollte ich völlig selbstständig einen Kurs geben. Allein die Vorstellung jagte mir regelrecht Angst ein.

Bis zum Beginn der Yoga-Kurse im Herbst war noch über einen Monat Zeit. Auf Anhieb gab es genügend Interessenten für einen Anfängerkurs und zwei Übungskurse. Es ist schwer zu sagen, vor welchem mir mehr bange war. Die Leute im Übungskurs waren jahrelang von Horst unterwiesen worden, sie würden mich nun sicher mit ihm vergleichen. Für den Anfängerkurs hatten sich drei Ehepaare angemeldet, alle wesentlich älter als ich, und deren Söhne, die gerade dabei waren erwachsen zu werden. Welch eine Zusammenstellung! Wenn ich wenigstens niemanden gekannt hätte, dann hätte ich mir vielleicht noch irgendetwas einreden können, falls es ihnen nicht zusagte; zum Beispiel, es lag an ihnen, sie waren noch nicht so weit oder etwas ähnlich Gewissenberuhigendes.

Es ist kaum zu beschreiben, wie sehr ich darunter litt, nun diese Kurse geben zu sollen. Etwas in mir sagte, dass es richtig sei. Sonst hätte Horst nicht Ja dazu gesagt. Trotzdem wäre ich am liebsten davongelaufen.

Vorsichtig wandte ich mich mit meinen Sorgen an Horst. Er blieb davon überzeugt, dass ich nun die Kurse geben sollte, und gab mir seine Hatha-Yoga-Unterlagen, in denen etwa zwanzig verschiedene, harmonisch zusammengestellte Übungsstunden aufgezeigt waren. Beim Hatha-Yoga ist die Reihenfolge der Übungen sehr wichtig, weil durch die langsam durchgeführten Asanas der Seelenbereich mit angesprochen wird.

„Halte dich einfach exakt an diese Übungsstunden, dann kann überhaupt nichts passieren."

Diesen Ratschlag gab er mir. Horst bot mir auch an beim ersten Einführungskurs dabei zu sein, aber das hätte mich nur noch unsicherer gemacht. Langsam wurde mir immer klarer, dass es kein Entkommen gab.

Etwa eine Woche bevor der Kurs beginnen sollte, fühlte ich mich regelrecht am Ende. Wenn ich nur an die Kurse dachte, wurden meine Hände feucht und ich begann vor Angst zu zittern. In diesem Zustand suchte ich schließlich unseren kleinen Yagna-Raum auf. Hier hing an einer Wand eine wunderschöne Fotografie von Shree. Dies war mein liebster Ort für besonders innige Gebete. Sofort umhüllte mich wohltuende Ruhe. Ich warf mich zu Boden und schüttete Shree gedanklich mein Herz aus:

„Oh Shree, ich weiß, dass ich nicht fähig bin, diese Kurse zu geben. Gib du sie für mich, ich kann es nicht. Lass dein himmlisches Licht durch mich fließen, zum Wohl für alle Beteiligten."

Nach diesem Gebet war mir gleich viel wohler zumute. Wie war ich überhaupt auf die Idee gekommen, die Kurse selbst halten zu wollen? Hatte ich nicht mein ganzes Leben Shree übergeben? Die Angst musste mich wohl ganz und gar benebelt haben. Nun wusste ich jedoch, dass es gute Kurse sein würden, denn ich gab sie ja nicht.

Kurz bevor mein erster Yoga-Unterricht begann, suchte ich noch einmal unseren Yagna-Raum auf und sprach ein ähnliches Gebet. Dies wurde mir von da an zur Gewohnheit, es gab keinen Kurs, bei dem ich mich nicht zuerst an Shree gewandt hätte.

Kein Stottern, keine Unsicherheit, nichts von all dem konnte man bemerken, als der Unterricht begann. Meine Konzentration war auf Shree gerichtet und ich spürte eine unglaubliche Liebe zu den Teilnehmern. Diese Liebe konnte nicht von mir sein, denn in diesem Umfang war es mir noch nie möglich gewesen, zu lieben. Wie groß musste die göttliche Liebe sein!

Je länger ich die Kurse gab, desto mehr erfüllte mich eine ungeahnte Ruhe. Ich saß oder stand vor den Teilnehmern und fühlte, wie Sein Licht und Seine Liebe mich durchströmten. Dabei konnte ich eine besondere innere Stärke beobachten. Tatsächlich beobachtete ich dies, denn ich stellte fest, dass es nichts mit mir zu tun hatte. Nach dem Kurs war es dann auch wieder vorbei.

Bereits nach wenigen Wochen kamen die ersten Teilnehmer zu mir und berichteten von ihren Erfahrungen. Bei dem einen hörten die Rückenschmerzen auf, ein anderer wurde ruhiger, jemand hörte in fast jeder Stunde den OM-Sound. Solche Reaktionen kannte ich bereits aus Horsts Kursen, wenn die jahrtausendealten und erprobten Asanas ihre Wirkung zeigten. Es erfüllte mich mit großer Dankbarkeit, als ich sah, dass sich diese Auswirkungen auch in meinen Kursen einstellten. Den Dank gab ich sofort nach oben weiter. Mir war bewusst, dass ich daran nur wenig Beteiligung hatte.

Die Kurse lehrten mich eine neue Erfahrung: Ich durfte Werkzeug sein, wenn bisher auch auf den kurzen Zeitraum von jeweils einer Kursstunde begrenzt. Horst erklärte einmal:

„Viele Menschen wollen in ihrem Leben eine besondere Aufgabe erfüllen. Die wenigsten wissen jedoch, dass ‚Aufgabe' mit ‚aufgeben' zu

Abb. 16 Fersensitz (Vajrasana)

tun hat. Will man eine bestimmte Aufgabe durchführen, so muss man bereit sein, dafür andere Interessen zurückzustellen. Erhält man das Geschenk eines Auftrags in Übereinstimmung mit dem göttlichen Willen, so ist die Voraussetzung dafür das Unterstellen des gesamten eigenen Ichs unter Seine Anweisungen."

Das Leben von Horst war eine einzige Aufgabe. Häufig konnte ich zum Beispiel beobachten, wie er auf jemand reagierte und sich erst im Nachhinein fragte, warum eine solche Reaktion erforderlich war. Das heißt, er erhielt einen Impuls aus der göttlichen Quelle und führte ihn aus, ohne im Moment die Hintergründe dafür zu kennen. Erst danach erforschte er über den Intellekt oder den Verstand, was gerade abgelaufen war.

Die Voraussetzung für solch ein Handeln ist, dass man die Signale aus dem Göttlichen unverfälscht empfangen kann. Normalerweise sendet unser Gemüt jedoch ständig Störfaktoren aus: Wir haben Vorstellungen und Wünsche, wir richten und urteilen. Diese Eigenschaften zu beseitigen wird zur Grundvoraussetzung, wenn wir wollen, dass Sein Wille geschieht.

So weit, das wusste ich, war ich noch lange nicht. Allein die Wünsche! Meine Wünsche waren nicht sehr zahlreich, dafür umso anhänglicher. Einer davon war, göttliche Liebe erleben zu dürfen. Bereits vor einigen Jahren hatte ich intensiv darum gebeten. Als Ergebnis erhielt ich einen sehr liebevollen Hinweis, dass der richtige Zeitpunkt dafür noch nicht erreicht sei. Dies geschah kurz nach der Hochzeit. Horst war für viele Menschen wie ein Vater. Nach unserer Vermählung meinte ich, für sie nun wie eine Mutter sein zu müssen. Das besondere Merkmal einer Mutter ist die Liebe, und so wünschte ich mir diese. Damals dachte ich mir, dass ich Liebe in dem Augenblick verwirklicht haben würde, wenn ich mein Herzchakra oder dessen Konzentrationspunkt am Rücken spüren würde. Es dauerte auch nicht lange, da bemerkte ich ganz intensiv einen seltsamen Druck am Rücken in der richtigen Höhe. Überglücklich konzentrierte ich mich darauf und wartete auf das hohe Gefühl der Liebe. Davon konnte ich jedoch leider kaum etwas bemerken. Trotzdem freute ich mich sehr, zumal ich die Druckstelle den ganzen Abend und über Nacht bis zum nächsten Morgen bemerkte. Dann kam mir die Sache etwas seltsam vor und ich berührte mit dem Finger vorsichtig die spezielle Stelle am Rücken. Was ich vorfand, fühlte sich an wie eine dicke Quaddel. Sie war wegen des Plastikverschlusses meines BHs entstanden. Diesen Kunststoff auf der Haut vertrug ich offensichtlich nicht mehr. Nun, wenigstens war ich eine Nacht lang glücklich über die Erfüllung meines Wunsches gewesen. Anschließend gab es Näharbeit zu tun, um die Plastikverschlüsse zu ersetzen. Ich brachte kleine Metallhäkchen an, die ich dick mit Baumwollstoff unterlegte. Später stieg ich ganz auf BH-Hemdchen um, die ohne störenden Verschluss auskamen.

Im Prinzip war dies ein Thema, zu dem Horst bereits seit Längerem Interessantes festgestellt hatte. Die Kunstfaseretiketten von Oberhemden und Pullovern sowie der Unterwäsche kommen meist exakt auf Konzentrationspunkten der Chakras zu liegen. Diese punktuellen Kunstfaserteile beeinträchtigen den Lichtstrom im Rückenmarkskanal (der Kundalini). Sensible Menschen, oft auch Kinder, spüren diese Belastung. Wir trennten von da an sofort nach dem Kauf eines Kleidungsstückes diese Kunstfaserteile heraus.

Eine Blockade war beseitigt, mein Wunsch jedoch noch nicht erfüllt. Inzwischen wohnten wir am Homa-Hof und ich empfand verstärkt die Notwendigkeit einer Mutter für die Hof-Mitglieder. Dass ich diese Aufgabe jemals erfüllen könnte, bezweifelte ich mehr und mehr. Zum einen gab es dafür einen recht einfachen Grund: Außer den Kindern gab es kaum jemanden, der jünger war als ich. Zum anderen war ich sehr in Horsts Arbeiten eingebunden und wollte ganz für ihn da sein. Alles andere musste an zweiter Stelle kommen.

Wie so oft ergab sich auch hier eine wunderbare Lösung. In der Wohnung im Erdgeschoss des Homa-Hofes vollzog sich ein Mieterwechsel. Die junge Frau, die bisher hier gewohnt hatte, war vom Typ her gern allein. Sie behauptete von sich selbst, in einem früheren Leben sicherlich einmal ein Eremit gewesen zu sein. Sie verfügte über sehr viele Qualitäten, zog sich jedoch auch gerne zurück. Das war am Homa-Hof kaum möglich. Deshalb suchte sie sich eine kleine Wohnung in der Nähe.

Für die Wohnung im Erdgeschoss benötigten wir nun jemanden, der vor allem für die Homa-Hof-Mitglieder da war, sie begrüßte und ihnen Tee kochte, sich darüber freuen konnte, wenn anstatt ein oder zwei plötzlich zehn Personen am Tisch saßen, mit Kochtöpfen in Übergröße zurechtkam und ein offenes Ohr und ein nettes Wort für jeden hatte. Am 19. Januar 1993 zog Erika ein, meine eigene Mutter. Sie war für diese Aufgabe wie geschaffen, hatte bereits fünf Kinder großgezogen und schon früher nichts dagegen gehabt, wenn wir alle noch Besuch mitbrachten. Sie liebte Menschen um sich und ließ sich nicht so schnell aus der Ruhe bringen.

Für mich bedeutete das eine große Erleichterung. Meine Aufmerksamkeit konnte ich jetzt wieder ganz Horst und seiner Arbeit widmen. Der Wunsch, göttliche Liebe erleben zu dürfen, war dagegen nicht getilgt. Einmal mehr äußerte ich diese Bitte.

Oh, hätte ich es doch unterlassen und den Ratschlag von Lord Buddha, vor allem Wunschlosigkeit zu erreichen, mehr beachtet.

Was ich nun erlebte, war eine Art von Liebe, nach der ich gar kein Bedürfnis gehabt hatte. Kaum sah ich jemanden, erfüllte mich solch eine Liebe zu ihm, dass sich bei mir sämtliche Anzeichen von Verliebtsein bemerkbar machten. Das Bedürfnis, jedem um den Hals zu fallen und ihn an mich zu drücken, musste ich gewaltsam bremsen. Diese überstarken persönlichen Liebesgefühle machten mich oft ganz verlegen, leichte Röte überzog sofort mein Gesicht. Es war keine Frage, ob mir dabei ein Mann oder eine Frau gegenüberstand, ich war in beide gleichermaßen verliebt. Schließlich konnte ich mir nur noch damit helfen, dass ich mich so weit wie möglich zurückzog. Meine Gefühle waren mir peinlich, ich wollte nicht, dass jemand etwas davon mitbekam.

Glücklicherweise hielt dieser Zustand nur wenige Wochen an. Danach wusste ich, dass mir irgendetwas fehlte, um göttliche Liebe erleben zu können. Ich war in meinem Empfinden zu sehr an die Person gebunden. Göttliche Liebe musste demzufolge etwas Überpersönliches sein. Wenn ich Horst beobachtete, so konnte ich bei ihm kein einziges der Anzeichen feststellen, die ich soeben erlebt hatte. Er war wie eine leuchtende Sonne, die auf jeden gleichermaßen strahlte, unberührt aller Geschehnisse. Seine Liebe wollte nichts für sich und sie benötigte auch keine äußere Ausdrucksform.

Mein neuer Entschluss war, mir so schnell nichts mehr zu wünschen. Es war für mich eindeutig, dass es nicht an Gott liegt, wenn unsere

Wünsche nicht in Erfüllung gehen, sondern an den mangelnden Voraussetzungen. Wünschen wir uns etwas, so werden wir genau das erhalten, was uns dazu bringt, die Voraussetzung dafür zu schaffen. Dieser Prozess kann unter Umständen sehr unangenehm oder sogar schmerzvoll sein. Gott hält alle Gaben jederzeit offen für uns bereit, es liegt an uns, ebenfalls bereit dafür zu sein.

Mit dem Vertrauen darauf, dass ich göttliche Liebe genau dann erfahren würde, wenn es für mich gut und richtig war, konnte ich diesen Wunsch in Frieden entlassen.

Zwischenzeitlich hatte Horst fleißig an seiner Musik weitergearbeitet. Bereits am 24. April 1993 erschien seine zweite CD. Sie erhielt den Titel „Alegria – auf Wogen des Glücks"[19]. Der Titel drückt aus, was wir beim Zuhören empfanden: große Freude und lang anhaltendes Glück. Für die nächste CD waren inzwischen einige neue Stücke eingespielt. Dieses Mal handelte es sich um Interpretationen verschiedener Klavierwerke. Horst besaß die Gabe, die Stücke innerlich so zu hören, wie sie dem kosmischen Original entsprachen. Um dies umzusetzen, feilte er an jedem Takt, ja jeder Note, um sie exakt zu betonen. Er arbeitete unermüdlich daran.

Nur selten gönnte Horst sich Pausen. Etwa zwei Jahre zuvor hatte er seinen Flugschein zugunsten der Arbeit an Shrees Werk verfallen lassen. Ab und zu flog er aber immer noch gerne bei anderen mit. Es ist etwas Besonderes, sich über der Erde zu befinden, das Gefühl zu haben, ihrer Schwere kurzzeitig entkommen zu können. Am 4. Juli 1993 kam Horst auf die Idee, den Segelflugplatz in Heiligenberg aufzusuchen. An den Wochenenden herrschte dort oft reger Betrieb und wir waren schon einmal mit einem Motorsegler mitgeflogen.

Horst, Erika und ich fuhren nun an jenem Tag zum Segelflugplatz. Die Flugzeuge hatten jeweils nur für einen Passagier Platz. Horst fragte Erika und mich, ob wir beide fliegen wollten. Wir bejahten. Daraufhin arrangierte er alles Notwendige. Erika und ich bestanden darauf, dass er als Erster an der Reihe sein sollte. So schritt er in Begleitung eines Piloten auf die Flugzeuge zu. Da meinte ich meinen Augen nicht zu trauen. Sie bestiegen ein Segelflugzeug und nicht einen Motorsegler, wie ich angenommen hatte. Wenn ich sah, wie die Segelflugzeuge mit einer Winde steil nach oben gezogen wurden, drehte sich mir fast der Magen um. Freiwillig wollte ich niemals ein Segelflugzeug besteigen. Mir wurde es ganz heiß.

Es blieb mir nicht viel Zeit zum Nachdenken, denn Horsts Pilot hatte keinen thermischen Auftrieb gefunden und musste deshalb nach ungefähr fünf Minuten wieder landen. Sofort eilte ich auf die beiden zu, um zu erklären, dass ich nun doch nicht fliegen wollte. Dazu kam es allerdings nicht. Ich wurde ja bereits gefragt, ob ich fliegen wollte, und Horst ging von meiner bejahenden Antwort aus. So schnell konnte ich kaum schauen, wie er aus dem Segler ausstieg und mir die Stelle zeigte, wo ich meinen Fuß zum Einsteigen aufsetzen sollte. Ich wollte etwas sagen, aber da half er mir schon die richtige Stelle zu treffen. Mit einem Schwung, bei dem er mich unterstützte, saß ich gleich darauf im Flugzeug und Horst war so nett, mich augenblicklich anzuschnallen. Er wollte mir nur behilflich sein, er wusste nichts von meinen Angstgefühlen. Spätestens als nun die Abdeckung geschlossen wurde, war mir klar, dass es kein Entkommen mehr gab.

Jetzt blieb mir nur noch übrig, mich den Dingen zu fügen. So überlegte ich, wie ich meine bangen Gefühle zur Ruhe bringen könnte. Mir fiel spontan eine spezielle Pranayama-Atmung aus dem Yoga ein. Sie wirkt stark beruhigend, so sehr, dass durch sie sogar der Blutdruck kurzzeitig gesenkt werden kann. Da ging es auch schon los. Zuerst holperte das Segelflugzeug ein Stück über die Graspiste, dann, Augen zu, tief atmen, hoch ging es. Auf halber Steigstrecke wagte ich es, meine Augen zu öffnen, und mit einem Mal änderten sich die Gefühle. Es war ja gar nicht schrecklich, sondern richtig herrlich. Wir überflogen einen kleinen Wald, etwas Wiese und befanden uns daraufhin direkt über dem Homa-Hof. Der Pilot sah einen Raubvogel, rief begeistert etwas von Thermik aus und gleich dem Vogel ließ er das Segelflugzeug kreisen.

Der Flug dauerte 33 Minuten. Diese Zahl steht in besonderer Verbindung mit Horst, durch sie wurde ihm häufig Positives gezeigt. Der Pilot hätte noch viel länger oben bleiben können, bei Passagierflügen galt jedoch die Anweisung, nach einer halben Stunde zu landen. Er musste nachhelfen, damit wir die Höhe, auf der wir uns befunden hatten, abbauen konnten. Dadurch ging es fast ebenso schnell hinunter, wie wir hinaufbefördert wurden. Inzwischen fand ich das richtig herrlich, es machte mir nichts mehr aus.

Als das Segelflugzeug zum Stehen kam, war Horst sogleich zur Stelle, half mir beim Aussteigen und sah in ein überglückliches Gesicht. Nach mir flog Erika, jedoch nur sieben Minuten. Inzwischen überlegten wir, ob es auch am Flugwillen des Piloten lag, ob er einen thermischen Bereich mit Auftrieb fand oder nicht. Bei mir steuerte ein anderer Pilot als bei den beiden. Noch einmal stieg Horst nun in das Segelflugzeug und achtete darauf, dass er einen anderen Piloten bekam. Zu unserem Erstaunen dauerte dieser Flug 36 Minuten (Horsts Geburtsjahr).

Es war nicht das erste Mal, dass ich zu meinem Glück fast gezwungen werden musste. Wie ich später feststellte, bedeutet Angst mangelndes Gottvertrauen. Dieses Vertrauen sollte ich nun mehr und mehr aufbauen. Während all der Jahre bei Horst war Folgendes festzustellen: Mochte ich etwas nicht, dann wurde ich so lange damit konfrontiert, bis ich es lieben lernte. Dachte ich etwas nicht zu können, wurde genau das von mir verlangt. Hatte ich vor etwas Angst, kam ich nicht viel weiter, bis sie überwunden war.

Am Tag nach dem Segelflug fuhren Horst und ich nach Ravensburg zu einem Betrieb, der unter anderem VW-Campingbusse führte. Vor mehreren Jahren hatten wir ein solches Fahrzeug gefahren und darin unseren Urlaub verbracht. Das war sehr schön gewesen, weshalb wir beschlossen, wieder auf so einen Wagen umzusteigen.

Bereits an einigen Stellen habe ich erwähnt, dass Horst nicht nur über innere Impulse, sondern auch über äußere Begebenheiten von Shree geführt wurde. Ausführliches hierüber kann man in seiner Autobiografie lesen. Beim Kauf des Campingbusses wurde diese Führung wieder einmal sehr deutlich. Wir durften so viele Zahlenauffälligkeiten erleben, dass wir dies nicht mehr als Zufall abtun konnten, sondern es als Bestätigung für den Kauf des Wagens sahen.

Unter anderem zeigte die Uhr in diesem Fahrzeug 3.11 Uhr (Umkehrung von Horsts Geburtstag), obwohl es gar nicht so spät war. Als wir den Händler verließen, schaute Horst auf seine Uhr und da war es dann genau 3.11 Uhr. In diesem Moment zeigte der Tageskilometerzähler unseres Autos die Zahl 311. Wir fuhren nach Hause und bogen von der Hauptstraße Richtung Bühlen ab, auf den schmalen Weg, der nun fast nur noch Richtung Oberhaslach führt. Noch einmal schauten wir auf die Uhr. Es war 3.33 Uhr, während der Tageskilometerzähler auf

333 stand (33 oder 333 zeigten für Horst stets etwas Positives an). Zu guter Letzt erreichten wir den Homa-Hof um 3.36 Uhr, bei einem Kilometerstand von 336 km ('36 ist Horsts Geburtsjahr).

So etwas kann von keinem Menschen arrangiert werden. Es war dies für uns jedoch kein Wunder, sondern wir sahen darin die liebevolle Führung von Shree. Bei dieser Gelegenheit möchte ich einfügen, was Horst ausdrücklich betonte: Äußere Begebenheiten und Zahlenauffälligkeiten sind nicht generell als Zeichen von oben zu werten. Horst stand unter einer ganz besonderen Führung und wurde deshalb auch besonders geführt. Zeichen von oben, die über die sichtbare Welt zum Ausdruck kommen, werden stets von einem speziellen inneren Gefühl begleitet, welches nicht zu erklären ist.

Am 9.7. kauften wir den VW-Bus. Ein Bekannter besorgte uns die Zulassungsnummer - wir erhielten die Nummer FN-CV 33!

Einige Tage später, am 12.7.1993, fuhren wir in diesem Wagen nach Schweden. Begleitet wurden wir von einem Ehepaar, beide etwas jünger als Horst, das seit rund zwei Jahren zu den Homa-Hof-Mitgliedern gehörte. Die beiden, D. und seine Frau E., fuhren ebenfalls einen Campingbus. Wir wollten ihnen einige der schönen Teile Schwedens zeigen. Auf dieser und auch auf folgenden Reisen durfte ich wieder und wieder mein Gottvertrauen erweitern. Wie oft machte ich mir Sorgen: Finden wir einen schönen Platz zum Übernachten? Wenn ja, störten wir hier auch niemanden? Geduldig zeigte Horst mir, wie wir stets geführt wurden und wie für uns gesorgt war. Immer lief alles genau zu den richtigen Zeitpunkten ab, alles hatte einen Sinn, niemals wäre eine Sorge notwendig gewesen.

Doch kaum erreichten wir einen Campingplatz, begann ich erneut mir viel zu viele Gedanken zu machen: beim Wäschewaschen (wird sie auch rechtzeitig trocken? Hoffentlich fängt es nicht an zu regnen!), beim Bügeln (gibt es hier einen Bügeltisch oder wenigstens einen Tisch mit Steckdose in der Nähe?), beim Autosäubern (ist das hier auch erlaubt?), Duschen (ob sie auch sauber sind?) usw. Außerdem plagte mich die Sorge, ob ich jeweils mit allem bis zum nächsten Tag fertig sein würde. Wenn ich dann voller Tatendrang einen Punkt nach dem anderen abhaken wollte, kam mir nur eines nicht gelegen: Wenn mich dabei jemand störte!

Genau diesen Part übernahm Horst:

„Heute würde ich gerne richtig gemütlich Kaffee trinken, so eine Pause tut dir doch sicher auch sehr gut."

Er wollte mir eine Freude bereiten und ich musste tief durchatmen, um ein liebevolles Lächeln zustande zu bringen.

Nach dem Kaffeetrinken bot er mir zum Beispiel wiederholt seine Hilfe an. Ich hatte aber meine Vorstellungen, wie alles gemacht werden sollte, damit ich es als perfekt empfand. Es war mir zu umständlich, ihm alles bis ins Kleinste zu erklären. Lieber tat ich es selbst. Es sollten noch mehrere Jahre vergehen, bis ich erkannte, wie selbstsüchtig es ist, keine Hilfe annehmen zu können. Dies zeugt von mangelnder Demut. Indem man Hilfe annimmt, gibt man zu, sie zu benötigen. Der Helfer erscheint damit als der Größere. Das verträgt aber nicht jeder.

Einige Stunden später kam Horst auf die Idee, ein Eis essen zu gehen. Zu dem Zeitpunkt befand ich mich meist bereits in einem Stadium, in dem ich sehr viel Mühe mit dem Lächeln hatte. War es jetzt noch möglich, mit all der Arbeit fertig zu werden? Auch hier brauchte es einige weitere Schwedenreisen, bis ich merkte, dass für alles gesorgt war, dass es niemals regnete, wenn ich den Wunsch nach Sonnenschein geäußert hatte, dass die Duschen in dem Moment frisch gereinigt waren, wenn wir sie benutzen wollten. Verlässt man sich auf die göttliche Führung, so gibt es nichts, was nicht mit eingeschlossen wäre.

Zu allem Überfluss hatte Horst zu jener Zeit einen Lieblingsausspruch, den ich gar nicht leiden konnte:

„Zack, zack, ..."

Wenn ich das nur schon hörte, war mein innerer Friede dahin. Horst meinte dies wohl in dem Sinn, dass es nun weitergehen sollte, doch ich verstand es so, als würde er mich zur Eile antreiben. Um ihm zu zeigen, dass dies nicht nötig war, ließ ich mir mit Absicht viel Zeit. Damit provozierte ich ihn aber nur und er konnte daraufhin recht ungeduldig werden. Beeilte ich mich dagegen, kam ich manchmal ganz durcheinander. Lange suchte ich nach einer Lösung.

Sie kam in diesem Urlaub über unsere Begleitung. E. fand es ausgesprochen lustig, wenn Horst „Zack, zack!" äußerte, sie musste darüber immer sehr lachen. Manchmal sagte sie es auch selbst, vor allem dann, wenn wir besonders viel Zeit hatten. Über sie gelang es mir, die Sache mit anderen Augen zu sehen und mich nicht mehr darüber aufzuregen. Daraufhin hörte erstaunlicherweise Horsts Ausspruch auf.

Mein Widerspruchsgeist wurde zusehends verkleinert, immer mehr sollte ich beweisen, dass ich Vertrauen in den göttlichen Willen und Vertrauen in Horst hatte. Wenn alles gemütlich und harmonisch läuft, kann man schnell sagen, man hätte dieses Vertrauen; aber in unliebsamen Situationen sieht die Sache entschieden anders aus.

In diesem Urlaub tat Horst zwei Dinge, die mich regelmäßig aus meinem inneren Gleichgewicht warfen. Zum einen aß er ab und zu Fisch. Diesen vertrug er eigentlich schon lange nicht mehr und seit wir am Homa-Hof wohnten, war er ganz vom Speiseplan gestrichen. Jetzt im Urlaub verspürte er gelegentlich einen unwiderstehlichen Appetit darauf. Wenn er ihn aß, vertrug er ihn nicht, er musste ihn anschließend regelrecht ausschwitzen. Dennoch aß er einige Zeit später wieder welchen. Dieses Verhalten war mir unverständlich, ich konnte indes nichts dagegen tun – im Gegenteil. Wenn Horst Fisch wollte, dann bereitete ich ihn selbstverständlich für uns beide zu und aß mit. Mein Körper zeigte danach ebenfalls Gegenreaktionen.

Zum anderen hatte Horst in diesem Urlaub große Freude am Eisessen. Normalerweise war er kein Freund von vielem Süßen, aber dieses Mal wollte er fast täglich ein Eis. Den Grund dafür spürte ich erst nach und nach auf: E. liebte Eis so sehr, dass sie sich fast ausschließlich davon hätte ernähren können. Indem wir alle gemeinsam Eisessen gingen, brauchte sie den Wunsch danach nicht jedes Mal erneut zu formulieren, sondern bekam ihn von allein erfüllt. Horsts Nächstenliebe kannte keinen Unterschied zwischen großen und kleinen Dingen. Seine eigenen Bedürfnisse stellte er dabei vollkommen in den Hintergrund.

Das Problem war, dass Horst, schon seit ich ihn kannte, etwas zu viel Gewicht hatte. Dagegen hatte ich eigentlich nichts, es tat seinen Nerven gut und ich liebte sein kleines Bäuchlein sehr. Durch seine ständig im Sitzen auszuführende Arbeit war es aber weiter angewachsen. Inzwischen hatte er nicht mehr ein bisschen zu viel Gewicht, sondern er war dabei, rundlich zu werden. Für dieses Gewicht fühlte ich mich zuständig, schließlich kochte ich für ihn. Alles Mögliche hatte ich bereits ausprobiert, um eine Gewichtsreduzierung zu erreichen, doch bisher half nichts. Wenn ich für ihn drei Tage nacheinander nur Salat zubereitete, verspürte er die nächsten drei Tage solchen Hunger, dass er alles wieder aufholte. In diesem Urlaub wollte ich schon fast verzweifeln. Was hatte ich nicht alles versucht, nichts half - und jetzt aß er zusätzlich beinahe täglich eine Portion Eis.

Es kostete mich große Anstrengung, um nicht ärgerlich zu werden, in Tränen auszubrechen oder sonst irgendetwas zu tun, um mich abzureagieren. Ich fühlte mich so machtlos. Es gab nichts, was ich hätte tun können. Was sollte ich nur jetzt schon wieder lernen? Mir fiel nichts ein und deshalb rief ich aus, als mich keiner hören konnte:

„Ist doch seine Sache, wie er aussieht, ich kann nichts dagegen tun!"

Dabei wischte ich mir die Tränen aus den Augen, denn ich konnte sie nicht länger halten. Das erleichterte mich etwas und es brachte mich auch der Lösung näher. Langsam dämmerte mir, wo der Haken saß:

Ich wollte, dass Horst dieses nicht aß, und ich wollte, dass Horst jenes nicht aß. Ich fühlte mich zuständig dafür, was er tat oder auch was er nicht tat. Ich wollte bestimmen, wie er auszusehen hatte, ich, ich, ich.

Auch wenn ich nur das Gute wollte, so war es mein Wille. War es auch Sein Wille?

Mit einem Mal schämte ich mich sehr. Wie arrogant war es von mir, beurteilen zu wollen, was für Horst gut oder nicht gut ist. Ihn wollte ich korrigieren, ihn, von dem ich eigentlich ganz genau wusste, welche göttliche Kraft durch ihn wirkte. Mir erschien plötzlich kein Mauseloch klein genug, um mich darin zu verkriechen. Wie hatte ich nur so denken können!

Inbrünstig bat ich um Vergebung wegen meines Hochmuts. Wie weit hatte ich mich über Horst gestellt! Augenblicklich wollte ich alles an die große göttliche Führung abgeben.

Es mag Zufall sein, dass Horst einige Tage später, am 31.7.1993, nach oben die Frage stellte, wie er das Kommen des Lichts beschleunigen könne. Die Antwort kam umgehend, wenngleich erst nach und nach verständlich.

Wir fuhren zum Einkaufen und stellten genau um 11.36 Uhr am Parkplatz den Motor des Wagens ab. Diese Zahlen ließen Horst aufmerksam werden, denn es sind seine Geburtstagszahlen. Im Geschäft kauften wir geräucherten Lachs (ich blieb ganz ruhig). Kurz darauf mussten wir feststellen, dass dieser Fisch nicht mehr in Ordnung war.

Einige Tage später, am 3. August, sollte es zum Frühstück Eier geben. In dem Augenblick, als das Wasser kochte und ich die Eier soeben hineinlegen wollte, erlosch schlagartig die Flamme unter dem Kochtopf. Die Gasflasche war leer. Unsere erste Reaktion war: „Keine Eier!" Aber wir hatten noch eine zweite, volle Gasflasche und daher gab es dann doch welche zum Frühstück.

Am gleichen Tag hielten wir an einer Fischräucherei an. Beim Parken sahen wir erneut Horsts Geburtstagszahlen. Verbunden damit war ein besonderes inneres Gefühl, das stets zu bemerken war, wenn etwas gezeigt werden sollte. Der Fischer erzählte uns, dass gestern der erste sonnige Tag seit 40 Tagen gewesen sei.

Bis zum Ende der Schwedenreise, dem 7.8.1993, verzichteten wir auf Fisch. Einige Tage nachdem wir zu Hause angekommen waren, wollten wir noch einmal Frühstückseier essen. Es war ein herrlicher, warmer Sommertag mit strahlend blauem Himmel. Lediglich eine verlorene, einzelne Wolke stand am Himmel. Wir beschlossen, auf dem Balkon zu frühstücken. Genau in dem Moment, als Horst sein Ei aufklopfen wollte, entlud diese einzige Wolke ihren nassen Inhalt auf unseren Balkon. Ringsum wurde es nirgends feucht.

Das war deutlich!

Am Morgen des 18. August 1993 wollte Horst kein Frühstück zu sich nehmen. Er erklärte mir, was er aus den Ereignissen der letzten Zeit erfahren hatte. Nicht nur auf Fisch und Ei wollte er verzichten, sondern auf jegliche Speise. Die Dauer dieser Enthaltsamkeit war am 3.8. gezeigt worden: 40 Tage!

Vierzig Tage lang nahm Horst lediglich Flüssigkeiten zu sich. Er trank verschiedene Tees, Wasser, Säfte, selbst gekochte klare Gemüsebrühe ohne Salz und ab und zu ein Glas Buttermilch für die Verdauung. Zusätzlich gab es einen Teelöffel Mineralstoffkonzentrat, um Mangelerscheinungen vorzubeugen. Das war alles, was er seinem Körper in dieser Zeit zuführte.

Bereits zwei Tage nach Beginn seines Fastens hatte Horst eine Traumvision:

Shree und er saßen in einem Raum. Es flogen zahlreiche Insekten umher, vor allem Mücken, so viele, dass Shree nicht mehr zu sehen war. Lediglich ein Teil der Füße war zu erkennen. Horst blieb beharrlich sitzen und kümmerte sich nicht um die Insekten. Daraufhin wechselte die Szene. Shree bot Horst ein Bett neben dem seinen an, auf dem ein reines, weißes Laken lag.

Damit wurde deutlich gezeigt, was in der Fastenzeit ablaufen sollte. Weil der Schwerpunkt auf Reinigung lag, tat Horst alles, um diese zu unterstützen. Er duschte häufiger als sonst und erhöhte sein Tennisspiel auf zwei Stunden die Woche. Die Bewegung verhalf dazu, den Stoffwechsel zu beschleunigen. Genau zur Hälfte der Fastenzeit, am 7. September, fuhren wir nach Sardinien. Hier wollte er noch mehr für seine Bewegung tun.

Mit uns reiste ein junges Ehepaar vom Homa-Hof. R. war seit Jahren Horsts Tennispartner. Hier auf Sardinien spielten sie nun täglich mindestens eine Stunde lang Tennis, meist am späten Vormittag. Dabei entwickelte Horst solch eine Energie, dass R. kaum noch mithalten konnte. Es war sehr beeindruckend, dass man ohne Nahrung zu so einer Leistungssteigerung fähig ist. Nach ein paar Tagen beschloss R. wenigstens nachmittags auf seine Kekse zu verzichten.

Zur Mittagszeit bereitete ich Horst eine Brühe zu. Danach kam für ihn der schwierigste Teil: Er sollte eine halbe Stunde im Liegen ruhen und dabei einen Leberwickel tragen. Während des Fastens muss die Leber um ein Vielfaches mehr leisten. Durch die liegende Haltung und feuchte Wärme wird sie in ihrer Arbeit unterstützt. Da Horst eine solch enorme Energie verspürte, erschien ihm diese halbe Stunde meist unerträglich lang. Immer wieder fragte er mich, ob die Zeit noch nicht vorüber sei, und versuchte mich zu erweichen, den Leberwickel früher zu entfernen. In dieser Beziehung blieb ich jedoch hart. Schließlich fand er einen triftigen Grund und daher kam es, dass in den letzten Tagen die Liegezeit auf 25 Minuten verkürzt wurde – aber nicht weniger!

Nachmittags gingen wir meistens zum Schwimmen oder Schnorcheln. Oft suchten wir entlegene Buchten auf, was einen langen Fußweg hin und zurück bedeutete. Abends fiel dann Horst nicht etwa übermüdet ins Bett – nein, den Teil erfüllten das andere Ehepaar und ich. Horst legte sich nur uns zuliebe nicht zu spät schlafen.

Das Ehepaar konnte nicht die gesamte Zeit über auf Sardinien bleiben und fuhr bereits nach zehn Tagen wieder zurück. Daher sahen wir uns nach einem anderen Tennispartner um. Am Tennisplatz gab es einen jungen Tennislehrer, der nun, kurz vor Saisonende, nichts mehr zu tun hatte. Er bot Horst an, mit ihm kostenlos zu spielen, lediglich der Platz war zu bezahlen. Sie trainierten dreimal. Am vierten Tag meinte der Trainer, dass sein Vater gerade zu Besuch sei, der ebenfalls sehr gut Tennis spiele. Dieser wollte gerne gegen Horst spielen.

Der Vater verlor dieses Spiel recht hoch. Er nahm es allerdings nicht allzu tragisch und meinte, in Horsts Alter hätte er auch noch besser gespielt. Er fragte Horst nach seinem Alter und als er es erfuhr, fragte er das Gleiche noch einmal, zuerst auf Italienisch, dann auf Englisch, danach in gebrochenem Deutsch. Für ihn konnte es nur an den sprachlichen Verständigungsschwierigkeiten liegen, dass sie gleich alt sein sollten. Der Vater konnte es einfach nicht glauben und daher holten Horst und er schließlich ihre Personalausweise, um das Alter zu vergleichen. Sie waren nicht nur im gleichen Jahr geboren, sondern fast auf den Tag genau gleich alt. Zugegebenermaßen sah Horst wesentlich jünger aus als er.

Mit einem leichten Schmunzeln erzählte Horst dem Vater nun, dass er seit etwa 35 Tagen nichts mehr gegessen hätte. Der Vater sah aus, als würde er langsam die Welt nicht mehr verstehen. Er schaute Horst an, als wäre er ein Geist, denn nach so langer Zeit ohne Nahrung musste man seiner Meinung nach längst gestorben sein.

Davon war Horst glücklicherweise weit entfernt. Fast bis zum letzten Tag blieben seine Kraft und Ausdauer nicht nur erhalten, sondern sie steigerten sich noch um ein Vielfaches. Lediglich gegen Ende bemerkte er zweimal, dass er mit dem Kreislauf ein wenig Schwierigkeiten bekam, wenn er bei 35 Grad Außentemperatur und einer schweren Tasche mit unseren Tauchsachen als Gepäck einen Fußmarsch von 45 Minuten hinter sich hatte.

Natürlich war das Fasten nicht nur herrlich und einfach. In Abständen von meist drei Tagen meldete sich der Körper mit starken Hungergefühlen. Jeden Tag erzählte Horst mir, welche Zustände er soeben durchlief. Zu diesen Hungergefühlen meinte er:

„Der Körper versucht mir vorzumachen, dass ich Hunger hätte. Doch ‚ich' kann überhaupt keinen Hunger haben!"

In dieser Zeit unterschied Horst sehr bewusst zwischen Körper, Seele und Geist. Auf diese Weise war es möglich, Informationen, die nur ein Bereich sandte, nicht ernst zu nehmen oder zu überlisten. Manchmal wollten ihn starke Depressionen plagen. Dazu erklärte er:

„Der Körper will mir sagen, dass er traurig darüber ist, nichts zu essen zu erhalten. Aber mein Geist ist überglücklich über diesen Reinigungsvorgang."

Er konzentrierte sich nun vom Körper weg und gleichzeitig hatten die Depressionen keinen Einfluss mehr auf ihn.

Gegen Ende der Fastenzeit wurde das Überlisten der Körperebene zusehends schwieriger. Im Halbschlaf wurde Horst von Bildern abgenagter Knochen oder gar von Menschenfressern aufgesucht. In der Bibel steht geschrieben, dass Jesus in die Wüste ging und dort vierzig Tage fastete. Dabei wollte ihn der Teufel verführen. So ähnlich kam es Horst jetzt ebenfalls vor. Der Teufel, das war nicht irgendeine schlimm aussehende Gestalt, sondern der Körper, das Stoffliche, welches uns immer wieder verführen und in die Tiefen der materiellen und sinnlichen Versuchungen zurückziehen will. Das ist das eigentliche Dunkel, das es zu überwinden gilt. Dies wurde Horst nun sehr bewusst. Trotz der immer unangenehmeren Trugbilder, die ihn heimsuchten, gab er nicht auf und führte sein Vorhaben bis zum Ende durch.

Nach Vollendung der vierzig Tage gab es die erste feste Speise: einen halben, gedünsteten Apfel. Zum Abendessen schwammen die ersten, wenigen festen Gemüsestückchen in der Suppe. Daraufhin war Horst so satt, dass er meinte, nun lange nichts mehr zu brauchen. Die Aufbautage, bis er langsam zur normalen Ernährung zurückkehrte, dauerten noch über drei Wochen.

Horsts Körper war danach wirklich gereinigt. An einem Tag legte ich meine Hände auf seinen unbedeckten Rücken. Die Haut war bei ihm schon immer sehr zart, doch nun hatte ich das Gefühl, als wäre sein Körper nicht mehr richtig existent. Mein Empfinden war, als könne ich durch ihn hindurchfassen. Die Lichtschwingung musste sich so erhöht haben, dass das Stoffliche tatsächlich überwunden war.

Das Fasten brachte auch einen sehr angenehmen Nebeneffekt mit sich. Horst hatte sichtlich an Gewicht verloren. Er wog jetzt etwa 16 Kilogramm weniger. Ein winziger Ansatz eines Bäuchleins war noch immer vorhanden; für mich hatte er nun die Idealfigur.

Wieder einmal wurde mir klar, dass ich mich wirklich um gar nichts zu sorgen brauchte. Wichtig war allein, loszulassen, dann konnte Sein Wille geschehen.

*

Auch wenn ich inzwischen einiges lernen durfte, so hatte ich mein eigentliches Ziel noch längst nicht erreicht. Behutsam führte Horst mich von Stufe zu Stufe weiter, bis ich schließlich mit dem Erleben des alles durchdringenden, absoluten Bewusstseins gesegnet wurde. Bis dahin war es noch ein überaus interessanter, aber auch langer Weg, so lange, dass die Erlebnisse und Erfahrungen ein weiteres Buch füllten. Es geht daher weiter mit Band II.

Anmerkung:

In diesem Buch wurde mehrmals auf Horsts Autobiografie „Erfüllte Verheißungen" (2 Bände) hingewiesen. Ursprünglich sollte sie vor meinen Büchern erscheinen, weshalb ich auf Wiederholungen weitgehend verzichtete. Inzwischen haben wir uns jedoch aus verschiedenen Gründen entschlossen, mit der Herausgabe noch zu warten.

# Gesamtskizze vom Homa-Hof Heiligenberg (8 ha; Stand 2003)

Zum Hof gehören 20 ha, davon sind 12 ha verpachtet.

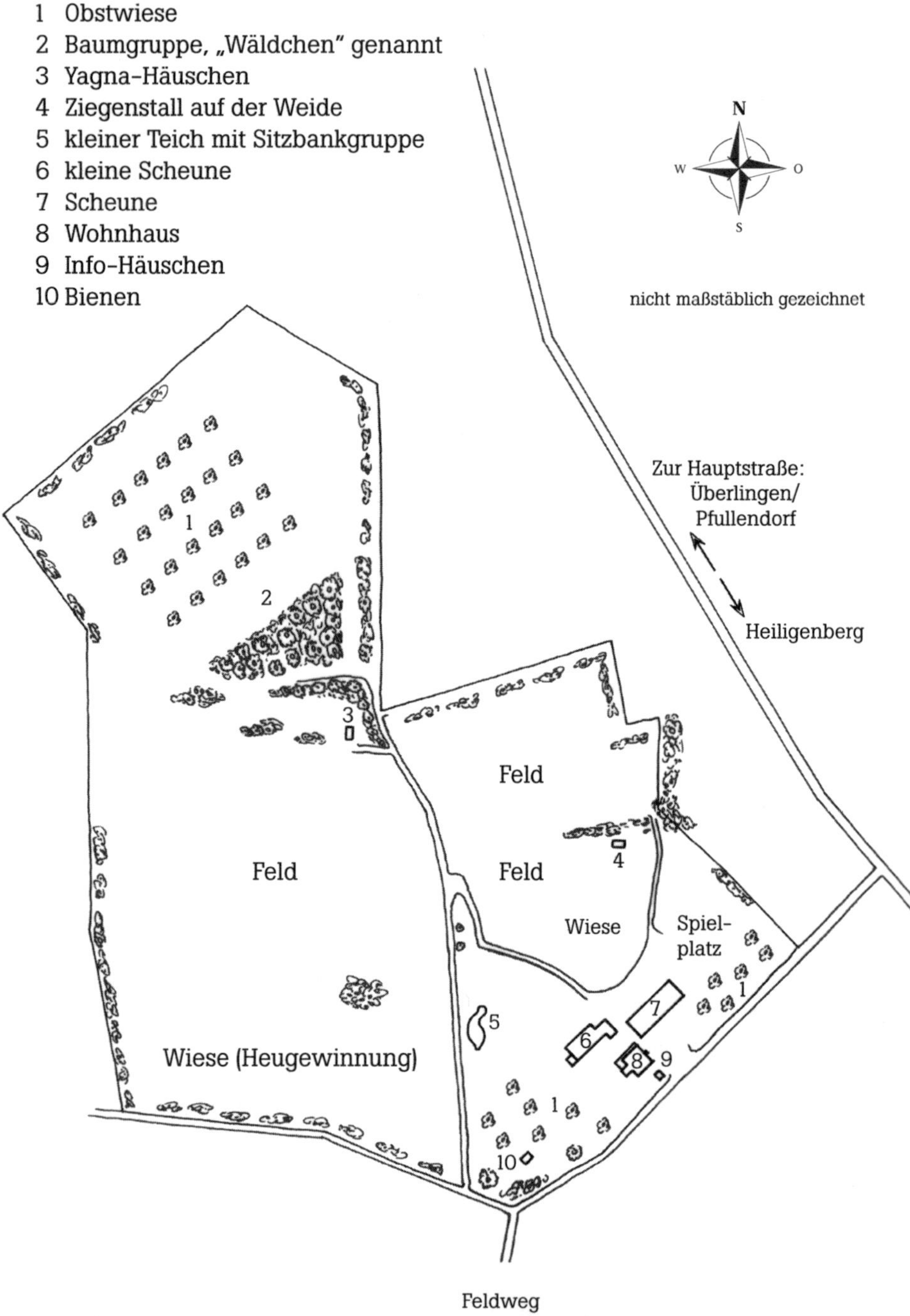

# Homa-Hof Heiligenberg Detailskizze (Stand 2003)

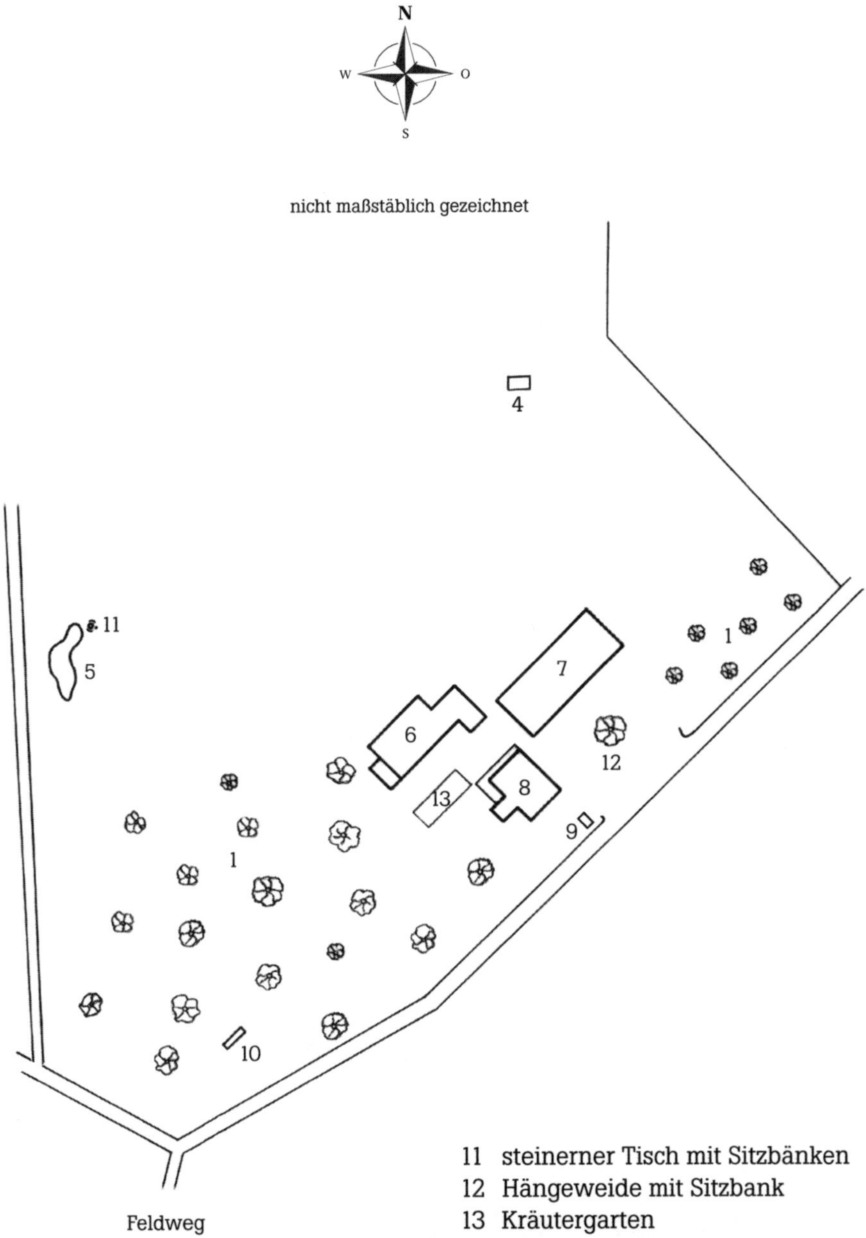


11 steinerner Tisch mit Sitzbänken
12 Hängeweide mit Sitzbank
13 Kräutergarten

## *Erklärung indischer Namen und Begriffe*

Agnihotra: grundlegende Feuerzeremonie zu Sonnenauf- und Sonnenuntergang

Asana: Körperhaltung im Yoga

Ashram: Ort klösterlicher Zurückgezogenheit für spirituelle Übungen

Avatar: eine Inkarnation bzw. Manifestation Gottes in menschlicher Form

Chakra: blütenförmiger Energiewirbel auf der Oberfläche des Ätherkörpers, durch den Energie von einer Körperebene zur anderen strömt, um diese Bereiche mit der notwendigen Lebenskraft zu versorgen

Daan: Teilen materieller Güter im Geiste der Demut

Darshan: Begegnung mit einem Heiligen

Fußdarshan: Darshan, bei dem die Füße des Heiligen berührt werden dürfen. Dabei überträgt der Meister segensreiche Kräfte.

Fünffacher Pfad: fünf von Shree gegebene Disziplinen. Yagna: Feuerritual; Daan: Teilen materieller Güter; Tapa: Selbstdisziplin; Karma: rechtes Handeln; Swadhyaya: Selbsterkenntnis

Ghee: Butterschmalz

Guru: Meister

Guru Mandir: Wohnsitz eines Meisters

Hatha-Yoga: der Yoga, der die Betonung auf Körperübungen legt

Homa: Oberbegriff von Feuerritualen (Yagnas) und ihren Anwendungsmöglichkeiten

Karma: Handlung und deren Resultat. Befreiung aus diesem Kreislauf durch gute Taten ohne Verhaftung an die Früchte derselben

Kontemplation: Sich-Identifizieren mit einer Sache, einem Gegenstand oder einer Person, z.B. völliges Sich-eins-Fühlen mit Licht oder dem Meister

Kriya-Yoga: eine Verbindung verschiedener Yoga-Systeme

Kundalini: subtile, mächtige Kraft; die an der Basis der Wirbelsäule ruhende geistige Kraft des Menschen (wörtlich: Schlangenkraft)

Lord Parshuram: Ewiger Avatar. Er wurde von Shree als sein Guru verehrt.

Mantra: Wortverbindung mit starker Kraft und besonderem Schwingungseffekt - heiliger Gesang

Math: Wohnsitz einer heiligen Person, aber nicht gleichzeitig Schule

Nirvikalpa-Samadhi: überbewusster Zustand; höchster und letzter Zustand, der durch Yoga erreicht werden kann (darüber hinaus gibt es höhere Zustände des Bewusstseins). Subjekt und Objekt der Meditation verschmelzen miteinander.

Ram: auch Lord Rama, indische Gottheit; gilt als siebente Inkarnation von Lord Vishnu, als Avatar.

Sanskrit: noch heute in Indien als Literatur- und Gelehrtensprache verwendete altindische Sprache. Sie wird von manchen als die älteste und vollkommenste Sprache der Menschheit bezeichnet. Die Veden sind in Sanskrit verfasst.

OM-Sound: durch besondere Übungen hörbarer kosmischer Klangstrom

Param Sadguru: höchster aller vollkommenen Meister

Pranayama: Regulierung des Atems, Atemübungen

Sadguru: vollkommener Meister

Samadhi: Erleuchtungszustand während tiefer Meditation

Shiva: Lord Shiva verkörpert das göttliche Prinzip der Erneuerung.

| | |
|---|---|
| Shiva-Lingam: | symbolische Darstellung der Vereinigung höchster kosmischer elektrischer und magnetischer Lichtkräfte |
| Swadhyaya: | Studium des Selbst, Selbsterkenntnis |
| Tapa: | Selbstdisziplin, geistige Disziplinen |
| Vyahruti: | (sprich Wairuti); eine spezielle, kurze Form eines Yagnas, welches meist zu festgesetzten Zeiten durchgeführt wird |
| Veden: | Das Wort stammt von der Sanskrit-Wurzel VID, was Wissen heißt. Die Veden beinhalten das älteste Wissen, das den Menschen offenbart wurde. |
| Vikarma: | die besondere, einer Person zugewiesene göttliche Aufgabe. Derjenige, der ein Vikarma hat, erfährt dies von einem Sadguru und wird von ihm geführt.<br>Anmerkung: Es sollte niemand Geistiges lehren, ohne den Auftrag von einem hohen Meister erhalten zu haben. |
| Yagna: | auch Yajnya, vedische Feuerzeremonie zur Reinigung der Atmosphäre. Agnihotra ist die kürzeste Form von Yagna. |
| Yoga: | Vereinigung; der Vorgang, das eigene Bewusstsein mit dem Göttlichen zu verbinden |
| Yogi: | jemand, der Yoga praktiziert, d. h. sich mit dem Höchsten verbinden will oder darin bereits Meisterschaft erlangt hat |

## *Literaturverzeichnis*

### I. Bücher


1. Apte, V. G.: „At His lotus feet", Eigenverlag, Aurangabad (Maharashtra/Indien)
2. Heigl, Birgitt: „Der kleine Fakir Namu und der Fünffache Pfad", Verlag Horst Heigl, Heiligenberg, 1. Auflage 2008
3. Heigl, Horst und Birgitt: „Akkalkot - Das Guru Mandir", Verlag Horst Heigl, Heiligenberg, 1. Auflage 2002
4. Heigl, Horst und Birgitt: „Shivapuri", Verlag Horst Heigl, Heiligenberg, 1. Auflage 2002
5. Heigl, Horst: „Erfüllte Verheißungen", Band 1, Verlag Horst Heigl, Heiligenberg, in Vorbereitung
6. Heigl, Horst: „Erfüllte Verheißungen", Band 2, Verlag Horst Heigl, Heiligenberg, in Vorbereitung
7. Lozynski, Horst: „Wei und Tu", Verlag Horst Heigl, Heiligenberg, 1. Auflage: Drei-Eichen-Verlag, München/Engelberg 1984
8. Lozynski, Horst: „Der Glorreiche", Verlag Horst Heigl, Heiligenberg, 1. Auflage: Drei-Eichen-Verlag, München/Engelberg 1985
9. Lozynski, Horst: „... und leben im Glanz seiner Herrlichkeit", Verlag Horst Heigl, Heiligenberg, 1. Auflage Überlingen 1987
10. Lozynski, Horst: „Urzulei", Verlag Horst Heigl, Heiligenberg, 1. Auflage Überlingen 1987
11. Lozynski, Horst: „Volugenos", Verlag Horst Heigl, Heiligenberg, 1. Auflage Überlingen 1987
12. Lozynski, Horst: „Enthüllte Geheimnisse vom Abendmahl des Leonardo da Vinci", Band 1, Verlag Horst Heigl, Heiligenberg, 1. Auflage Überlingen 1987
13. Lozynski, Horst: „Enthüllte Geheimnisse vom Abendmahl des Leonardo da Vinci", Band 2, Verlag Horst Heigl, Heiligenberg, 1. Auflage Überlingen 1987

14. Lozynski, Horst: „Enthüllte Geheimnisse der Mona Lisa", Verlag Horst Heigl, Heiligenberg, 1. Auflage Überlingen 1989

15. Lozynski, Horst: „Lebende Steine", Verlag Horst Heigl, Heiligenberg, 1. Auflage Überlingen 1989

16. Nargundkar, Ratnakar R.: „Sadguru's Bestowal", Verlag Horst Heigl, Heiligenberg, 1. Auflage Überlingen 1987

17. Paramahansa Yogananda: „Autobiographie eines Yogi", Otto-Wilhelm-Barth Verlag, 1977

Veröffentlichung 2011: Heigl, Horst und Birgitt: „Agnihotra - Ursprung, Praxis und Anwendungen", Verlag Horst Heigl, Heiligenberg, 1. Auflage 2011

## II. CDs

18. „Arisaka – Im Zauberreich der Klänge", Verlag Horst Heigl, Heiligenberg 1992

19. „Alegria – Auf Wogen des Glücks", Verlag Horst Heigl, Heiligenberg 1993

20. „12 ausgewählte Klavierwerke", Verlag Horst Heigl, Heiligenberg 1994

21. „Poem – 16 romantische Klavierwerke und ein Fantasie-Sound", Verlag Horst Heigl, Heiligenberg 1995

22. „Happy Ragtime", Verlag Horst Heigl, Heiligenberg 1997

23. „Asgard", Verlag Horst Heigl, Heiligenberg 1997

24. „Unterwegs", Verlag Horst Heigl, Heiligenberg 1999

25. „Wie schön, dass ich dir begegnen durfte", Verlag Horst Heigl, Heiligenberg 2006

26. „Hab vielen Dank", Verlag Horst Heigl, Heiligenberg 2010

27. „Entspannung", Verlag Horst Heigl, Heiligenberg 2010

28. „Agnihotra-Mantras", Verlag Horst Heigl, Heiligenberg 2011

29. „Traumwelten", Verlag Horst Heigl, Heiligenberg 2012

www.heigl-verlag.de
www.homa-hof-heiligenberg.de